當代哲學對話錄・上

目　　錄

序

　　這本書的基礎,是源自1975至1977年編排攝錄、1978年1月至4月在英國廣播公司(BBC)播出的一輯十五集電視節目。設想出這一輯節目的是Aubrey Singer(當年BBC第二電視台的總監, 今日BBC電台的總裁)。當時他邀請我幹這差事時, 我勉爲其難地接受下來, 但條件是他要讓我全權負責。他要我制定出供審批的方案, 我經過再三考慮和徵詢他人意見, 提出了本書的計劃和有關的特約撰稿人。他同意了, 於是計劃順利實施。

　　我的目標, 在於將哲學這門學問中的一些最有趣的領域介紹給廣大觀衆。這就要求我將四種問題融爲一體。首要回答的問題: 有哪些著名哲學家? 他們有何作爲? 他們所做的工作價值何在? 其次, 需要介紹一下有地位的學派思潮,如法蘭克福學派、存在主義、語言分析學派。第三, 要對學科的某些相對獨立的分支也作一番介紹, 如道德哲學、政治哲學、科學哲學等等。最後, 由於這一切只有置於哲學的最新發展背景下才可透徹理解, 因而有需要提供多些相關的背景知識, 尤其是涉及到馬克思、維特根斯坦和邏輯實證主義的知識。在這四類問題中間，存在着已經播出的系列節目所呈現的自然邏輯聯繫，存在着造成各種思潮各領風騷的時代性。這四類問題在時間上也相互交錯有序。我謹遵循了這種內在規律。

當然，我只能做力所能及的事情。當代哲學中一些最鼓舞人心的發展是那樣專門化，以至於難以用簡略的解釋讓沒有這方面知識準備的人釋然。例如，由倫敦的 Michael Dummett、美國的 Saul Kripke 和 Donald Davidson 等人提出的邏輯存在（logic being）方面的新見解，就是如此。另一個因素是與英語有關的限制。顯然，一個爲英國電視台編製的節目，需要以精到而又易於理解的英語完成，而實際上這就意味着我幾乎不可能邀請非英語世界的人士上我們的節目——例如，我極想邀請 Jean-Paul Sartre，或許還有未亡故的 Martin Heidegger，然而語言的障礙使這種願望付諸東流。而 Karl Popper 和 Robert Nozick 則由於純粹的個人原因亦未能參加，令人遺憾。還有一個簡單事實，就是不可能把當代哲學的所有領域囊括於這十幾次討論之中；無論我採取甚麼辦法，都不可避免要割捨許多傑出人物和有趣著作。儘管如此，我還是希望從總體上提供一幅當代西方哲學最富活力的領域的總畫面，希望這個以觀衆不具備哲學知識爲前提製作的節目，能在他們中引起共鳴，喚起智慧。

以往爲英國廣播公司第三電台製作的相似的節目，給我提供了非常寶貴的經驗。1970年冬，這家電台廣播了十三集的"與哲學家對談"節目。這個節目局限於英國哲學（修訂了的廣播稿以《現代英國哲學》〔*Modern British Philosophy*〕爲題成書出版），所涉及的範圍無法與這次電視系列節目相提並論，但它的製作爲這次工作鋪平了道路，使我熟悉播送方面的各樣準備工作和把它修訂成書的獨特工作程序。

編製電視系列節目和編製廣播系列節目一樣，計劃中的討論都要事先心中有數，雖不排練，但斷不能照稿宣讀。編製這種節目，我都要預先就兩、三個可能涉獵的話題會見有關人士，討論決定哪些是與選題有關的最重要的東西，大致確定如何運用我們的素材，以及大致確定怎樣分配我們的時間。然而毫無例外地，當我們到錄影廠進行拍攝時，事情總是會節外生枝，與事先的策劃大相徑庭——取捨的問題又冒出來。儘管如此，這種工作方法畢竟使我們能在攝影機前把高質量的準備與真正的活潑性、新鮮性揉合在一起。除此之外，我無法想像出還有哪些方法能使我們在如此短速的時間内探討如此繁多的題材；假如準備過多，節目就會流於生硬沉悶，而準備過少，則會令人不甚了了。

討論中遣詞造句的隨機性，意味着討論記錄不足以直接付梓成書。討論中的語言不可能達到精確、美妙地使用語法和句法的程度，往往是信口開河，詞不達意，該說的未說，不該說的老是重複，如果就這樣付印成書，豈不令人厭倦。因此，我鼓勵撰稿人不妨修飾談話的文字──事實是我敦促他們充分自主地改進原稿，改進得越多越好，我所持的理由是本書有它獨立於節目的存在價值，要務使這本書成爲獨具特色、令人刮目相看的著作。所有撰稿人都作了這方面的努力，有一兩位人士更達到了竭盡全力的程度（當然都保持了原型的色調）。

不過，儘管這本書並不僅僅是一個電視系列節目的記錄，它若離開這個系列節目畢竟無以存在。許多人認爲它標誌着電視廣播的新發展。1978年1月20日的《時代》（*The Times*）周刊指出，在嚴肅性和影響範圍方面，以往所有普通電視網絡都不能與它相比。在這個系列節目播出時，我陸續收到觀衆的來信，信中有的說"終於有了一個成熟的節目"，有的說"這個節目恢復了我對電子媒介的信心"。而在一個星期以後，這涓涓細水變成了江河奔流。我希望電視台的總監大員對此作出認真的反思。他們最終樂意播放哲學節目，固然令人欽佩，但我不得不說，他們這種遲來的決定，反映出一種根深蒂固的思想障礙，即從總體上仍然渺視“嚴肅的”電視節目。過去，除了教育電視以外，一般電視節目都先後編製過與所有知識領域有關的節目，就是懼怕編製與哲學有關的節目，他們害怕抽象的題目，以爲它難以在電視這種媒介上完滿表達。電視台的人總是問：“哲學節目在螢光幕上能够顯示些甚麼呢？”儘管答案十分清楚——哲學家的談話，但它與電視人的過時信仰之間的衝突是如此突出，以致於他們多數人都不會去想它，更不用說對它表態了。對他們來說，電視的中心原則是：“不要光講大白話——應當表演給觀衆。”於是，他們不希望在自己的螢光幕上看到所謂“只會喃喃説話的人頭”，他們認爲這種除了談話没有任何其他內容的節目“不是電視——只不過和電台廣播一樣”。對於電視這種傳播媒介來說，要想確立的個性，在其成長的時期，其工作人員持這種態度是可以理解的。但就電視的合理發展而言，這是很不利的。當電視這種傳播媒介逐步走向成熟的時候，應要抛棄這種態度了。

　　這種新的要求可以從“嚴肅的”電視節目那裏廣泛感覺到。例如，時事節目日益受到批評：被指内容只圍於向觀衆交待事件，不能向觀衆顯示出其中的要旨，以至於使他們無法理解那些問題。電視提供大量的動態畫面——尤其是暴力畫面，它只以刺激人們感官見長，卻鮮有認真的分析和討論。他們有時也搞討論，但大抵是沙龍式的廢話，還有因希望使問題簡單明瞭的同時調動熱情、產生戲劇效果而故意製造的粗野罵戰。在電視節目中，存在着一種將所有素材弄成消遣性內容的傾向，正是由於這一點妨礙我們引導觀衆形成嚴肅性的要求，反過來又對這本應承擔的困難工作加以拒絕。他們總是認爲，一個成功的節目應當解悶、娛樂、挑逗、活躍，甚至是直接爭取觀衆的注意。如果你想對觀衆提出嚴肅性的課題，有人就擔心這樣必然會失去大多數觀衆。

由於這種態度的盛行，已有的分析嚴肅性課題的嘗試，絕大多數並不是去把抽象觀念詮解爲栩栩如生的語言，電視上依然是圖畫、照片、圖表、統計數字、詼諧的漫畫，甚至是印刷好的書頁，然後再伴之以令人心驚肉跳的音樂。這些做法當然不是全都無效，許多時甚至還是明智的。但更多的是在貌似合理的外表下的賣弄，其獨創性僅僅存在於對媒介的操縱中，而不在於對內容要旨的處理上，因而本質上平庸不堪，淪爲耍小聰明的把戲。尤其是當繪製圖表的本身並不理解所要解釋的概念內涵時，情形就更是如此。最糟的是，許多艱澀的概念問題根本不能用這種方法處理，於是它們不是遭到歪曲，就是以不適應在電視上闡發為由被遺棄。

所有這一切或者主要就是避免只會喃喃說話的人頭的惡果。人類處理抽象概念的“自然”方式是交談。堅持不用談話方式來處理它們，就如同堅持不用數字做算術一樣。做算術的數字最初誕生時是原始的、武斷的，但卻不會是超越一切剛愎自用的。就電視來說，支撐其判斷的錯誤假定有很多，其中兩點卻具有決定性意義。第一是關於電視是一種視覺傳播媒介的原則。其實這種想法完全不對。電視將影像和音響二合為一，在這種結合中，它獲得了電台廣播的所有潛力。簡單化的程式（電視＝畫面，與此相對，電台＝聲音）與電視誕生時是置身於已發展起來的廣播電台體制中，它的發展取決於衝破廣播電台的既有束縛，進而將此信念制度化為極端自負的組織形式有關。因此，也難怪“我們不是廣播電台”這種說法時有所聞。但它導致電視的執拗傾向，只處理廣播電台不能處理的素材，而事實上撇開了它能處理的素材。這很像人在成長發展中的青春期反抗階段一樣，個體企望通過反抗雙親的支配而確立自己的身分；對他來說，重要的只是做他雙親做夢都沒有想到要做的事情。這是發展中的必經階段，但這本質上是不成熟的階段。成年期意味着在不受任何脅迫的意義上無憂無慮地與雙親共享世界。當電視真正成熟時，它就應長成爲一種揉合聲音和視覺形象，內容充實、渾然一體的綜合性傳播媒介，以至於人們自然地覺得它的配音內容的重要，而決不只視它爲一種視覺媒介。只有幸運地達到了這樣一個階段，它才找到自我，開始發揮本身的潛力，而目前只不過是依稀看到了這種前景而已。

除了這個問題以外，隱藏在“避免喃喃說話的人頭”觀念背後的第二個錯誤假定，是對視覺吸引力的錯誤判斷。對大多數人來說，世上最有趣的目標是他人，而能夠顯現在電視螢光幕上的最有趣的畫面乃是他人的影像——談吐心聲、開玩笑、遊戲、唱歌、跳舞、或者直接表現他的日常生活。觀衆都極愛觀看有才華的人士談論他們的見識，以爲他們可以從收聽廣播獲得同樣的效果，那是錯誤和愚鈍的。一個人在表達自己思想的過程中，有許多東西是無法言傳的，如風度和舉止、面部表情的變化、手勢、身體語言、有形的躊躇，此外還有眉目的傳神。如果螢光幕上的人物善於運用這些有形動作，觀看當然比單純收聽更加吸引人。在這種情況下，人物比在廣播中表現得更加充實和豐滿，使你獲得了與此人相識的感覺，此後你真和他見面時便會一眼認出他來，而通過收音機是決不能達到這種效果的。進一步看，電視討論也是一種滿足人們對各個不同領域傑出人士的好奇心的自然形式。哲學當然也不會例外; 除卻政治家外，傑出哲學家同樣擁有大量可資聊天的話題，哲學界同樣存在着不少奇聞軼事; 其中有些（如Isaiah Berlin其人）既可作爲研究課題，又可作爲小説故事的題材。

所以，希望作爲這本書的藍本的電視節目製作，會爲傳播媒介的未來貢獻出微薄力量，希望外間對它的熱情擁戴將有助於推動課題抽象、困難的節目的製作。英國廣播公司的製作人員，可視本書爲他們努力成果的紀念。在此要鳴謝一羣出色的幕後伙伴: 包括構思出這個計劃，並爲此提供充分資源的Aubrey Singer; 負責全盤行政安排的Janet Hoening; 調度錄影室和攝影機的Tony Tyley。將節目內容製作成書，又牽涉到漫長而吃力的改寫過程，多重的打印工作，Bretty Nordan、Marianne Hazard和Linda Powell付出的辛勞必須一記。

1

哲學引論

與

伯林

(ISAIAH BERLIN)

對談

引——言

麥基: 在開始這個系列討論節目的時候，作為入門的先導，我想提出幾個最根本的問題: 哲學的趣味何在? 哲學的重要性何在? 究竟甚麼是哲學?

這次邀來與我一起討論這些問題的哲學家，是國際知名的伯林爵士 (Sir Isaiah Berlin 1909－　)。他曾榮獲英國功績勳章，是牛津大學全靈學院 (All Soul College) 研究員，名著《馬克思傳》的作者，以其對西方思想史的精深知識而享譽學林。

討——論

麥基: 假如有人一直未能自發地對哲學產生興趣，而他所受的教育也沒有引發他對哲學的興趣，你打算用甚麼理由來打動他對哲學產生興趣呢?

伯林: 首先，哲學問題本身就是十分有趣的。它們涉及的對象往往是一些假設，而這些假設都是我們許多尋常信念的基石。人們通常是不希望別人對他們假定的東西過分地尋根問底的——每當他們非得去考察自己的信念究竟建立在甚麼基礎上，他們會感到很不自在——而事實上，這一大堆屬於普通常識信念的前提（ presupposition ），恰好就是哲學分析的課題。我們對這些前提作批判的考察，便不難發現，它們有時遠遠不如初看

人們是不希望別人對他們假定的東西過分地尋根問底——每當他們考察自己的信念基礎時，會感到很不自在。

上去那樣可靠; 它們的推斷或意義, 也遠遠不如初看上去那樣明確。而哲學家通過對這些問題進行分析, 可以增進人的自我認識。

麥基: 我們大家都不喜歡別人無止境地追究我們所假定的東西, 一旦追過了頭, 我們都會起而拒之。為甚麼我們會有這樣的反應呢?

伯林: 我想, 這一方面是因為人們不喜歡過多地被人家分析 ——不喜歡被人尋出根底後再放大細看; 另一方面則是由於以為行動比空談更切合實際。例如你正在積極地投入某種生活方式, 而有人卻不斷追問你: "你為甚麼這樣做? 你敢肯定自己追尋的目標是正確的嗎? 你確信自己正在做的事情不會違背你自謂信奉的道德規範、原則和理想嗎? 你能肯定你的某些價值觀念不是自相矛盾的嗎? 你敢向自己承認這些矛盾嗎? 當你遇到某種進退維谷的局面時, 你是不是會被這種局面弄得眼花繚亂, 以致於轉移自己的視線, 試圖把責任從自己身上轉嫁給某些比你力大勢強的東西——如國家、宗教、階級, 或者你所隸屬的某個集團去呢? 或者, 轉嫁給普通人、正派人所信奉的一般道德準則? 難道你就不該自己去把這個問題想通想透嗎?" 當你聽到這些提問而又想不出答案時，不僅會礙事，甚至最終還會使你無所作為。這類問題提得過多，只能使人厭煩、沮喪，當然就會受到人們的抵抗了。

柏拉圖（Plato，公元前427－347）透過蘇格拉底（Socrates，公元前470－399）的口說：未經考驗的人生是不值得活的（an unexamined life is not worth living）。然而，如果社會成員都是一些狐疑滿腹的知識分子，人人都不斷地檢驗信仰的前提條件，那就沒有人行動了。另一方面，如果不對前提進行檢驗，將它們束之高閣，社會就會陷入僵化，信仰就會變成教條，想像力就會枯竭，智慧就會陷於貧乏。**如果任由社會躺在無人質疑的教條溫牀上睡大覺，就有可能會漸漸爛掉。**要激勵想像，運用智慧，防止精神生活陷入貧瘠，要對真理（或正義，自我實現）的追求持之以恒，就必須勇於對預設提出質疑，向前提挑戰。這些工作至少應做到足以推動社會前進的水平。人類和思想的進步部分是反叛的結果，所謂子革父命，至少是革去父輩的信條，而達成新的信仰。這正是發展和進步賴以存在的基礎。在這一過程中，那些提出上述惱人的問題，並對問題的答案抱有強烈好奇心的人，發揮着絕對的中樞作用。這種人在任何社會中通常都不多見。

當他們系統地從事這種活動，並使用可以受到別人檢驗的理性方法時，他們便被稱之爲哲學家了。

麥基: 你能舉出幾個必須被質疑的前提嗎?

伯林: 柏拉圖的對話錄是論述終極價值、亦是對傳統智慧提出質疑的最早和最豐富的泉源。每一個稱職的哲學家都是傳統觀念的挑戰者。你可以從關心這類問題的作家所寫的小說和劇本中發現類似的例子。例如挪威劇作家易卜生（Henrik Ibsen, 1828－1906）劇本中的主人公: 俄國作家屠格涅夫（Ivan Turgenev, 1818 － 1883 ）的《前夜》（ *On the Eve* ）; 還有英國文豪福斯特（ E. M. Forster, 1879－1970 ）的《最長的旅行》（ *The Longest Journey* ）。不過衆所周知的例

每一個稱職的哲學家都是傳統觀念的挑戰者。

子還是要取自現代的政治哲學和道德哲學。例如對自由，對平等的論述（ 世界現在充滿了這種議論 ）。我們不妨看看美國的《獨立宣言》。我無法逐字引述……。

麥基: "我們宣告下述真理是不證自明的: 人人生而平等; 造物主賦予了他們某些不可剝奪的權利, 其中包括生命的權利, 自由的權利和追求幸福的權利……"

伯林: 謝謝你。我們就先來談談權利 (rights)。甚麼叫權利? 假如你在街上隨便找個人問問究竟甚麼叫作權利, 他準會被難住的, 無法給你一個明確的答案。他可能知道甚麼叫踐踏別人的權利; 或者知道他自己的這種或那種權利被別人所剝奪, 所無視, 但那種被破壞、被無端剝奪了的東西究竟是甚麼呢? 它是不是某種與生俱來、因循承襲的東西呢? 它是不是某種打在你身上的印

甚麼叫權利? 假如你在街上隨便找個人問問這問題, 他準會被難住。

記? 或是人的某種基本特性? 或是某人賦予你的東西? 如果是, 是誰? 通過甚麼程序? 權利可以被授與嗎? 可以被收回嗎? 由誰來予奪? 他又根據甚麼? 是否存在可以授與和取消其他權利的權利? 這種權利又意味着甚麼? 權利可以喪失嗎? 是否存在某些內在於你的天性中的權利——那些

據以思維，據以呼吸，據以作出選擇的東西？這就是所謂的天賦權利（natural rights）？如果是，"天賦"在這裏又作何解釋？你又怎樣知道天賦權利包括哪些內容？

關於權利的定義，衆說紛紜，莫衷一是。僅以大談特談權利問題的十七世紀爲例。當時，英國正處於內戰時期，矛盾的一個要點，就是圍繞是否存在君權神授（divine right of kings）這一問題展開的。現在我們當然不信這一套了，但當時有些人肯定是相信這一套的。他們認爲，國王是由上帝賦予特殊權利的天子人君。而另一些人則認爲，這是神學家或詩人臆造出來的神話，是根本不存在的東西。他們是怎樣展開爭論的？雙方提出了甚麽論點？其中哪些論點是令人信服的？十七世紀末有一位法國作家提出這樣一個問題：假如法國國王想把某些臣民轉讓給英國國王，那這些被轉讓的臣民將會作何感想呢？他的答案是：感想並不是這些臣民所能爲之事，他們所能爲者無非就是服從；他們是臣子；君王對於臣民擁有爲所欲爲的權利。如果允許臣子去思考、甚至懷疑君王的聖諭，這本身就幾近於褻瀆神明了。不錯，我們今日不贊成此說，但當時許多擁戴等級制的人是接受這一點的，他們認爲不僅物質世界，就連精神世界也是一個等級森嚴的結構。每一個人在這個等級世界中都有自己適當的位置，並且必須按照他在巨大的社會金字塔中所處的地位來履行其職責。這就是人們信奉了幾百年的東西。後來出現了一些反對這種觀點的思想家，他們宣稱根本不存在這種天賦等級，人是平等的；他們生而同形，並都被賦以某些自然的需要、能力和欲望，都擁有某些無可剝奪的天賦權利。就這些權利而言，他們是平等的。我想借以上例子說明的是：在這種類型的爭論中，所涉雙方提出的各種論點，都是哲學的當然課題。還有哪種學科能夠處理這些問題呢？這是一些人們長期以來深感關切的原則問題，是一些多次引發了流血戰爭和暴力革命的問題。

麥基：我敢肯定許多人會說："不錯，不錯，你說的固然不假，但究其實質，無非是些熱熱鬧鬧的筆墨官司，一大堆抽象的概念。營營役役的大眾根本犯不着為這些同實際生活、日常生活毫無關係的事情傷腦筋。這種事你探究得越深，生活就越是不幸福。"

伯林：不錯，生活的確可能不那麼自在了，但也有人確實希望把這些問題想透。他們想知道他們為甚麼像現在這樣過活;為甚麼必須要像現在這樣過活。這是人類一種完全自然的欲望;是一些最富想像力、智慧和才華的人所深深體驗到的。不錯,這的確是一場詞語之爭,然而詞語並不單純是詞語,它並不是哲學遊戲的馬前小卒。詞語表達思想。語言指涉、表達並改造經驗。

麥基: 剛才你說到"權利",實際上為我們提供了一個有關政治的哲學思辨的例子。現在你能不能再舉一個有別於政治的、關於道德的哲學命題的簡單例子呢?

伯林: 好吧,我先跟你講個故事,別人告訴我這是他在二次世界大戰中的經歷。此人是英國派駐法國的一名情報員。戰爭接近尾聲時,他受命審訊一名被法國抵抗組織抓到了的賣國賊。那個叛徒為蓋世太保(編按:納粹德國的秘密警察)工作過;法國抵抗組織正打算處死他。這位英國情報員要求先對犯人進行審訊,因為他有理由相信能從犯人嘴裏獲得某些情報,可用來解救那些仍處在死亡和酷刑威脅下的無辜者。後來,他就去看這個蓋世太保的間諜,一位十分年輕的男子。這年輕人對他說:"我憑甚麼要回答你的問題呢?如果你能擔保我不被處死,我就回答你的問題。

但我知道這些人明天就要將我處決，如果你不能擔保我的生命安全，那我幹甚麼要講真話呢？"在這種情況下，那個英國情報員應怎樣辦呢？作爲一個情報員，他的職責是儘可能多收集情報——這可能涉及到無辜者的生命——然而他要得到情報就只能說謊。如果對犯人說"我會儘力說服他們饒你一命"，或其他類似的話，那是毫無用處的。因爲他知道自己根本無法讓那人免於一死；犯人也會一眼看穿。假如這位官員明確表示"只要你招供，我就救你一命"，年輕人發現自己受騙之後，即使只剩最後一口氣也會詛咒他的。

我覺得這就是道德問題的一個例子，是屬於道德範疇的一種情況。功利主義者(utilitarian)可能會說："當然，你必須撒謊，如果這樣做可能增進人們的幸福、減少人們的痛苦的話。"那些把軍人的職責和愛國的責任看作最高價值的人，尤其在戰時，也會作出同樣的結論。然而這裏也有其他一些因素需要考慮，如宗教的嚴格戒律；良心的召喚；人與人之間的關係：一個人怎麼忍心對另一個已被判處死刑的人撒下彌天大謊呢？這種行爲是否剝奪了對方作爲人的一切權利呢？難道人沒有終極權利嗎？俄國大作家陀斯妥耶夫斯基（Fyodor Dostoevsky, 1821－1881）筆下的一個主人公說過，假如有人問他是否準備以一個無辜孩子的痛苦爲代價換取千萬人的幸福，他的回答是否定的。難道他的回答是錯了？功利主義者必定會說："錯了，明顯錯了——感情用事，大錯特錯。"然而，我們不見得會完全同意此說；有些人認爲一個人完全有權說："我不會去折磨一個無辜的孩子。我不知道以後會出甚麼事，但有些事是任何人都不可以做的，無論其代價若干。"

假如有人問你是否準備以一個無辜孩子的痛苦爲代價去換取千萬人的幸福，你會怎樣回答呢？

這樣一來，就有了兩種互相衝突的哲學了。一種是，從其最高尚的意義上看是功利主義的哲學（或愛國主義的哲學）；另一種則是建基在認同絕對的普遍法則上的哲學。**道德哲學家的任務並不是規定人們必須選擇哪一種哲學，而是向人們解釋當中所涉的問題和價值；分析、劃定正反兩方的論點；闡明人們必須作出抉擇的各個方面，包括相互衝突的生活方式、人生目的和代價。**

當然，一個人歸根結底必須承擔個人的責任，去做他認爲正確的事情。然而，**如果他理解了他選擇時所依據的原則，他的選擇就是合乎理性的;**即使他根據這些原則作出了另一種選擇，他的選擇也是自由的選擇。選擇是令人非常痛苦的。一味服從，不動腦筋，反而輕鬆多了。

麥基: 你剛才舉出的關於道德和政治問題的例子有一個極大的優點: 根本不涉及任何語言問題。我真希望這在道德哲學家討論問題的書籍中也成爲一種慣例——至少目前爲止還不是這樣。有一個問題令許多試圖閱讀哲學書籍的外行人感到驚訝、並使許多人最終掩卷長嘆的，這就是他們發現哲學討論中竟有那麼多關於詞匯、語言的闡述，你能用外行人聽來在理的言語解釋一下箇中原因嗎?

伯林: 我盡力而爲吧。現代哲學家——其中一些人堅持説他們最關心的是語言問題，結果從公眾的角度看，給自己幫了一個倒忙。人們於是就想，這些人準在幹一些雞毛蒜皮的小事。因爲人們理解的語言問題，是詞典學家、語法學家和語言學家所理解的那種意義上的語言問題，而應付這種問題，詞典學家和語法學家顯然要比哲學家強得多了。然而語言哲學家的確關心語言問題，因為他們認為，人是用詞語來思維的；詞語有時本身就是行動；因而考察語言便是考察思想，推而廣之也便是考察人的整個世界觀和生活方式。每當你面對一些既困難而又無明顯答案的哲學問題時，可以先行自問："這是一種甚麼類型的問題？我要尋找的是甚麼**類型**的答案？它看起來像是這一類問題，還是那一類問題？它是一個關於事實的問題，還是一個概念與概念之間的邏輯關係問題？或是這些問題的綜合體？要麼，它根本不屬於上述任何一類問題？"這種概念和類別上的區分是相當困難的；但所有稱職的哲學家都已經或正在做這項工作，無論他們把它叫作甚麼。這本身並沒有錯；只是一旦叫作澄清語言混亂的工作，便使得懵懂者更懵懂，心懷叵測者自覺有機可乘了。**語言混亂可以導致人們的思維混亂，而思維混亂又會造成實踐上的野蠻狀態。**

語言哲學家認為，人是用詞語來思維的；詞語有時本身就是行動；因而考察語言便是考察思想。

麥基: 納粹狂徒的種族主義信念不就是建立在混淆視聽、包括語言混淆的基礎之上的嗎?

伯林: 是的，這些混淆部分以經驗為依據，部分則不是。劣等人（sub-man）的概念——即認為存在某些劣等人種，如猶太人、吉卜賽人、斯拉夫人、黑人，或者隨便甚麼人，並認為他們對社會具有可怕的危害性，因此必須滅絕——這種可怕的信念，毫無疑問就是建立在對這些族羣的行為本質完全錯誤的經驗判斷上的。而劣等人性的概念，則涉及劣等人性的含義和與此相關聯的、我們所說的"人"（human）這個詞的含義，涉及甚麼是人的本性; 人的構成因素是甚麼; 何以為優，何以為劣; 當然，接下來就是: 折磨或屠殺"劣者"的理據是甚麼等等。這些不再是經驗的問題，而是哲學的問題了。那些抱怨這些問題是雞毛小事、無非是對語言和語言用法進行考察的人應該想一想: 人類的生活，無論在過去或今天仍然取決於對這些問題的澄清。

麥基: 某些語言學家聲稱，通過對語言使用進行分析，他們可以把我們從語言的迷宮中解救出來。換言之，被語言迷惑的是我們而不是他們。

伯林: 事情確實是這樣。應該說這正是他們對人類的主要貢獻之處。這也就是他們爲甚麼會被那些希望保留語言的素樸使用、並擔心分析語言會削弱語言的影響力的人視爲危險人物的原因。德國詩人海涅（Heinrich Heine, 1797－1856）曾告誡我們，不要輕視閉門苦思的哲學家，因爲他可以產生出雷霆萬鈞的力量; 把他單單視爲閉門造車的學究，那就低估了他的能量; 假如不是先有康德（Immanuel Kant, 1724－1804）使唯理論（rationalist）神學家的上帝威望掃地，法國革命黨人羅伯斯庇爾（Maximilien Robespiere, 1758－1794）就不會砍掉皇帝的腦袋。海涅還警告過當時的法國人: 德國理想主義的（Idealist）形而上學家（費希特〔Johann Fichte〕、謝林〔Friedrich von Schelling〕之流的追隨者）乃是一羣狂熱的信徒，他們既不會被恐懼嚇退，也不會因爲喜愛尋歡作樂而卻步，總有一天，他們

假如不是先有康德使唯理論神學家的上帝威望掃地，法國革命黨人就不會砍掉皇帝的腦袋。

會在狂怒中揭竿而起，把西方文明的豐碑夷爲平

地。他宣告說：當這股巨大的形而上學浪潮把歐洲推向戰爭和毀滅時，相形之下法國大革命就顯得如同一場區區兒戲了。海涅切身體會到，哲學或形而上學的力量（例如他隨堂聽講的哲學巨擘黑格爾〔Georg Hegel〕的思想）無疑是非常偉大的；它發揮出來的力量是間接，卻又是深遠的；哲學家決不是無害的咬文嚼字者，而是一股巨大的或善或惡的力量，是未被人認識的立法強人中的佼佼者。

麥基：而這一切都是哲學家"口誅筆伐"的結果。在哲學活動中，或者通過哲學活動，語言與現實發生糾結的方式可謂是問題良多。即使是你剛才舉例時提出的那個貌似簡單的問題"甚麼叫權利"，也很有講究：你想深入探究的究竟是一個詞的詞義呢？還是一個雖然抽象然則以某種形態存在的抽象實體的性質？"甚麼是權利"這個問題究竟屬於哪一類問題呢？

伯林：我想你是想說："我們應該以甚麼方法來得出論點，才能使你確信你擁有某項權利——如追求幸福的權利；或者相反，你並不擁有這種權利？"我記得好像在甚麼地方讀到過：有人對宗教改革領袖路德（Martin Luther, 1483－1546）

説，人有幸福的權利，或者說人生的目的在於幸福，他回答道: "幸福? 不! 苦難! 苦難! 十字架!"受難是某種基督教信仰方式的核心，一種極其深沉的信念，一種對現實的極其深刻的看法，許多絕不淺薄的人都把自己的一生建築在這種信念上了。這絕不是咬文嚼字。你可以說這還是同文字打交道——關鍵歸關鍵，字還是字。你可以說我們僅僅是在問 "'十字架'這個詞的含義是甚麼? '受苦'這個詞的含義是甚麼? "但那樣就走眼了。我們既不是語法學家，也不是詞典家。如果想搞清楚這幾個詞對路德或像路德那樣的人意味着甚麼，想搞清它們在這種 "意義" 上的確切含意，查辭典是幫不上忙的。

麥基: 但問題仍然不夠清楚。如果你不打算找出這幾個詞在那種意義上的含義，那你想說明的東西實質究竟是甚麼呢? 說來說去，人類歷史上一些最偉大的天才人物頻頻提出這類問題已達兩、三千年之久，然而並未找到能被任何普遍接受的答案。這至少說明了這類問題的獨特性。或許，這些問題是無法解答的; 或許，你想尋找的東西根本不存在。

伯林: 那麼就讓我們來問問自己: "甚麼類型的問

題是可以解答的？”如果不避過分簡單之嫌，可以說有兩大類問題我們可以相當肯定地認爲是可以解答的——如果實踐中不能完全做到，至少原則上是可以的。一類是普通的可訴諸經驗的問題，即世界上存在甚麼東西那一類可以通過一般觀察或科學作出解答的問題。“在澳洲有黑天鵝嗎？”“有的，有人看見過。”“水是甚麼構成的？”“水是由某類分子構成的。”“那分子呢？”“是由原子構成的。”我們在這個領域所涉及的，是一些可核查其實，或至少可核查其誤的論斷。常識性的問題也是這樣：“芝士在哪裏？”“在碗櫥裏。”“你怎麼知道？”“我看過了。”這些答案可以認爲是極其簡明的。在正常情況下你我決不會產生懷疑。這些問題就叫作經驗問題（empirical questions），是一些可以通過一般常識，或在較爲複雜的情況下通過受控的觀察，通過實驗，通過對假定進行求證等方法加以解決的事實問題。這是云云問題的一種類型。

　　還有另一種類型的問題——即數學家或邏輯學家提出的那一類問題。首先，你得接受某些定義，接受某些指導你從一個命題推導出另一個命題的變換規則，以及某些可以幫助你從前提中演繹出結論的推衍規則。此外，還有一些可以據以

檢查命題之間的邏輯關係的系統規則。這些東西並不能向你透露任何有關世界的信息。我在這裏

人們提出的問題，有兩大類是可以解答的。一類是經驗問題; 另一類是規範問題。

指的是那些與事實問題似乎完全脫節的規範性學科，如數學、邏輯學、博奕論和紋章學等。這些問題的答案，不論你是隔窗瞭望，撥個電話，借助望遠鏡，或翻轉櫥櫃都是找不到的。假如我告訴你國際象棋中的王棋一次只能走一步，你卻對我說: "咄，你說王棋一次只走一步，但有天晚上我看棋，明明看見王棋一次走了兩步"。這種說法是毫無意義的。你這樣說並不能反駁我的說法，因爲我的真正意思是說按下棋的規則，王棋一次只能走一步，如果走了兩步，那就犯規了。那你又怎麼知道這個規則是正確的呢? 規則就像指令或問題那樣，不是可以用對或錯來表達的東西。規則就是規則: 你要麼接受這一套規則，要麼就接受另一套規則。至於這種選擇自由與否，所涉規則的地位如何，這本身既不是經驗問題，也不是規範問題（formal questions），而是哲

學問題。以下我就來解釋一下我這番話的含義。

我剛才提及的兩類問題有一個根本的特性：即存在一些能明確無誤地尋求答案的方法。對於一個經驗問題，你或許並不知道確切的答案，但你卻知道哪一類答案適合這一類問題，知道答案的範圍有多大。如果我問："凱撒（Julius Caesar，公元前100－公元前44）活了多久？"你可能不知道他具體活了多少年，但你知道如何着手去追尋答案。你知道應該往哪一本書中去查找。你還知道哪一種證據可以用來證明你的答案。假如我問："泰國有不會飛的鳥嗎？"你可能一時答不出來，但你卻可能知道哪一種觀察到或者沒法觀察到的情況能夠為你提供線索。天文學上的情況也是這樣。你不知道某遙遠星球的背面是甚麼樣子，因為你從未看見過，但你卻知道如果你能飛到那兒去的話，就像你現在可以飛臨月球一樣，也許你就看見了。同樣地，規範性學科方面也存在一些尚未解決的問題，但同樣存在一些大家接受了的解決問題的方法。你知道，你不可能靠看、靠摸、靠聽來解決數學問題。同理，僅靠代數推論也不可能在經驗領域找到答案。我把這兩個領域之間的界限劃得太過分明了，描述性陳述和規範性陳述之間的實際關係卻要複雜得多。但我這種帶有實證主義色彩的解釋方式卻突出了我想強調的一個問題，這就是：在這兩大類問題之間，還存在着另外一些既不能以經驗的方式，也不能以規範性方式解答的問題。這樣的問題很多，其中包括了哲學問題。我覺得，哲學問題的主要外觀性標誌是：你不知道到哪兒去尋找答案。例如有人問你："甚麼是正義？" 或："每一事件都是由先前的事件決定的嗎？" 或："人生的目的何在？我們應當追求幸福呢，還是不顧個人幸福去促進社會平等、正義、宗教信仰或知識？" 你將如何確切地回答這些問題呢？再

哲學問題是既不能以經驗的方式，也不能以規範性的方式解答的問題。

如，一個喜歡琢磨各種思想的人問你："你所說的'真實'是甚麼意思？你怎樣區分真實和表象？"又或者問："知識是甚麼？我們知道甚麼？我們能確切地知道嗎？除數學知識外，是否還有我們確切知道或能夠確切知道的事物？""如果還有，那我們又怎麼知道我們確切知道呢？" 對於這樣的問題，你將如何去尋找答案呢？既然沒有現成的科學或學科來解答這些問題，你可以說："那

好辦，不是有專家嗎。他們能告訴你甚麼是好甚麼是對；告訴你是否每件事總是由因果關係決定的；告訴你幸福應不應該是人生的目標；還有甚麼是權利和義務、甚麼是知識、甚麼是現實和真理，等等，等等，你只要聽他們的就行了。"一個數學家當然能夠解答數學問題。然而，如果說有那麼一批無所不通、一貫正確的倫理學家和形而上學家，任何人只要能聽懂他們的分析，就必然會接受他們精到明確的解答，這，你總不會相信吧？哲學問題似乎一開始就叫人迷惑，因為根本不知道應該到哪裏找答案。誰也不清楚應該如何解答它們。一般人若有點耐性的，開始時還不斷向自己提出這些問題，到後來弄得自己頭昏腦脹，只好乾脆置之不理，想別的去了。

麥基：現在你已經涉及到哲學的本質了，我想我們還是先鞏固一下我們經已表達的立場，然後再接下去討論。你剛才說的是：人們在追求知識的過程中所提出的問題，一般可以分為兩種類型。首先是關於世界的一類問題，因為人無時無刻不在試圖認識並駕馭自己的環境，或者也可以說只是為了應付周圍的環境。這一類關於世界的問題最終只能通過觀察世界才能獲得解答。這包括調查、觀測、測試、驗證等等方法。這類問題是事實的問題——用哲學家的話來說就叫經驗問題。也就是說，它們是與人生經驗有關的事物。第二類問題比較抽象，比較具有規範性，如數學和邏輯學中的問題；或者，如你剛才提到的比賽和紋章學的問題。這類問題涉及的是在一定規範內實體間的相互關係，因而無法通過觀察世界得到答案。當然，這決不是說這些問題距離我們日常關心的事物非常遙遠。例如，我們日常生活中經常使用的算術，就是規範系統的一種。實際上，我們每天計數、計時、換錢，哪一樣都離不開算術。這說明，抽象系統對我們的實際生活是極其有用、非常重要的。

由此可見，上述兩大類問題是我們知道怎樣成功地加以解答的。一類是經驗的問題，以考察事實爲解答之途；另一類是規範問題，以考察同一規範系統中不同事物的關係爲解答之途。幾乎所有問題，幾乎所有的知識，都可以在這兩大歸類中找到適當的位置。然而，哲學問題卻不是這樣，哲學問題的特徵就在於它根本不屬於上述任何一類問題。像“甚麼是權利”這樣的問題，它既不能通過臨窗一瞥得到解答，也不能依靠檢驗規範系統內部是否一致而求得答案。也就是說，你根本不知道應該怎樣去解答這些問題。或者按你的說法: 當你有了一個令你輾轉反側的問題,而又不清楚應該如何去解答它時, 這便是哲學的開端了。

伯林: 你說的比我好得多, 清楚多了。

麥基: 只是你打了頭炮, 我才有路可循的。

伯林: 我接受你的歸納——比原來的好多了。

麥基: 可問題還在: 我們應該怎樣處理我們不知道如何解答的問題呢?

伯林: 我想, 你得這樣問: "我們爲甚麼會佩服某些討論過這些問題的思想家呢? "我認爲, 我們欽佩他們, 是因爲他們改變了論述問題的方式,從而使某些答案至少看起來有了合理性。做一件事若無成規可循, 就只能盡力而爲, 靠自己動腦子了。你問: "當我們提出像'一切事物都有其目的嗎? '這樣的問題時, 它屬於哪一類問題呢?我在尋找哪一類答案呢? 哪一種類型的論點會使我覺得某個答案是對的, 是錯的, 或者是值得考慮的? "這正是哲學的任務。記得福斯特曾經説過(坦白地説我不記得他是在哪兒説的): "每

> 我們欽佩思想家，是因爲他們改變了論
> 述問題的方式，從而使某些答案至少看
> 起來有了合理性。

一種事物都像點甚麼；這一種事物像甚麼呢？”
這個問題就是你在解答哲學問題時一開始就會遇
上的。在歷史上，情況大概是這樣的：一些重要
的、甚至是關鍵性的問題一直處於這種非驢非
馬、模棱兩可的狀態；人們對此冥思苦想，不得
其解 — 這很自然，因爲這些問題在很大程度上
涉及到人們的終極價值。教條主義者，或者那些
對宗教經典、先師名哲言聽計從毫不懷疑的人，
則是不用憂心的。然而似乎總有這樣一些人，他
們不僅懷疑教條，而且還不斷自問：“我們爲甚
麼要接受這些答案呢？他們只顧說這說那，但我
們怎麼知道他們確實知道呢？我們怎樣才能確定
他們知道呢？他們說這是上帝（有時又謂之‘自
然’）的旨意，但上帝（‘自然’也一樣）似乎對不
同的人有不同的答案，哪一種答案才是對的呢？”

　　有些問題提出的方式經過修改，便屬於我們
剛才講到的那兩類問題中的某一類了（這是就歷
史上的情況而言）。讓我解釋一下。以天文學爲

例，十四世紀時天文學被看作是哲學研究的課題，這是合理的，因為當時天文學的內容既不純粹是經驗性的，也不是規範性的。例如當時認為，行星必然是圍繞圓形軌道運行的，因為圓形是最完美的形態。無論圓形是極致形態這一說法的真實性如何（我猜想它在某種意義上或許可被看作是一種規範性問題），由此推出的下一個觀點，即行星的運動既然被看作是完美的，那麼它的運動方式必然是、也只能是圓周的——這種觀點就似乎既不是經驗性的，也不是規範性的了。因為，你既不能通過觀察或實驗來確立它的真實性——或與此有關的其他事物的真實性；也無法單靠邏輯的或數學的證據對行星的形態和運行方式作出一般的事實推論。如果人們說星球必然是也只能是按一定的方式運動，而事實上行星卻是按照另外的方式運行；只要人們說他們知道，即在形而上學或神學的意義上知道，就完全可以把這種天文學看成是哲學了。當時與天文學密切相關的占星術，情況也是一樣。後來，大家都知道，天文學逐步發展成為一門典型的觀察性科學了。現在天文學已經摒棄了形而上學的預斷假說，成了一個以經驗性試驗為前提，以推論演繹為方法的自然科學的一門。這樣，它也就不再屬於哲學的範疇了。

　　在哲學發展的過程中有一個十分有趣的現象: 它不斷扔下一些原來屬於它的部分, 而把它們歸到那兩大類問題中去, 使其成為經驗性的或規範性的問題。記得我的已故同事英國哲學家奧斯汀 (J. L. Austen, 1911—1960) 說過: 哲學的太陽逐漸噴射出巨大的燃燒氣團, 這些氣團後來凝成星體, 並進而創造了自己的生命。哲學的歷史可以為這一進程提供大量的例證。例如, 當經濟學與許多形而上學的假設混為一體的時候, 它還是哲學的一部分, 後來它卻逐漸成為一個獨立的研究領域了。

哲學在發展過程中不斷扔下一些原來屬於它的部分, 使其成為經驗性的或規範性的問題。

麥基: 但是即使許多不同的研究領域已經分離出去, 如你所說的經濟學和天文學 (還有昨天的心理學, 今天的語言學), 但這些不同的學科仍然都有自己的哲學成分。如果說它們一旦分離, 就再也不同哲學發生關聯了, 這種說法是不符合事

實的。

在任何一個活動領域，都有一些供人們使用的基本術語——或者更確切些，都有一些基本的概念。如物理學家不斷使用的光、物質、能量、速度、重力、運動、度量、時間；政治家不斷使用的"自由"、"平等"、"社會正義"；律師不斷使用的"有罪"、"無罪"、還有"正義"——"正義"在這裏含義不同——等等。一般説來，在這些領域從事實際活動的人很少研討他們所用的術語——我敢打賭，大多數物理學家活了一輩子也肯定没有同別的物理學家爭論過光是甚麼，或者"能量"這一術語的含義是甚麼。但如果有個傢伙走過來問："你説，我們所説的'光'究竟是甚麼東西？'能量'又是甚麼東西？'度量'又是甚麼東西？"或者問得更切題點："我們度量某物的目的究竟是甚麼"？那這個人就是所謂科學哲學家了；而對於這類問題的討論就叫作科學哲學。此外還有所謂政治哲學家，他要問的就是："我們所説的'自由'的確切含義是甚麼？'平等'是甚麼？"甚至還有法律哲學家，他會問："我們所説的'正義'究竟指甚麼？"事實上，每一種學科，每一種活動都有自己的哲學，它不僅包括對本學科典型的概念和模式的闡釋，而且包括對該學科的目的和方法以及對該學科所獨有的論辯形式、論據和程序的批判性討論。換言之，哲學可以用來闡釋任何概念，可以用來分析任何活動。這就是奧地利哲學家維特根斯坦（Ludwig Wittgenstein, 1889－1951）堅持的：哲學是一種活動，而不是一堆教條。當然，由此類推，哲學活動本身也是哲學研究的對象。事實上，哲學家正是永無休止地從事着這方面的研究。當然，從哲學實

每一種學科，每一種活動都有自己的哲學。

踐的角度看，最有考察意義的活動仍然是那些哲學以外的、對人類生活的某個方面更爲基本的活動——儘管我認爲哲學家過去對這些活動的範圍看法過於狹隘了。此外，哲學實踐中最有研究意義的概念都是一些基本的概念，既包括日常的概念，也包括人類思想或人類活動的某個特定領域的特定概念。在這類研究中，哲學家試圖深入挖掘那些支配我們思想的先決條件，研究、闡發、揭示那些潛藏於我們的基本用語之中、影響着我們對這些用語的使用，並進而滲透到我們的結論、滲透到我們的信仰和行動中的前提。

伯林: 我想你是對的。有些人游泳, 一想到自己怎麼個游法就游不動了。物理學家就只管游泳。至於爲甚麼要游泳和甚麼叫游泳的問題, 對於局外觀察者來説是比較容易解決的。善於分析自己使用的概念的科學家是極爲罕見的百靈鳥, 但確實有, 如德國的愛因斯坦(Albert Einstein, 1879－1955)和普朗克 (Max Planck, 1858－1947), 他們深明涉詞之詞和涉物之詞的區别, 或者説是概念和經驗材料的區别。我還可以舉出一些仍然幸運地活在我們當中的科學家, 他們也是知道這種區别並言必有哲理的。不過一般而論, 即便是一些最富有天才的科學家, 也往往是一頭扎進自己的活動裏, 根本無暇去抬頭看路, 檢驗一下作爲他們的工作和信仰基礎的那些假定前提。

麥基: 你是否想過, 像"甚麼是光"、"甚麼是好"、"甚麼是時間"一類問題, 不是極像小孩問的問題嗎?

伯林: 想過, 而且常常這樣想。不過我想小孩子一般不會問"甚麼是時間", 而可能會説"我想見見拿破崙"（例如一個非常熱愛自己本行的歷史教師的孩子大概就會很自然地提出這種要求）。父親告訴他: "你見不着, 他已經死了。"那孩子又說："爲甚麼他死了我就見不着了呢？"如果那父親會用腦子，就會解釋說，拿破崙死後就被埋入地下，肉體也就分解了，原來的身體物質也隨之消失了，埋入地下的死人是不能復活的。但假如那孩子也挺用腦子，就可能會問："爲甚麼不能把身體重新拼起來呢？"這樣一來，物理學和生理學的知識便派上用場了。於是那孩子可

你是否想過，"甚麼是光"、"甚麼是好"、"甚麼是時間"這類的問題呢？

能又說："那我不想要這個了。我不要見重新拼起來的拿破崙；我要回去見奧斯特利茨戰役（Battle of Austerlitz）時的拿破崙，那才是我要見的拿破崙。""不，你見不到。"父親說。"那爲甚麼？""因爲你不能使時間倒轉。""爲甚麼不能？"好，這就冒出一個哲學問題了。此處的"不能"是甚麼意思？表示無法使時間逆轉的那個"不能"，同"二乘二不可能等於七"的那個"不可能"，或者同"根據法律不能在凌晨兩點鐘買香煙"的那個"不能"，是不是同一意思？或者，它是不是更像"我記不得了"這句話所表示的"不能"；或者"我不能僅僅由於希望而使自己長到

九英尺高"中的那種"不能"呢? 哪一種"不能"
可以用來回答"我能看看奧斯特利茨戰役嗎"這
種問題呢? 這裏, 我們又一頭扎到哲學的領地了。
有人可能會告訴那孩子: "你之所以不能, 是因
爲時間的性質決定的。"然而一些有哲學意識的
人會説: "錯了, 錯了, 根本就没有甚麼時間或
時間的性質這樣的東西。時間的表述可以解釋成
事物發生'之前'、'之後'或'同時'這樣的表述。把
時間當作一種東西來談論, 是形而上學的一個陷
阱。"這一發就不可收拾了。做父親的一般不願
用這種方式來回答孩子的叨叨。不耐煩了乾脆讓
他們閉嘴, 別再問蠢問題; 讓他們走開, 別再惹
人厭。然而這恰恰是不斷重複發生的一種問題;
哲學家就是那種不爲這類問題所厭煩、所嚇唬而
願意盡力去解答的人。當然, 兒童由於條件所限,
最終不會提出這些問題。這真是太可惜了! 而那
些不完全被條件所限制的兒童有時就成了哲學
家。

麥基: 以此看來, 你認爲哲學家是否都有股孩子氣
呢?

伯林: 這不是必然的。哲學家提出的某些問題看上
去是很簡單的, 就像蘇格拉底在柏拉圖對話錄中

提出的那些問題，普通人回答不了，乾脆不加考慮，有時甚至會有點不耐煩。當然，另一方面，哲學家提出的問題並不都是簡單的。今天的科學哲學家往往會問："甚麼是夸克（quark）？"夸克是物理學中一個非常微妙的術語。夸克是一種實體嗎？是一種事物嗎？是一種運動嗎？是實體之間的某種關係嗎？甚麼是黑洞？甚麼是空間？甚麼是虛空？夸克是不是就是黑洞呢？（這又是一種甚麼樣的洞呢？）不然那就是數學公式了——就像"和"、"任何"、"誰"那樣一些在所謂的現實世界中無對應物的邏輯工具？再不然，夸克就是介於現實與邏輯之間的一種混合物？夸克這個術語是怎麼個用法呢？如果說"我們在下列的科學公式和論點中使用'夸克'一語，"這樣說就行了嗎？看來，這樣說仍然是不行的。分子一般被看作是真正的實體。原子也一樣。而電子、質子、伽馬射線和中子的情況就不那麼有把握了。還有，量子是甚麼？人們覺得這些東西是神秘莫測的。你聽人說有一種東西——電子可以從一個軌道跳到另一個軌道而無需持續不斷地通過中間的空間——如果我們可以用這種方式來談論它的話。那麼，這究竟是一種甚麼樣的情形呢？我們難以用普通的、常識性的思維方式去理解這樣的事物，因爲這裏存在某種表面看來令人難以理喻的東西。比如，這是否像是說："我的腳腕有點不舒服的感覺——現在這種感覺又移到膝蓋了——當然囉，它用不着持續不斷地通過我的腿，因爲'它'是不存在的；先是一個地方有了感覺，後來另一個地方又有了同樣的感覺。"難道這就是答案了嗎？你可以說："這種不舒服的感覺已經離開我的腿，進入我的胳膊了"，給人的印象是它是可以游動的；但你的意思根本不是這樣。先是這裏疼，後是那裏疼，兩者之間根本沒有關係。是不是這樣的呢？這樣的比喻有用嗎？抑或它是完全不同的另一回事？這種回答會不會引起最荒唐、最誤盡蒼生的後果呢？科學語言能夠直接地描述事物嗎？又或者，科學語言僅僅是類似數學或邏輯學那樣的東西？是描述性或解釋性語言的骨架，而非血肉？抑或這也錯了？唉，應該怎樣解答這一問題呢？物理學家是幫不了多大忙的。他們只會告訴你他們在做甚麼，剩下的只能由哲學家去說："你看，他們就是這樣使用這個術語的。他們是在 X 情形而不是 Y 情形下使用它。"他們說"夸克"時，說"陽電子"（positron）時，說"量子躍遷"（quantum jump）時，使用這些術語的方式，很像其他人使用某個特定字眼，而不用另一些字眼。所以，不要輕易把科學家的用語拿來同我們的日常用語作類比，否則就會犯錯誤，就會得出虛假的甚至荒唐的結論，就會建立起一套毫無意義的形而上學體系。

麥基：一些哲學家認爲你剛才談的情況正是典型的哲學活動。在我們的思維中，我們都會犯所謂的 "概念錯誤"（category mistakes）。這就是說，我們都會把原屬於某一類型的術語當作完全不同的另一類型的術語來使用。而且由於我們沒有認識到這種錯誤，於是就引出了各式各樣的謬誤和混亂。有人認爲，哲學家的典型任務，就是清除這種混亂，向人們揭示在甚麼地方和爲甚麼會發生錯誤。賴爾（Gilbert Ryle, 1900－1976）便是一位旗幟鮮明地高舉這種觀點的近代英國哲學家。他在其名著中指出，我們在理解心靈（mind）這個概念時，較易犯上極爲嚴重的概

我們的思維會犯所謂的 "概念錯誤"，把原屬於某一類型的術語當作完全不同的另一類型的術語來使用。

念錯誤。我們往往以爲心靈是身體內部看不見的實體，仿如一個從機器內部操縱機器的幽靈，獨立地、神秘地、暢順地獲得大量非肉身的經驗。賴爾指出，這是一種完全錯誤的模擬，必然使我們陷入無止境的混亂和錯誤。他試圖通過進行一系列非常全面的概念分析來說明這一點，正是爲了這一目的，他寫下了《心的概念》（*The Concept of Mind*）一書。順便提一句，如果有人想反駁他，有兩種主要的，也是異常典型的方式可供採用。一種是否認我們是按照他所說的那種方式使用概念；另一種則是一方面承認我們的確以那種方式運用概念，但同時卻否認這樣做會導致他所說的那種引人誤入歧途的後果。哲學家之間許多其他關於概念的論爭，也都是這種情況。

伯林: 我覺得賴爾過於傾向行爲主義（behaviourism）了。但我同意澄清概念確實是哲學的任務之一，甚至是它的主要任務之一。但哲學家也試圖叫人們注意他們提出這些有待澄清的問題之中所涉及的實質性問題。

麥基: 我覺得關於這一點你還得多談幾句。對於外行人來說，最難看清的一點就是如何從解答模糊性問題的努力中獲得實質性的益處。如何才能在這方面如願以償呢?

伯林: 這個嘛, 你可以用不同的途徑去獲得答案。通過澄清概念, 有時你會發現一個問題是提錯了——就像我先前講過的那樣, 你會發現一個經驗的問題被混淆爲一個規範的問題了。讓我再舉一個道德哲學方面的例子——道德領域的例子比較能説明問題, 因爲多數人一輩子都必須同道德問題打交道。例如, 我們可以舉出一個部分是道德的, 部分是政治的問題, 一個發生在醫院的平常問題。有一種腎臟輔助器, 很昂貴, 而且數量不多。對許多患腎病的人來説, 這種腎臟輔助器作用極大。那麼, 我們是否應該把這些數量有限的輔助器僅僅先用於那些給社會帶來很大好處的天才或重要人物呢? 假如一位偉大的科學家患了腎病, 我們是否應該把僅有的一架腎臟輔助器留給他用呢? 同時, 如果有個小孩腎病嚴重, 只有輔助器能夠救他, 那我們怎樣在這兩者之間作出選擇呢? 我們應當怎麼辦? 我們是否應該以下述的方式提出問題: "這兩種人哪一種對社會最有益? "這是一個必須做出現實選擇的惱人問題。道德哲學家是不會提出"救救那個偉大的科學家"或"救救那個孩子"的答案的。如果他單是作爲一個人，他可能會給你一個答案；但如果他不僅作為一個人，而且作為一個稱職的道德哲學家，他就會向你解釋當中所涉的各種考慮。他可能會說："你的目標是甚麼？你所追求的是甚麼？你十分關心人類的幸福嗎？這是你唯一的考慮嗎？如果是，那麼我就勸你拯救這位科學家，因為他對社會的貢獻大概會比那個孩子多，不管這個小孩是多麼無辜。或者：你不也認為凡是人都有自己的基本權利嗎？人人都有要求得救的平等權利嗎？人們根本不應提出兩人中誰更重要這種問題嗎？你真是這樣想的嗎？如果是，"他就會說：

假如一位偉大的科學家患了腎病，我們是否應該把僅有的一架腎臟輔助器留給他用？還是去拯救一位患腎病的小孩子呢？

"這裏存在着價值上的衝突。一方面，你信仰要增進人類的幸福；而另一方面，你又認為把人們對生命的要求（包括對其他基本權利的要求）劃分等級是錯誤的，不應該在本應平等的方面劃出等級來。這二者之間是不能兼得的，因為這兩種目標是相互衝突的。"

英國浪漫詩人雪萊（Percy B. Shelley, 1792－1822）的岳父哥德溫（William Godwin, 1756－1836）卻沒有這樣的煩惱。他講了個故事，談到一位生當十七世紀末葉的著名聖者，法蘭西人主教費尼龍（Francois Fénelon, 1651－1715）。據說，費尼龍有一次面臨着一個冒着生命危險跳進火堆去救出一名男僕的問題。哥德溫斷言說，既然費尼龍對人類的發展肯定要比那僕人重要得多，所以，那位僕人寧願讓費尼龍活下去，自己去死，這才是合乎"正義"的。從這點出發，費尼龍不去救那個僕人不僅是可以允許的，而且，如果他試圖去救那個僕人，那他就大錯特錯了。假如你的反應是："甚麼！你譴責英雄主義嗎？一個人若是為了別人的生命而捨棄自己的生命，這總該受到敬仰吧？"哥德溫於是答道："當然不應該。因為這是一個不合理的選擇。"那麼，假如是你的妻子或母親遇到了生命危險呢？哥德溫毫不含糊（下面的話是我憑記憶的）："我的妻子或母親可能是蠢豬，是妓女，又凶，又刁，又賴，但即便如此，這對於我又有甚麼區別呢？憑着'我的'這個詞的魔力就足以推翻永恒真理的判決嗎？"他大概就是這樣說的吧。當然，這是一種極端的功利主義，我們若要摒棄它也是可以理解的。但毫無疑問，這是一個哲學的問題。對此，哥德溫毫不懷疑任何一個理性的人會明快地作出甚麼答覆。這至少有助於澄清一個問題：如果我們否定哥德溫的答案，我們就明白自己所要否定的是甚麼，這樣我們至少清楚爲甚麼會摒棄他的答案了。

麥基：你剛才舉腎臟輔助器的例子時說，一個稱職的道德哲學家並不告訴我們應該做甚麼，這一點對我們現在的討論是極其重要的。許多人學哲學，只是爲了得到如何生活的啟示；或者是爲了得到關於世界的解釋，其中包括對生命的解釋。但我覺得，即使只是帶着第一種願望學哲學，也是想逃避個人的責任。一個人不應該指望別人告訴自己怎樣生活。一個人也不應該以學習哲學來尋找確切的答案。完全相反，我們只能通過哲學來澄清自己的生活，或者澄清我們所面臨的各種問題，這樣，我們才能更加有效地對自己負責，才能在充分瞭解得失的基礎之上，做出清醒的決擇。

伯林：這是一件令人十分痛苦的事情。但是，和大多數道德家不一樣，我同意你的說法。大多數人都是希望有現成答案的。屠格涅夫說過，他的小說遇到的一個麻煩——或者說是他的小說引起某些讀者不滿的一個原因就是: 與他同時代的俄國讀者（我們可以補充一句: 包括今天的俄國讀者）都希望別人告訴他們應該怎樣生活。他們想清楚地知道誰是英雄, 誰是壞蛋。可屠格涅夫就是閉嘴。俄國大作家托爾斯泰（Leo Tolstoy, 1828－1910）則不然, 他的是非善惡是很清楚的。陀斯妥耶夫斯基和許多其他作家對此也是毫不含糊的。在英國文豪狄更斯（Charles Dickens, 1812－1870）的作品中, 孰是孰非, 一目了然。英國作家埃利奧特（George Eliot, 1819－1880）的作品也基本如此。易卜生的喜怒愛憎也是一清二楚的。但屠格涅夫卻說, 他所做的一切無非是將人們如他所見的那樣描繪出來。他不希望指導讀者。他不去告訴人們作爲作家的他站在哪一邊。屠格涅夫自己也知道, 他這樣做會使公衆陷入困惑, 使公衆感到攪擾, 讓公衆各得其解, 而這又是公衆最惱火的。俄國劇作家契訶夫（Anton Chekhov, 1860－1904）也是如法炮製, 但他與屠格涅夫不同, 他不抱怨。他們兩人是完全正確的。指導人們如何生活, 既不是小說家的責任, 更不是道德哲學家的責任。道德哲學家的任務, 僅在於幫助人們面對問題, 面對可供選擇的行動範圍, 向他們解釋有哪些選擇以及做出某種選擇的原因。他應當努力闡明所涉的各種因素；揭示所有的可能性及其含義；不是孤立地，而是統觀全局地甚至從整個生活形態的角度描繪各種可能性的性質。此外，他還應該說明為甚麼開啟一扇門會導致另一扇門的開啟或關閉。換句話說，他必須展現某些價值之間，經常是無共同尺度的價值之間不可避免的矛盾和衝突。或者，換句話說，他應該不是從數量的角度，而是從並不總是和諧相處的絕對原則或絕對價值這個角度，闡明某一行動，以至某一生活方式的得與失。當一個道德哲學家按照這一方式把一種行動方針放在它的道德範圍內加以考察之後，亦即在道德的總構圖中查明了這項行動的方位，依據這項行動可能產生的後果和影響，把這項行動的性質、動機和目標同它所屬的價值系統掛上鈎；並根據自己所擁有的知識、理解力、邏輯技巧和道德觸覺提出了反對或支持這一行動的理由，或正反雙方的理由之後，他才算是完成了作為一位哲學顧問的使命。道德哲學家的任務不是說教，不是鼓吹，不是褒貶，而是啟發。他的助益僅在於此，剩下的事情只能由有關的個人或團體，根據自己的信仰和目標（可惜在現實生活中這些東西總是遠遠不夠）去做出自己的決定。哲學家只能傾其所能，闡明箇中得失。不過僅此一點，也是功德無量了。

有人可能會對此提出異議：從柏拉圖、亞里士多德（Aristotle, 公元前384－322）、康德、

道德哲學家的任務是幫助啓發，而不是說教、鼓吹或褒貶。

穆勒（John Stuart Mill, 1806－1873）和摩爾（G. F. Moore, 1873－1958）等絕大多數道德哲學家和政治哲學家， 直到我們這個時代最著名的思想家，都是反其道而行之的。他們總是告誡人們如何去區分是非善惡，大力倡導人類行爲的正確方式。這顯然與剛才所說的哲學家的主要任務是估價正反雙方的理由、澄清可能作出的選擇的影響，而不去指明甚麼是正確的觀點背道而馳了。然而事實並非如此。如果我在前面所說的是正確的，**哲學便負有雙重使命：一方面，檢驗、尤其是批判由人們和他們的行動所做出的或暗示的價值判斷的先決條件；另一方面，直接處理那些不屬於而且永遠不會屬於經驗或規範這兩大範疇的基本問題。**由於我認爲行爲的規範問題也是屬於這方面的問題， 我不希望我的話被理解成：

對於這類基本問題的一般原則的批評和判斷不屬於哲學研究的範圍——我所說的遠不是這個意思。我只是說，如果一般人對某一具體事件的可能影響和中心原則的正反兩方面的觀點有了清楚明確的把握，在這種情況下，哲學家並不一定比他們更善於解決具體的行為問題。實際上，這就是說，任何一個試圖對那些既不屬於既定的經驗學科和技術，也不屬於既定規範學科和技術處理的問題提出一般解答的人，無論他意識到沒有，都是在從事哲學探索；而如果是試圖找到一些與價值有關的原則問題的答案，那就更是地地道道的哲學探索了。

麥基: 開始時你提到"人生的目的"這個問題，我現在又再拿出來，因為我們現在的討論已經進行到這一步了。可以肯定地說，大多數人認為人生的目的便是哲學探索的目的；認為哲學家是一批聰明過人、總是在冥思苦想人生目的是甚麼，或人生的目的應該是甚麼的人物。你認為哲學家在這方面的實際表現如何呢?

伯林: 當然，有些人是這樣做了。大哲學家都探討過這個問題。但問題本身卻是相當模糊的。如果你問: "人生的意義何在? "它所引出的下一個問題（這聽起來像是吹毛求疵或是躲避問題，但並不一定，因爲我們不可能也不應該迴避這個問題）就是或應該是："你這裏所說的'意義'是甚麼意思？"我知道這句話的意思，因爲在用話語表達思想、傳達信息、發佈指令或其他類似作用方面，是有規則可循的。我認爲"人生的意義"這句話，實際是指"人生的目的"。有些受亞里士多德影響的古希臘思想家，和一些中世紀和文藝復興時期的基督教或受基督教以及猶太教影響的思想家，他們信奉宇宙內萬事萬物都有其目的的信條。上帝（有神論之觀點）或自然（古希臘哲人及其門徒之觀點）造萬物，皆有所歸。因而要瞭解一件事物，就必須瞭解它存在的目的。也許你發現不了答案，因爲你不是上帝（或自然），不是無所不知；但有些事情你卻可以知道，要麼因爲它們作爲天機而洩露給人類；要麼因爲你有某種形而上學的遠見卓識，可以洞悉萬事萬物自然追求的歸宿結局。如果確實如此，關於意義的問題便講得通了。你這時可以說："人生就是爲了膜拜上帝、爲上帝服務。"或者："人生就是爲了發展自己所有的潛能。"或者："人生就是爲了獲得幸福。"或者按你自己的哲學觀隨便說出一個甚麼目的。對於已生的和未生的人或物的目的，則你有你的一套說法，別人有別人的一套說法，於是兩千年來各持己見，爭執不下。一直到十七世紀，這場論戰才告一段落。例如，荷蘭哲人斯賓諾莎（Baruch Spinoza, 1632－1677）就認爲，關於事物是否一般都有目的的問題是毫無意義的。所謂事物存在的目的，都是我們強加的。鐘之有目的，是因爲我們把它用於一種目的，即表示時間的目的；但如果鐘舊了，不能用了，卻風姿依然，那我還可以用它達到裝飾房間的目的，而這一目的也是我強加於它的，所以還不如說是我的目的更確切些。假如其他甚麼人拿到它，並用於其他目的，那麼，"它的"目的自然就被改變了。但是假如你問："石頭的目的是甚麼？草葉的目的是甚麼？"答案也許是："沒有目的，它們只不過在那兒。"你可以描述它們，你可以發現它們的規律，但萬物皆有目的的觀點無疑是錯誤的。萬物是否皆有目的的問題，正是可以引起正反兩方大肆爭論的典型哲學問題。

所謂事物存在的目的，都是我們強加的。

　　我想，今天大多數人可能會懷疑萬事萬物的

存在都爲着某種目的。我想，凡是信奉基督教、猶太教、或伊斯蘭教的人，一般都會認爲，植物和動物被創造出來是爲了服務於人；而宇宙中的萬事萬物則都是爲了服務於上帝或者類似的神明。但這決不是大家的共同觀點，"目的論"既是一個宗教問題，也是一個哲學問題。甚麽東西能證明萬事萬物都有目的這個命題呢？甚麽東西又可構成對這一問題的反證呢？或者更進一步：萬事萬物皆有目的之說本身是否能夠成立？如果萬事萬物都有目的，你能肯定你理解了"目的"這個詞的意思嗎？一般說來，關於事物特徵的定義，是通過參照缺乏同一特徵的同類事物來確定的。你知道藍色，是因爲你把它同其他有顏色的東西，如綠色、黃色的東西作了比較。知道甚麽叫作有目的，那是因爲你知道甚麽叫作沒有目的。但是，如果萬事萬物必然地、無一例外地具有目的，無論由於這是該物之所以成爲該物的一個部分，或是由於任何事物——真實的或想像的——如果沒有自己獨有的目的就無法想像這一事物的存在，更無法依靠"目的"來區分事物；但既然"目的"這個詞不能區分事物之不同，那它還有甚麽明確的意思和用處呢？假如目的不是一個普遍的特性，那我們又何從知道甚麽是有目的的，甚麼是無目的的呢? 這一問題與人類生活息息相關, 同時, 它又是在涉及人類行為這個至關重要的問題時, 一種極不嚴謹的立論典範。因為, 如果萬事萬物的確都有目的, 許多重要問題便會接踵而來, 諸如天賦權利的性質; 人生目的的性質; 甚麼是可為的, 甚麼是不可為的; 甚麼是符合人性的, 甚麼是不符合人性的; 甚麼是自然的, 甚麼是不自然的等等。比方說, 當人們談論"非自然的孩子"(一種道德怪物)或非自然的邪惡時, 他們實際上是在(正確地或錯誤地)說, 人類被創造出來是為着某種目的, 而那些不正常行為卻與這種目的發生了抵觸。

麥基: 經你這麼一說, 好像那些人認為還存在着甚麼自然的邪惡似的。

伯林: 我想他們確實是這樣認為的。他們的確會認為存在着自然的邪惡這種東西。某些邪惡可以被看作是普遍的, 有大小之分的; 像一切人都難以避免的邪惡就是如此。但另外一些邪惡卻被看作是惡貫滿盈, 破壞自然秩序, 對必須捍衛的事物的正常目的倒行逆施。在某種意義上, 這是一種關於詞義的討論, 但如果將它說成是單純的語言問題、詞匯問題, 那就太荒謬了。

麥基: 現代世界有一種著名的哲學，也可以說是一種最有影響和最為廣泛討論的哲學。這種哲學的確給世人提供所有的答案；的確對世界、歷史、整個生活作了全面的闡釋，的確為所有的人、所有的事物規定了目的，這就是馬克思主義（Marxism）。你認為這是否就是馬克思主義有別於其他哲學的性質呢？

伯林: 非也，我認為不僅僅因為這一點。一些重要的形而上學體系的奠基人也試圖這樣做，如柏拉圖、亞里士多德、斯多噶學派（Stoics）、阿奎那（Thomas Aquinas, 1225－1274），以及後來的黑格爾和孔德（Auguste Comte, 1798－1857）等，他們也都試圖囊括經驗的全部領域。不同的是，若從馬克思主義運動的整體來看，它試圖消滅傳統意義上的哲學，而用馬克思主義為首的社會的科學取而代之。馬克思主義自稱是一種嚴謹的歷史科學理論，是關於人如何從初民時

馬克思主義試圖消滅傳統意義上的哲學，而用馬克思主義為首的社會的科學取而代之。

代發展而來的科學理論。人的發展被解釋成依賴
於物質生產能力的增長和發展。生產──誰掌握
和如何使用生產資料、生產工具和生產者；產品
如何進行分配，決定其他一切東西，包括權力的
分配，即誰有誰無；誰當老爺，誰當奴隸；誰是
主子，誰是僕人；誰當農民、工人、屠夫、麵包
師或做蠟燭棍的人──事實上，決定社會的結構。
社會的經濟結構決定法律、政治、藝術、科學和
社會的正統觀念。根據這一觀點，無論人們有無
意識到，他們的一切行動、思想和欲望都必須反
映統治階級的利益。因此，對於各種思想、理想
和價值觀念──這些東西體現並表達了人總的態
度，所要瞭解的首要問題並不是諸如「它們對不
對」或「它們本身好不好？」而是要問「它們促
進了誰的利益？它們維護的是哪一個經濟階級？」
歷史在這裏成了一部不同經濟階級相互對抗、
不斷爭鬥的劇本。一切思想，包括哲學理論，都
是鬥爭的武器。這裏原則上不存在任何客觀性，
不存在任何凌駕於鬥爭之上，心平氣和，不偏不
倚的觀點。馬克思主義基本上是一種社會學理
論；一部人類社會發展史的教科書；一個關於人
類社會在連綿不絕的戰爭和革命中，在慘絕人寰
的殘暴和苦難中進步發展的故事；然而它又是一

場有着大團圓結局的戲劇。一切是非善惡、眞僞美醜，都由階級利益決定。

　　與此相應，馬克思主義認爲，哲學作爲一門獨立的學科，必須與觀念的科學社會學融爲一體，也就是説，哲學理論作爲總體觀念（意識形態）的一個部分，必須從局部與整體的關係的角度，對它們進行評估與考查。而社會的總體世界觀又是由一定階級的需要所決定的。像康德或羅素（Bertrand Russell, 1872－1970）這樣的哲學家可能以爲，他們所致力尋找的，或者説所致力提供的，是有關物體的性質、因果關係或人類知識的客觀答案；而且如果這些答案是正確的，那麼它們便永遠是正確的，因爲對於這些答案的追求本身是不帶任何偏見的。如果他們果眞這樣想，他們就錯了。哲學問題的產生，乃是哲學家所處的那個時代特定的技術發展狀態的知識產品，爲特定的所有制形式以及以此爲基礎的社會關係所決定。哲學思想既然在階級鬥爭中發生着作用，就必須從階級鬥爭的角度去檢驗哲學思想。因此，哲學問題歸根結蒂就是實際問題。所謂純理論的研究，有時不過是那些不願面對社會問題、甚至企圖逃避社會問題的人所使用的掩眼法。無論這些哲學家是否意識到了，但他們無非是在默認對於封建秩序或資本主義秩序所造成的社會現狀。只要掌握了這個根本的從而也是舉一反三的事實，他或她便不再會成爲未知力量的犧牲品了（這些未知力量使頭腦簡單的人生出迷信和恐懼；使頭腦複雜的人生出宗教、形而上學和哲學的幻影。）他現在手中有了一種至少在原則上具有像物理學、化學和生物學那樣具精確性的科學。這將使人能夠根據自己對人的社會屬性及其與外部世界的關係的認識，合理地組織好自己的生活。

形形色色的馬克思主義者在這一宏圖大略上都是衆口一詞的。他們把以往的哲學統統看作是衆多的、一個接一個的歷史觀，亦即所謂的"意識形態"（ideologies），而且不斷隨着它們的社會條件的消長興衰而起落更迭。在這個意義上，馬克思主義者試圖用雄辯來取消哲學，而把它變成一種社會科學；這種社會科學的目的，與其說是爲了解決哲學問題，不如說是把哲學問題轉變成實際問題，尤其是變成馬克思主義自稱找到了科學答案的那些社會的和政治的實際問題。我認爲，這就是馬克思主義最難令人信服的一些地方。馬克思主義關於人的思維內容植根於人的社會實踐的觀點，很可能是正確的；但卻不能就此說實踐過程中出現的問題會隨着實踐的消失而消失；更不能説這些問題可以通過實踐獲得解決。幾何學的產生可能是源於古代建築師——那些修建金字塔的人或者比他們更早的人——的需要。化學的起源可能來自魔術。但像拓撲學或遺傳密碼的問題，或者像"圓形不是正方形"是何種命題這樣的邏輯問題，是不可能通過實踐加以解決的。

馬克思主義最難令人信服的一些地方是把哲學問題轉變成實際問題。

根本性的理論問題只能通過合理的思想——通過數學的、哲學的、法律的、語言學的、生物學的、物理學的、化學的思想，而且通常根據各門學科的要求，在高度抽象的情況下才能加以解決。馬克思主義關於理論與實踐統一的理論，無疑是對某些知識領域的重大貢獻（如社會研究領域），並且可能對倫理學和美學產生根本性的影響；但它決不是全部理論領域的"萬應靈丹"，甚至不是一種普遍適用的研究方法。也許，馬克思本人在哲學上並無系統著述，也沒有説過他創造了一門適用一切的科學，這一點他與他那些著名的門徒是有不同的。但對他的門徒來説，由於馬克思

主義使用了放之四海而皆準的辯證唯物主義
（dialectic materialism）的方法，因此，馬克
思主義是衆科學的統帥，是掌握着人類全部求知
活動的鑰匙。我必須承認，我未能從馬克思主義
的解釋者關於"辯證"一詞的衆多解釋中，發現
這個説法的合理性在哪裏。

麥基: 馬克思主義之所以有如此廣泛的感召力——
現在也許衰減了，但它的確風靡過一時——部分
是因爲它提供了一整套明確並易於爲人理解的模
式（model），包括歷史的模式、社會的模式即
人與人之間關係的模式。我們暫且不論馬克思主
義的哲學地位如何，但有一個問題我想先提出來
同你談談，就是模式在人的思維活動中的地位以
及對模式進行批判的重要性的問題，而這正是一
種哲學活動。我稍早時談到，哲學或哲學家的一
個任務，就是如何去説明概念，但這的確僅僅是
哲學的一個任務。所謂概念，是指我們思想的結
構單位。當然，我們在思維活動中不僅使用結構
單位，而且使用不同的結構，也就是我們常説的
"模式"。例如，當談到社會時，有人就會把它
想作一架由人組成並須完成某些特定任務的機
器，機器中不同的運動部分都以某種方式相互聯

結在一起。但另外一些人則會把社會看作一種有機體，它是活的東西，是會生長的，就像橡樹會從橡子中長出來一樣。現在的問題是，無論你把社會看成是一架機器，還是一種有機體，都會帶來大量的實際後果，因爲根據支配你思想的那種模式，你會對政府、政治和各種社會問題，尤其是個人與社會的關係問題，得出截然不同的結論，採取截然不同的態度。你還會對過去採取不同的態度，對導致變革的不同方式產生不同的看法。

當然，人的思維是不可能離開模式進行的；但模式又以各種我們並沒有意識到的方式影響、支配、限制着我們的思想。而哲學的功能之一，就是用模式的方式把人的思維活動中潛藏的結構揭示出來，並對它們進行批判，是這樣嗎？

根據支配你思想的那種模式，你會對政府、政治和各種社會問題，得出截然不同的結論和態度。

伯林: 是的，我覺得此說言之有理。馬克思主義的情況就是極好的說明。馬克思主義把它的模式建立在某種像是進化理論的東西上，而這種近似進

化理論的東西又是適用於一切思想和現實的。

很久以來我就在想，政治哲學的歷史在很大程度上就是不斷變化的模式的歷史，而對這些模式進行的檢驗，則是哲學的一個重要的任務。一般說來，向人們解釋事物的最好方式是比喻，從已知逐漸推出未知。例如你遇到一些令人困惑的問題："人是甚麼？""人的本性是甚麼？"你可能馬上會想到打個比方：人性很像……像甚麼呢？我們不妨看看動物學，我們對它已知甚多；或者看看植物學，我們對它也知道得很多了。爲甚麼偏偏關於人性的問題就不能以同樣的方式來處理呢？我們不是要建立一門關於自然界所有生物的一般科學，一門關於生命的各種形式的科學嗎——至少十八世紀以來人們普遍這樣認爲——既然如此，那我們憑甚麼假定人就不同於其他生物呢？動物學家發展了研究海狸羣或蜂羣的方法。法國思想家孔多塞（Marie Jean Condorcet, 1743－1794）曾斷言，有朝一日，我們也將建立一門以同樣牢靠的自然法則爲依據的人的科學。

我想大概是英國哲學家懷特海（Alfred Whitehead, 1861－1947）說過：哲學僅僅是柏拉圖學說的注釋，因爲正是柏拉圖提出了大部分迄今仍然佔據我們神思的根本問題。羅素認爲其中有些根本問題應該歸功於古希臘思想家畢達哥拉斯（Pythagoras, 公元前582—497）, 也許他說對了。這些古希臘哲學家把數學看作是衡量一切知識的準則, 並進而認爲人們只需用數學的方法就能對宇宙作出正確的解釋。現實不過是一個用數學方法羅織而成的結構, 它的每一個成分都縫合得那樣熨貼、那樣天衣無縫, 就像幾何圖形一樣。亞里士多德則提出了一個關於發展和實現的生物學模式。斯多噶學派喜歡用物質來比喻。猶太—基督教傳統則愛用親情關係的概念——家庭的概念: 父與子, 子與父, 以及子與子之間的關係的概念, 來闡發上帝與人, 以及人與人之間的關係。在十七世紀, 人們試圖用法律的模式來解釋社會的性質, 因而產生了社會契約（Social Contract）作爲基本社會紐帶的思想。一個新模式之所以被採用, 是因爲人們認爲它對以前未弄清的問題作了新的解釋。例如我們覺得舊的模式——這裏不妨以中世紀的等級模式爲例: 宇宙的永恒秩序是一種金字塔式的等級制度; 上帝處於金字塔的顛峯, 最底層是上帝的低級造物; 所有有生命的和無生命的事物都由上帝賦予了一定的功能; 苦難僅是錯位的一種形式, 是不安天命、錯亂其位的結果——我們覺得這種模式與我們的實際經驗發生了抵觸。那麼，我們是否確信，國王、將軍和封建領主身上的確存在與衆不同的、內在的優越品質呢？這種情況與我們對人的本性和人與人之間的關係的認識是否一致？甚麼東西使得我們認爲合理的政治秩序是合理的？——換句話說，爲甚麼一個人必須服從另一個人呢？社會契約説所主張的“同意”，是不是社會秩序和政治秩序的唯一有效的基礎呢？這樣，新的模式便把人們從舊模式的壓制下解放了出來。

同時，新模式也把舊模式展示的真理弄得模糊起來，即個人和團體——如各種專業團體、專業行會——都具有爲了共同利益加強集體意識，爲了實現共同目標而協調合作的責任和義務；而不是一味追求個人的物質利益。社會契約論卻恰好削弱了人們的社會聯繫感，政治忠誠感和個人道德感。於是它又被另一種以動物和植物的有機生命爲譬喻的模式所代替，從而把人從以前那種機械論的模式中解放了出來。但這種模式很快又被另一種建立在自由和自發的藝術創造的概念基礎上的模式所代替。這種模式鼓吹人和社會的鑄造是出自天才領袖的神工鬼斧，就像詩人、畫家和作曲家創造出他們的藝術作品一樣。有些模式甚至是一些不同的混合體，如遺傳學和人類學的交叉；生理學與心理學的融匯等等。那麼，為甚麼會一再出現這些各有各的語言、形象、思想；既是改革理論與實踐的徵兆，又是造成改變的因素，甚至引起革命的模式呢？對於這個根本性但含義並不明確的問題，答案部分在於，人們在不同的歷史階段會形成不同的需要，遇到不同的問題並為這種情況所困擾。社會上那些在道義上和政治上最為敏感、最為活躍的分子，感覺到舊有的信仰既不能用以解釋，更不能用以解決那些最令人感到壓抑的問題，上述的情況便發生了。造成這一進程的原因可能常常是經濟的原因，但並不像馬克思主義所說的是全部的原因。無論其原因如何，這種進程總是有意識地表現為對道德的和政治的理論、理想的改造，而改造的中心，則是人們有意無意地按其規範進行思維、進行活動，有關人和社會的不斷變換的整體“模式”。

當人們感覺到舊有的信仰不能用以解釋、解決那些最令人感到壓抑的問題時，便需要更換思想模式了。

麥基: 可令人吃驚的是，許多自以爲腳踏實地、非常現實的人，卻把對模式進行檢驗這樣一個重大問題看作是不切實際。如果你不把那些支配你的思想的先決觀念翻出來見見亮光，那你遇事就會成爲其時其地正統觀念的囚犯。你所處的那個時代、那個年代的模式，就會在你渾然無知的情況下成爲禁錮你的思想的牢籠。

伯林: 一點不錯。

麥基: 無論如何，有甚麼東西比我們剛才談到的那些思想更有實際影響力呢？這些思想已經直接地、明顯地影響了美國革命、法國革命和俄國革命，而這不過是幾個例子。不說別的，世界上所有宗教，所有的馬克思主義政權，個個都是哲學思想可以而且已經對人類產生了直接而實際影響的例證。所以，那種認爲哲學思想脫離現實生活的觀點，本身就是脫離現實的，是完全反現實的。

世界上所有宗教，所有的馬克思主義政權，個個都是哲學思想對人類產生直接而實際影響的例證。

伯林: 完全同意。一般人這樣想，是因爲一些哲學家在處理這類問題時使用的語言過於晦澀。當然，這也不能全怪他們。一個人如果全神貫注地研究一個課題，他難免就會同時迷上這個課題的細節。不過，哲學大師總是能以普通人能夠接受的方式說話──結果人們至少通過一些簡化了的說法來理解他們理論的實質──次等的哲學家則往往容易過分拘泥於課題的細節。羅素說過一番話，我認爲非常有見地──也真難爲他了：**哲學大師的中心思想本質上都是非常簡單的**。長篇大論往往並不是爲了解釋我剛才簡而約之地稱爲他們對世界採取的模式的那類東西，也不是爲了闡發他們看待自然、人生、世界的格局，而是爲了擊敗那些實在的或想像的反調，以捍衛自己的觀點。當然，其中也少不了許多天才的創造和術語，但這僅僅是精心製成的武器，是架在城垛上的機槍大炮，用來嚇唬任何潛在的敵人。但城堡本身並不複雜。進行論爭、施展邏輯力量，就是行攻防之事，但並不是中心觀念的一部分。中心觀念是明確的、相對簡單的。凡是認真閱讀過柏拉圖、奧古斯丁、笛卡爾、洛克、斯賓諾莎或康德的著作的人，都不會對他們看待世界的中心觀點產生太大的疑問。大大小小的當代哲學家情況也基本一

樣: 他們的基本信念一般都很明確, 都能爲普通
人所理解, 而決不是晦澀難懂, 或者只有專家才
能領教的。

2

馬克思主義
的哲學

與

泰勒

(CHARLES TAYLOR)

對談

引言

麥基: 從純粹實際的角度來看，如果不説得太遠，馬克思主義(Marxism)可説是過去一百五十年來影響至為深遠的哲學。相信我們大部分都對馬克思主義的基本要義有概略的認識，而這基本要義是:"一個社會所有重大的事情，皆取決於該社會怎樣去維持本身的存在，因為人們為了生存所幹的事決定了人與自然的關係及人與人之間的關係，最終就在這基礎上決定了人和其他一切事物的關係。故此，無論在任何時候，任何社會，最關鍵的是該社會的生產工具(Means of Production)。生產工具改變，人們的生活也改變，階級結構亦隨之而變。若生產工具一日是由社會裏一部分人控制而非由整體社會來掌握，階級的利益衝突一日都有機會發生。正是這個原因，我們由古到今的歷史都是階級鬥爭的歷史。階級鬥爭仍會繼續，直到生產工具由整個社會來掌握——按照德國哲學家馬克思(Karl Marx, 1818－1883)之意，這樣便能廢除階級——使生產工具為共同所有，符合共同的利益。這個新社會的成立便是共產主義（Communism），而共產主義將改變舊有的社會，開拓人類歷史的新紀元。可是，統治階級並不會自願放棄控制生產工具——不但是指控制生產工具所帶來的財富，更是指連帶的權力、特權及地位。因此，徹底推翻現存制度似乎是確立共產主義的唯一途徑，要是為了以上所講的原因，這樣的做法是合理的。"

以上是馬克思主義理論的概括介紹，也就是我們大多數對馬克思主義的看法。就它所涉及的範圍而言，這樣的概括是正確的，但實際上，馬克思主義理論所包涵的比這樣的概括還要多。馬克思主義在某一個層面上是個豐富而有力的說明系統（explanatary system），而這個系統本身的思想史亦極為多姿多采和有趣，對於人類生活有明顯而實質的影響。再者，它所提供的說明不僅是局限於歷史、經濟和政治，而是照顧到社會生活和思想的各方面。在這裏和我討論這個主題的，是花了一生精力和興趣，專門研究這個主題的加拿大學者泰勒（Charles Taylor）。二十多年前，當泰勒還是牛津大學萬靈學院（All Souls College）的年輕院士時，他已是英國新左派運動（New Left Movement）的創始人之一。此後，他於加拿大麥基爾大學（Mc-Gill University）任哲學和政治學教授，也多次競選加拿大聯邦的議席，並出版了一本關於馬克思主要哲學先驅的巨著《黑格爾》（*Hegel*）。現任，他重回牛津大學萬靈學院，任社會與政治理論教授。

討——論

麥基: 剛才我以馬克思主義政治及經濟理論的概括
帶入今次討論的主題，我們現在要做的是要進入
這些理論背後的哲學。你想從哪裏開始説起呢？

泰勒: 我想從剛才提到的概括開始。就該概論所涉
及的範圍而言，它是絕對正確的。它為馬克思主
義這個説明理論提供了一幅清晰的畫像。可是，
我們還需注意從另一個角度去看。**馬克思主義實
是個解放的理論**(theory of liberation)。我相信
是這個解放的理論為上一個世紀帶來了重要而令
人振奮的時刻。你也可從這一個角度開始去想。
人之所以為人是因為人憑着自己的方法去生活，
更是作為一個整體的社會去生活，而不是個別創
造生活的方法。因此，人類就好像其他羣體生活
的動物，如螞蟻和蜜蜂。但又是甚麼令人有別於
螞蟻和蜜蜂？馬克思認為人類能夠反省和改變針
對自然而創造的生活方法，亦即是說，根據馬克
思，人的勞動表現出人本身的反省能力，這亦表

示人可以改變他們與自然的關係。人類能在一個較高的層面上改變他們改造自然的方式，從而得到他們生活所需。久而久之，人類對自然的控制也就越來越大，所以人類不像其他動物，與自然的關係只限於一個單一的模式。隨着控制自然的能力日漸增強，人類在一個可以理解的情況下增加了本身的自由。人類變得——隨着不斷瞭解自然，掌握科技和認識他們重組社會生活的能力——更能操縱他們生活在這世界上的方式。

隨着人類不斷瞭解自然，掌握科技和認識他們重組社會的能力，人類變得更能操縱他們的生活方式。

麥基：要正確地明白這觀點，要注意人類是處於一個原始的狀態中，只不過剛從動物的世界裏解放出來，仍然受到自然的限制和役使。

泰勒：絕對是。馬克思用"必然的王國"（realm of necessity）來稱這個情況。

麥基：所以，整個的歷史過程可看成是對於自然限制的自我解放。但倒轉來看，同樣的過程可說是人類對自然的征服。我們無時不在增强對物質環境的操縱。

泰勒: 是的。但令到馬克思主義成為人類歷史中一個豐富的理論是它體現了另一種解放的意義。這種解放的意義不但是指人類操縱自然，還是指控制此操縱能力本身，所以，人類進而對於解放本身也感到快樂。基本上，馬克思認為人能改造自然，這表示人類不僅是透過這種活動去創造生活的方法，還是為了實踐人類的目的，可能是極為重要的目的，去運用他們的能力。所以，充分發展的人類會從運用他們的力量和享用成果中得到快樂。這些力量對他們來說有本質性(intrinsic)和工具性(instrumental)的利益。但若要達到這一步，需要有一種解放，人類的力量是隨着歷史的發展而不受自然控制的。馬克思相信階級鬥

馬克思主義所體現的解放意義，不但是指人類操縱自然，還是指控制此操縱能力本身。

爭和異化(alienation)是必然的悲劇。因為人類在超越最初貧困的社會形式時，必須接受分工，

同時，也須接受嚴格的紀律，單憑這樣，就可產生剩餘來發展，這即是說，社會需要被分爲不同的階級，有統治者和被統治者。

但對馬克思來說，人類作爲自然改造者這個基本事實只不過是以一個社會裏存在的身分去運用他們這種力量。這種力量屬於整個社會，因爲人類是透過社會的勞動去改變世界，進而改變自己。其次，馬克思認爲人類在改造自然的力量日漸增強之時會失去自覺的控制。反而，每個階級被限制於該個社會層面，並不能理解或控制整個過程。即使是統治階級也不能完全明白自己究竟在幹甚麼而自掘墳墓。結果是：當人類凌駕於自然的力量全面發展時，無人再能控制這種原先令人敬畏的力量，正如我們在成熟的資本主義中所見到的。如是者，即使人類要付出驚人的代價，這力量也只會順從資本主義那些不斷累積、冷酷無情的盲目法則。全球資本主義社會的發展再不受人類的意志和欲望所控制，這力量反而倒轉頭來支配創造它的我們每一個。這便是弔詭之處，馬克思曾在他早期的作品中用"異化"來形容這個情況。正當人類發揮了這種巨大的潛能去掌握自己的生活，造出他們需要的東西之時，這力量因其內部的分化而被奪走。而無產階級

（proletariat）革命將集體控制資本主義的潛能和廢除生產方式私有化來打破這個弔詭。但只能在歷史的高峯，產生了剩餘和累積了較為生活得豐盛的生活方式，我們才能重獲這種控制力量。

無產階級革命將集體控制資本主義的潛能和廢除生產方式私有化。

麥基：為甚麼有人認為一個幾乎出神入化的革命行動將把一切至今認為是錯誤的糾正過來呢？

泰勒：這個看法是指人性會最終傾向自由並且集體的控制，從而達到目的（若你喜歡這樣說的話）。這傾向是受到阻力的，從過往的歷史可見，**我們踏出第一步時，不能避免付出階級社會的代價。**統治者與被統治者及主人與僕人的分別是必需的。**直到有一個階級能够和願意從事革命**，一種破天荒的革命，不再產生另一個統治階級，並同時徹底廢除統治，這時，才不再需要有階級的分別。

麥基：馬克思認為這整個過程的關鍵就在於分工，是嗎？他相信人類社會若要超越原始的階段，就**必須專業化**──可是，一旦實行專業化，我們每一個人便不再是爲了本身的存在而生產各樣的東西，而是須依賴別人。從此，便被分派到個別獨立的組織裏，變成生產的工具。結果便是剛才提到的異化。但這一切一切皆源於分工。

泰勒: 是的。我們只不過是整個社會過程裏的一些破碎部分，無人能真正完全理解和控制它。當然，若日後發生一場革命，我們能重獲共同控制的能力，分工所帶來的問題也得以解決。**勞心者和勞力者之間的分別終會被克服，這是馬克思主義裏一個非常重要的主題**。這裏，我們談到那個更有力的解放理論。當我們再一次獲得共同控制的能力，人類最基本的需求也得以滿足，這個需求便是在改造的過程裏達到目的。我們可以簡單把早期歷史階級的變遷看成是由製造生活方法的需求和繼續生存的迫切需要所導致的。但是，在這個過程終結時，可發現在滿足需求時所發揮的力量竟是人類爲了本身的好處而運用的力量。這使馬克思第二個並且是較有力的解放觀念: 不但要從自然的限制中解放出來，並且要在解放的過程中表現自己的人性。這樣，人類控制自然的力量便不僅是工具性，而是富有意義的。就是這種自我的實現(self-realization)被階級社會所破壞。換言之，馬克思無論在早期或晚期的作品都不斷提到的是，在階級社會中，如資本主義的社會，我們極其量只有一個社會是爲了人類的生存而生產。生產只不過是生存的方法，而人作爲勞動的動物，應能夠在勞動中令自己表現得像個人。就像藝術家，羣居的人在一個克服了異化的社會裏表現自己,這幾乎是人類對於未來的理想境界。

馬克思的解放觀念: 不但要從自然的限制中解放出來，並且要在解放的過程中表現自己的人性。

麥基: 這個社會的理想境界——共產主義——不但沒有異化，也沒有任何內部分化。

泰勒: 沒有錯。要克服異化，即是要控制人類一切力量，於生命中發揮表現力和抱負。

麥基: 你認爲這個哲學的主要優點是甚麼? 當中有甚麼是我們已經學到和應去學習的?

泰勒: 唔，我會說是我們曾提及的兩大方面——說明理論和較爲豐富的解放理論。說明理論已逐漸成爲我們日常思維的一部分。它透過生產的方式和生產關係使我們認識歷史，而我們每人已在一定程度上把這個歷史解釋內在化。到你接觸解放理論時，你會發覺它是個極具變化和爭論的問題。它的確爲我們提供一個較豐富和有趣的啓示，使我們明瞭現代人的發展，例如，人類的自由在現代文明裏極爲重要，人們渴望和爭取自由。與此同時，解放理論也成爲馬克思主義裏其中一個最大爭議的淵源，因爲解放理論與說明理論總是不能互相配合，甚至互相矛盾。

麥基：可以再解釋一下嗎？

泰勒：好的。舉些例子你便會明白。如果你只想從牛頓（Issac Newton，1642－1727）學說的角度，視馬克思主義爲一個科學理論，像牛頓爲行星所做的，研究歷史的發展，那麼，你會發現有一套不變的定律時刻在管轄人類，正如牛頓指行星時刻管轄行星運行的定律。但是，隨之消失的是馬克思主義之解放理論。這理論指出當我們從資本主義改革到共產主義時，能夠重獲控制生活某些方面的力量，而這力量原先是由資本主義所控制。但實際上，解放理論本身已受到不變定律的影響。這裏的基本概念是指在歷史某個時期，有些事物受制於定律，但其後則能自由發展。這是個絕少與任何牛頓式的科學可以配合的概念。

麥基: 所以，馬克思所說的是指一直到歷史某個時
期，意謂共產主義革命，所有歷史事件都是由含
有科學法則特性的定律來支配，但其後，這種情
況突然停下來，自此，人類變得自由，不再由科
學法則所管轄。

共產主義革命後，歷史事件不再受科學
性的定律支配。自此，人類變得自由。

泰勒: 撇開這些不提，解放理論實不是那麼粗糙的。
反而，它像以下所說的: 在歷史中，不同的社會
互相取替——封建主義和資本主義等——有各種
極之不同的法則管轄人類及其制度。於是，原先
在某個時期受到控制的事情到了另一個時期便不
再受到控制，反過來也是一樣。是共產主義令我
們的社會體現前所未有的控制力量。意思是說古
代社會、封建社會和共產社會的法則有極大質方
面的差異。但相對於此，要想起昔日於維多利亞
年代(Victorian period, 即十九世紀下半葉)末
期，達爾文(Charles Darwin, 1809－1882)年代，
或你可說，科學主義年代時，人們研究馬克思主

義的情況。那時，馬克思主義被認爲是提供一套不變的定律。現在，這兩方面的理論不斷在馬克思主義自身內鬥爭。要作爲一個政治運動，兩者皆不能摒棄，因它的政治力量正依賴於兩者的對衡。馬克思主義需要解放理論，因爲這理論是彌賽亞（Messianic；救世者）爲人類開拓未來的基礎；另外，它又需要藉着科學，證明自己是絕對現代的，得以排除迷信和具有穩固的根基。但近

不變的定律和解放理論不斷在馬克思主義內鬥爭，但作爲一個政治運動，兩者皆不能摒棄。

年的馬克思主義理論家總是爲這樣的情況而深深感到困惑，他們亦有不同的取向。最近，新興的一派更決定幾乎完全摒棄解放理論。

麥基: 相信很多讀者定會因你強調馬克思主義是一個解放理論而感到莫明奇妙，因爲通常一講到馬克思主義政府，一般人都會聯想到極權主義（totalitarianism）。雖然一些以馬克思主義爲名的運動能在廣泛不同的國家，尤其是大陸國家中，在很不同的情況下和相差數十年的時間裏，建立

影響力，但實際上，每一個的運動無一例外已成了官僚獨裁的一分子。如是者，這些社會的意識形態又怎能稱之爲一種解放理論呢？

泰勒: 這便是個弔詭，但我認爲這可以令我們想到爲甚麼蘇聯是這樣一個極權的國家。若它像其前任的沙皇政權那樣，只希望實行專制統治，它不需幹那麼多來干預、控制和規範人民的生活。但正因爲它的統治建基於解放的意識形態上，它要確保人民不但服從它、喜歡它、並且相信它。若有任何證據，有力的證據，證明人民不是這樣或使他們發覺此全無精神上的意義，這些證據都必須被毀滅。更甚的，他們需被送入精神病院，部分是因爲我們要相信視這制度爲毫無意義的人定是瘋癲了。偶然也是因爲它那有力的主張——正如我們較早前提到，因人類在馬克思解放理論中就像個藝術家——這個藝術家所説的、堅持的、相信的、表達的於馬克思運動裏是極爲重要。根據此理論，他處身於共產主義社會，應該是如此表現和頌讚社會裏的事；但若他不是這樣的話，便會受到抑壓，因這是社會不容許的。

麥基: 我不想額外多談蘇聯，雖然這個話題引人入勝，我想集中談馬克思主義哲學。讓我們在純粹理論的層面上，審慎的去看這個理論的缺點。其中一個缺點當然就是它假設當共產主義成功後，社會便完全沒有嚴重的衝突。但現在我認為即使在理論上也不能達到。每當有兩人在一起，便會有利益和意見的衝突，而政治的核心問題幾乎可用以下一句話來概括："怎樣可不用暴力和弱肉強食的手段來解決這些衝突？"這便是政治基本上要處理的事情。再者，我們現在比十九世紀的人更明白世界上的物質資源是極之有限的，所以無論在哪樣的社會裏，關於怎樣運用這些有限資源的紛爭會越來越嚴重。相信在任何一個可以想像得到的社會裏，衝突將會日趨激烈。當中有些衝突無疑是意志激昂和煽動情緒的，但馬克思主義並沒有為我們提供解決這些衝突的辦法，因為馬克思主義否認在其社會形式裏會有任何衝突發生。恕我多講，正是因為這樣的情況導致剛才你提出為甚麼馬克思主義政權那樣抑壓人民自由這樣的問題。馬克思主義根本沒有告訴大家在其形式下的社會亦可能有嚴重的衝突發生。它也沒有教我們如何去應付個人與社會及少數與多數之間的矛盾。

泰勒：我認為你的看法對馬克思主義有點不公平，

> 馬克思主義沒有告訴大家共產主義社會
> 亦可能有嚴重的衝突發生，也沒有教我
> 們如何去應付個人與社會間的矛盾。

相信馬克思主義者會回應說他們是預計得到某些衝突的。但基本上，他們的確相信那些令到人們干戈相向的衝突是歸究於經濟的剝削，而這些經濟剝削終有日會消失的。所以，我同意你的基本論點，而這論點是引申於一個事實：馬克思主義者應付他們社會裏的衝突時沒有思想上的依歸。若他們進一步瞭解情況，便會被視爲超出了馬克思主義的範圍。

麥基：我覺得以政治理論來說，此主義有令之跛了腿，站不住腳，實在可剝奪其理論資格的缺點，我們暫且不提。你認爲這理論還有甚麼嚴重的缺點呢？

泰勒：唔，有一些關於蘇聯的，我們應在較早前提到。共產主義盛行於像蘇聯那樣的一個國家而不是於西方先進的國家，然而，馬克思的理論明確指出共產主義會在最先進的工業社會出現。意思是，一方面，在蘇聯發生的事情沒有對馬克思主義造成考驗; 但另一方面, 也是說馬克思主義要面對思想上最大的問題是: 爲甚麼它沒有在英國或德國出現? 這顯示出此理論的主要缺點和馬克思主義者日後繼續討論的主要範圍。

馬克思曾明確指出共產主義會在最先進的工業社會出現, 然而它卻盛行於蘇聯而不是西方先進的國家。

麥基: 你是否同意就以下的意義來說, 馬克思主義是非常局限的? 世界上的偉大哲學、主要的思想體系與及主要的宗教都解釋到三個不同的層面: **個人層面、社會層面和宇宙層面**。三個層面中的每個層面都存在經典而基本的哲學問題, 有待處理。譬如在人類個人的層面上, 有自我的問題、心物的問題、知識上有關認知的問題; 所有關於道德情感、道德意識、靈魂存在與否的問題; 關於死亡及死後生命的可能性問題。在社會的層面上, 有一切個人與社會關係的問題, 包括大部分的道德問題; 所有政治、經濟、文化、歷史問題; 所有關於語言、法律及每個人類制度的哲學問題。而在宇宙層面上, 則有一切關於自然世界的哲學

問題，不單包括時間、空間、因果關係、物質存在問題，實際上還包括所有物理、化學、生物的問題。現今真正偉大的理論體系都能充分解釋這三個層面的問題。馬克思主義則不然。馬克思主義幾乎完全忽略其中兩個層面：它幾乎不涉及宇宙，也幾乎沒提到個人。幾乎只單單解釋社會和社會的問題。因此就算馬克思主義所論及的每一方面都完全正確——坦白說，實非如此——以最高準則來看，它未免是一個貧乏的思想體系。而且任何一個馬克思主義者依然要以大量非馬克思主義的資源補充其觀點之不足，否則他只能停止發問大多數有趣的哲學問題。

馬克思主義幾乎不涉及宇宙，也幾乎沒提到個人。只單單解釋社會和社會問題。

泰勒：我不能同意你的看法，認為馬克思主義完全沒有涉及宇宙的層面：就某些方面來說，它涉及太多宇宙層面的問題。例如從恩格斯（Friedrich Engels, 1820－1895）發展出來，現在蘇聯實行的自然辯證法（Dialectics of Nature）。這些在哲

學觀點來説，都是荒謬的。若馬克思主義從沒涉
及宇宙層面的問題反而更好。我認爲你關於馬克
思主義沒涉及個人層面這點批評反而更加有力，
但我懷疑這批評是否完全正確。歷史紀錄到目前
爲止，馬克思主義者確實很少提到這方面。但一
些重要的政治運動都採納馬克思主義，這些運動
都考慮到其他的因素，而壓抑某些關乎個人的問
題，我不知當中有多少歷史的偶然成分。當你看
到馬克思主義作爲一個解放理論的豐富資源時，
會發覺當中包涵的那種藝術理論。這可能爲我們
的文化帶來另一種發展——你可幻想它的發
生——馬克思主義的這一面可真正被發掘出來。
這種探究、發展是馬克思主義經濟學或馬克思的
發展理論曾經歷過的。在馬克思主義的美學家身
上，我們只能看到少許迹象。當然，這會帶出一
個終極問題——關於個體，孤獨的個體，一個生
命中最富戲劇性，最重要的部分——究竟馬克思
主義可否適當處理生命的這一個層面？不過我們
不懂得解答這個問題，因爲這是馬克思主義尚未
充分發展的部分。若我們的文化生命有一個轉變，
使馬克思主義思想家集中思考馬克思主義有關藝
術、人類美學經驗及道德經驗的理論，而不是單
單專注於研究爲甚麽没有發生革命、或者爲甚麽

明天會發生革命的理論，又或者關於國家的理論等等(有時，我覺得我們在這方面得到的回報已開始遞減)，這將會是極有趣而令人興奮的。這已經有某些眉目，儘管仍未成氣候，但是，卻可能變得極其有趣。

麥基: 馬克思主義接受甚至鼓吹暴力，你會因而反對這理論嗎?

泰勒: 你不能因這理論鼓吹暴力而反對它。因為除絕對的和平主義者外，很少理論在任何情況下也不主張暴力。即使像偉大的自由主義理論家洛克(John Locke, 1632－1704)在某些情況下也主張革命。但你提出的一點很有理由，就是過分堅信革命後可達到一個沒有衝突的社會，使人任意破壞現存的體制——為要進到一個無衝突的國度，甚至採取暴力手段也在所不計。無疑，這一信念使馬克思主義者確信要用暴力去破壞體制，你可以說這是他們救世者式願望的特點。

堅信革命後可達到一個沒有衝突的社會，使馬克思主義者確信要用暴力去破壞現存的體制。

麥基: 但是無論個人或團體均很容易得出一個結論，就是對他們來說（不是其他人），使用暴力以求達到目的是絕對正確的。

泰勒: 這當然要以理論作依據，因為假如這理論是對的，他們就是對。在某種意義來說，馬克思主義是持續不斷地把公義戰爭應用到政治上的理論。

麥基: 但是這理論的恰當位置呢？——我是指整個理論而言。當然，這套理論自詡是科學。這點在馬克思的著作中反覆論述。我想馬克思所指的正是這樣。當其他社會主義者不是在推銷理想社會的觀點，就是提出道德要求時，他卻沒有陷身其中，只在驗察社會運動的真正過程及其導向。縱然他反覆申述其科學的方法，但人們卻因其理論中太多近乎魯莽的預言而驚訝。如你細心考察那些關於未來的宣言及論斷，就會發覺全都不很科學。

馬克思強調他的理論是科學的，但人們卻因其理論中太多近乎魯莽的預言而驚訝。

泰勒: 馬克思對關於未來的詳細理論，處理得很小心。對於未來，如共產主義社會的性質及日後的發展，他沒有正面作答。關於資本主義崩潰的主張，這是有關未來的重大主張，有待事實去證明。但我們一定要記得，一般譯作"科學"的德文字 *Wissenschaft* 有一個更闊的意義。人們可以用德文大談歷史科學與及物理科學，因這個字適用於任何形式的正規學術知識研究。馬克思發展他的理論時一定認爲資本科學（Science of Capital）的可靠性和嚴謹性無異於物理科學，正是這一點不能維持。我不認爲理論上有那一個宣稱可處理有關人類，有關他們的動機、發展方式、社會的理論可以維繫得住。要具有物理科學這種嚴謹性、精確性，那種樣式的證明是沒有可能的。

麥基: 除了你提到關於德文 *Wissenschaft* 這點外，還要補充一點以對馬克思公平，就是自馬克思到現在的百多年間，科學的結構有一個急劇的轉變。在十九世紀中葉，有識之士均視科學知識爲一種特別有保證，確切而且絕對無誤因而不能修正的知識；一切是理所當然的。而現在我們知道科學是可能犯錯的，因此是可以修正的。我相信若馬克思今天仍活着，他會對這方面採取不同的見解。

泰勒: 對。他會得出不同的模式。十九世紀末，一般相信達爾文釐清了進化的領域，正如物理釐清了無生物的領域，而現在馬克思釐清了人類社會歷史的領域。

麥基: 很多人把馬克思主義與宗教相比，我想請你就這方面發表一下意見。顯然，馬克思主義有神聖的書經，先知，有自己的派別，系別分裂及開除黨籍，有政治迫害及刑罰，以致有其殉道者——在道德意義上最重要的，就是有數百萬被屠殺的持異見人士。甚至馬克思主義的傳播也與宗教的傳佈相似。百多年前，馬克思只不過是一個出身寒微的流亡知識分子，依靠朋友救濟才得以寄居倫敦，但在他死後不足七十年，全世界三分一人口都活在以他的名義自命的國度下，自稱為馬克思主義者，這真是一個令人驚異的現象。我想唯一能與之相比的只有基督教及回教的傳播。

馬克思是一個出身寒微的流亡知識分子，然而馬克思主義在他死後傳播之廣，只有基督教及回教能與之相比。

泰勒: 無疑，在蘇聯或中國成爲正統的馬克思主義，確實在多方面與國教式的宗教相似，特別是在强制性的正統教義方面，而且它確實沿襲了其中最差的一面。若我們追溯馬克思本身及其著作，搜索宗教的元素，會發覺問題的核心。這就是説馬克思主義與彌賽亞(救世者)的傳統、歐洲千禧年(millenarian)運動的傳統明顯相連。這傳統始於中世紀爲迎接新秩序、新世界的來臨的種種運動，並在宗教改革時期爆發。它以某種形式在法國大革命的某些極端派系中顯現出來。這些派別對新開端有一個相同的看法: 你知道在1791年他們以'L'anun'開始一個新的曆法。這是一個非常重要的特點，這特點透過黑格爾的著作，爲馬克思所吸收，特別認爲一個和諧、安寧、圓滿的新紀元必通過極度的戰爭、苦難和最後的鬥爭而達致的。這觀念不一定與科學勢不兩立，若馬克思的人類歷史觀當真正確，那麼救世者運動實在是一個不尋常的預見，正如某些古代神話可以被看作原子理論的先驅一樣。無論對或錯，這正是馬克思主義理論引人入勝之處。但這仍不足以構成你所指的: 國教的因素，包括異端審判、宗教法庭與及其他一切在馬克思社會中衍生出來的官方部分。

麥基: 那麼，你即同意在這些方面，馬克思主義確實與宗教有驚人相似之處。

泰勒: 確實如此。

麥基: 既然馬克思理論有這麼多錯誤之處，爲甚麼它仍具有如此魔力，吸引無數的人？

馬克思理論具有如此魔力，是因爲它既科學、現代，又摒除舊日一切迷信，同時又回應新時代對自由、圓滿的渴求。

泰勒: 我想如果我們看看馬克思主義的兩個方面並看看它們如何結合，便可大致瞭解這個現象。在歷史上一些最具感染力的理論都結合了兩種價值，這兩種價值是人們希望但不能輕易在生活中結合起來的。現在有一個主張既要科學，設合現代，摒除舊日一切迷信，但同時又要主張回應新時代、新紀元對自由、圓滿的渴求，這主張把兩者聚合起來，形成一股異常強大的吸引力。它已吸引了大量的人，包括西方社會半醒覺的知識分子（對於他們來說，馬克思主義給予個人知識生命上的定向），以致第三世界的人民，他們面對固有傳統的迅速解體，必須有新事物新的整體局

面代之而起，若果可能的話，提供一個未來，並且自稱爲現代的。在第二個功能上，馬克思主義可能被其他理論所取代，正如它已部分被民族主義所取代一樣。此外，**我們可在世界上不同的社會找到很多混入了馬克思主義的理論**。例如那些官方的意識形態吸收了一些馬克思主義的觀點，然後混入其他元素，特別是民族主義的元素，所以我們有非洲社會主義又或者阿拉伯社會主義，兩者都借來一些馬克思理論，但也攙入其他元素。所有這些例子，都嘗試達致一個共同的目標：一個既保存人們的傳統，又多少可自命爲新開端，極度現代，奠基在最牢固的現代文明上的全面觀點——就是科學。

麥基：結束討論前，我們一定要討論一個許多人最感興趣的問題。這問題我先前多少設法避開不談，就是**馬克思理論與實際的共產主義社會有甚麼關係？**關於這種關係，有兩個基本的派別。一派覺得像蘇聯這樣的社會曲解了馬克思主義，使理論變了質。但另一派則不以爲然，他們認爲在理論中已顯示出這結果來。有趣的是，持第二個觀點的人仕正是左翼革命分子，例如早期的無政府主義者普魯東（Pierre Proudhon，1809－1865）

和巴枯寧（Mikhail Bakunin, 1814－1876）便常預言馬克思主義一旦付諸實踐，將會出現獨裁的局面。後來，第一次世界大戰時的德國社會主義革命領袖盧森堡（Rosa Luxemburg, 1870－1919）亦斷言列寧（Vladimir Lenin, 1870－1924）的思想若付諸實行，將產生一個警察國家。兩個派別的學說中，你最贊成那一派？

泰勒: 盧森堡所批評的只是列寧的觀點，不是馬克思思想。我想她大概是對的。當然，你追溯任何一個理論家，若他的理論從未在他有生之年付諸實行，你就會發現很多事情經過穿鑿附會後，任何的結果也可能產生。試想那些學術界對法國啓蒙思想家盧梭（Jean J. Rousseau, 1712－1778）玩的遊戲，他是極權主義者？還是自由主義者？無論如何，**馬克思思想認爲革命後應有一個民主、自治的社會這點，實不容否定的。**這可從他對

你追溯任何一個理論家，若他的理論從未在他有生之年付諸實行，經過穿鑿附會後，任何的結果也可能產生。

1871年巴黎公社的讚許中看到。理論上，巴黎

公社比現今任何一個西方社會擁有更徹底而基本的民主，當中包括罷免議政代表權等等。我們在蘇聯看到那種指令式的政府，源於列寧主義，出自列寧把黨看成是指令式結構的觀念，及列寧造就自己的環境。追本溯源，根據馬克思主義來解釋這一切現象，固然很多領悟，卻不過是事後孔明。你唯一能够說的，就是堅信將達至一個無衝突的社會——正如你前面說過——使人惰於發展一個能在衝突中運作的模式。假如馬克思的理論在他有生之年便能實現，他將面對很多難題。不過，若說馬克思的革命思想中包含了極權主義體系的病原——一些我以爲只屬列寧的思想——則未免過分武斷，不能言之成理。

若說馬克思的革命思想中包含了極權主義體系的病原（一些我以爲只屬列寧的思想）則未免過分武斷。

麥基: 正如我以前所說，所有已掌握政權的馬克思主義運動都已建立官僚獨裁統治，你認爲他們有沒有機會在保存馬克思主義社會下脫離獨裁統治。換句話說，他們若要轉化成非獨裁的社會，需否摒棄馬克思主義？

泰勒: 若要蘇聯在一個遭改建的馬克思主義基礎下
　　轉化成非獨裁的社會是極不可能的，但也不是全
　　無機會。自從馬克思主義運動掌握政權，建立這
　　樣一個恐怖的國度後，在知識分子中引起很人的
　　震盪，**有些修正主義者**(revisionist)──另一種
　　馬克思主義者，主要在西方或其他地方如南斯拉
　　夫──**嘗試再去發掘一個人道馬克思主義的基**
　　礎。他們發展出一些極有趣，成果豐碩的思想。
　　在1968年的捷克，你可以看到一個自由社會的開
　　端，其中一些思想源於修正的馬克思主義，可惜
　　這事件慘遭夭折。也有很豐富的思想正在南斯拉
　　夫發展。只是尚未能夠付諸實現。的確，一些思
　　想家已陷於失業，但馬克思主義正在這裏蓬勃發
　　展，可能成爲這個社會的基礎，但在東歐的政治
　　條件下，這思想能否開花結果則是另外一個問題。

麥基: 剛才的討論，我們把馬克思主義局限於馬克
　　思身上，但現在我們談到列寧，又提到當代馬克
　　思主義思想家的修正主義。在討論結束前，希望
　　你揀一兩個較近的馬克思主義思想家特別提一
　　下。

泰勒: 我想有兩個頗爲不同而又出於不同領域的發
　　展。一個是在**南斯拉夫的實踐派**（Praxis group），

這個我們前面曾提及，當中有不少思想家嘗試回到馬克思的人道主義基礎上，根據馬克思主義去發展自由社會的理論。這是最有趣的發展之一。他們也是國際對話的焦點，很多這一派以外的人都曾對此作出貢獻。另一方面馬克思主義在發展世界經濟的理論上建樹良多。馬克思主義的優點在於把經濟體系看作一個整體，這整體決定了其配件的角色。當代的低度開發理論（theory of underdevelopment），說明當代世界經濟怎樣造成低度開發，即造成某些社會低度開發，阻礙了他們的發展。我想這也許是最有趣的兩個非官方的馬克思主義發展。

麥基: 共產主義國家的一國歷史特點是他們的偉大政治領袖如列寧、史大林（Joseph Stalin, 1879－1953）、毛澤東（1893－1976），都曾自稱為哲學家，你認為他們真的具有哲學家的才能嗎？

泰勒: 不。不是在哲學思維方面。列寧是一個偉大的政治戰略家，在那個領域內可算是一個頭腦非常清晰的思想家。至於史大林，不提也罷。毛澤東的著作並不是哲學性的。很難期望這些人會是哲學家。

3

馬爾庫塞與
法蘭克福學派

與

馬爾庫塞

(HERBERT MARCUSE)

對談

引——言

麥基: 兩次大戰之間，經濟危機震撼了大多數西方
國家。當時，這種危殆的狀況被大多數馬克思主
義者看作是馬克思主義理論已經預言過的資本主
義制度的全面崩潰。按照這種理論，凡發生這種
現象的地方都應當導向共產主義，然而卻沒有一
個這樣的西方國家真正出現了共產主義統治。相
反，在幾個西方國家出現的卻是法西斯主義
（Fascism）。一些馬克思主義者對此大失所望，
因而拋棄了馬克思主義的理論，認爲實踐已經證
明這種理論是錯誤的。另一些人則不顧歷史事實，
拒絕對這一理論提出質疑。然而，在這兩種思潮
之間，出現了少數仍然堅持或者希望堅持馬克思
主義的人，他們感到必須對馬克思主義進行嚴肅
的反省，甚至在一定程度上必須予以重建，才能
保持馬克思主義的可信性。

　　這樣的一批志同道合者於二十年代後期會聚在
德國的法蘭克福——從那時起便以法蘭克福學派
（Frankfurt　School)而著稱於世。實際上，他們並

没有在法蘭克福久居，而是在納粹崛起的時候離開了德國。到三十年代中期，這一學派的主要人物都在美國定居，但法蘭克福學派的名稱卻保留了下來。關於法蘭克福學派的代表人物，我們這裏只擬提三位，他們是: 阿道爾諾(Theodor Adorno, 1903－1969)，一個似乎對哲學、社會學和音樂同樣精通的人物; 霍克海默 (Max Horkheimer, 1893－1973)，哲學家兼社會學家，雖不及阿道爾諾才華縱橫，但似乎比他更見紮實; 最後一位是三人當中後來影響最大，最負盛名的一個: 政治理論家馬爾庫塞(Herbert Marcuse, 1898－1979)。他們的影響日漸增長，歷久不衰，終於在六十年代達到了令人眩目的高峯。促成這種情況的因素很多。其中一點是東歐共產國家的馬克思主義者中普遍出現了強有力的修正主義運動，並在1968年的'布拉格之春'時達到了最高潮。這一事態使得法蘭克福學派第一次與共產主義世界內部的現實發展對上了號。與此同時，西方人，尤其是知識青年中間，出現了對馬克思主義興趣的巨大復興。這種情況也在1968年達到巔峯。這一年，歐美學生暴力事件此起彼伏，聲勢浩大，一些人甚至認爲在巴黎幾乎釀成革命之勢。那時，躍躍欲試的革命家從衆多的人物中選出了他們的政治導師: 馬爾庫塞。他們在牆上寫下馬爾庫塞的語錄，向全世界宣告他們的目標就是要落實他的思想。雖然革命終究未能出現，但從那以後，馬爾庫塞和法蘭克福學派的思想卻有力地支配了歐洲許多大學社會科學系的講壇，並通過它們在西方些最有才華的青年人中保持着重要的影響。

討——論

麥基: 爲甚麼六十年代和七十年代初，革命的學生運動會把你的文章作爲武器？

馬爾庫塞: 其實，我並不是六十年代和七十年代初學生運動的策劃人。我所做的只是把當時廣泛談論的一些思想和目標作了系統的闡述和歸納。無非如此。當時表現非常活躍的那一代學生，並不需要一個父親形像或祖父形像去引導他們反抗一個日益展現出不平等、非正義、殘酷和普遍危害性的社會。他們自己可以親身體驗——這一切事實擺在眼前。作爲這個社會的一個特徵，我只想提一下它的法西斯主義傳統。法西斯主義在軍事上是失敗了，但是它復辟的可能性依然存在。我還可以舉出諸如種族主義、性別歧視、普遍的不安全、環境污染、教育質量下降、工作質量下降，等等，等等。換言之，六十年代和七十年代爆發的運動，是現存的巨大的社會財富同不負責任地、破壞性地、浪費性地使用這些財富之間構成的鮮明對照的結果。

麥基: 不管人們是否贊成你對這些事物的某種或全部觀點，我敢肯定你之所以有如此強大的感召

從古希臘的柏拉圖起，哲學在很大程度上一直是社會和政治的哲學。

力，是同西方各國的學院和大學裏所教的哲學根本不談這些問題分不開的。

馬爾庫塞: 他們是不談。但我們——先是在法蘭克福，後來又搬到美國——想像不出有哪一種真正的哲學，能不多少從現實、社會和政治的角度去反映人類的處境的。在我們看來，從古希臘的柏拉圖(Plato, 約公元前427－347)起，哲學在很大程度上就一直是社會的和政治的哲學。

麥基: 在你的一生中，不僅哲學對你是極其重要的，而且你還以之爲畢生的志業，當過大學教師、開過講座、寫過書，等等。然而把你尊爲精神領袖的新左派運動(New Left Movement)有一個很顯著的特徵，就是它的反知識主義(anti-intellectualism)。我想對此你不至苟同吧?

馬爾庫塞: 當然不贊同。我一開始就同反知識主義
　　進行了較量。在我看來，**反知識主義是學生運動
　　脫離工人階級，無法採取大的政治行動的結果。**
　　與工人階級脫離這種情況逐漸使學生們產生
　　了……就說某種自卑情結吧，某種自我貶抑、自
　　虐的傾向，最終便以蔑視知識分子的形式表現了
　　出來，因爲他們自己就是知識分子，同屬"書生
　　造反，十年不成"的一類。這種蔑視卻爲當權者
　　的利益提供了很好的服務。

麥基: 從你這兒聽到對新左派的批評真是別有風
　　味。你認爲新左派還有甚麼其他的重大缺陷?

馬爾庫塞: 我想還有一個主要的缺陷，就是他們使
　　用的那種不切實際的語言和基本上行不通的戰
　　略。當然，這決不是新左派運動的普遍特徵，但
　　他們當中的確存在這種情況。他們拒不承認當時
　　先進的工業化國家中並未出現革命形勢，甚至並
　　未出現革命前夕的形勢，並且拒絕承認鬥爭策略
　　必須與實際情況相協調。其次，新左派運動不願
　　意重新檢驗和發展馬克思主義的範疇，而是傾向
　　於對馬克思理論作盲目崇拜，把馬克思主義的概
　　念當作具體化(reified)了的客觀的範疇。他們並
　　沒有最終意識到，不能簡單背誦這些歷史的、

> 法蘭克福學派存在的理由: 重新檢驗馬
> 克思主義的概念。

辯證的概念，必須根據社會本身的變化而重新檢
驗它們。

麥基: 坦率地說，你的說話聽來真令人耳目一新。
這表明，在那些以你的追隨者自居，年輕得可以
當你的孫子的人已不再動腦筋去思考時，你自己
卻仍然在思考。

馬爾庫塞: 這方面的問題已夠多的了……。

麥基: 你剛才已經直接談到了法蘭克福學派存在的
理由: 重新檢驗馬克思主義的概念。正如我在這
次討論的開場白中所說的，你們覺得必須對馬克
思主義進行重新檢驗，重新構造，因而開展了你
們的運動。我選擇了**法西斯主義的崛起**，來解釋
這一現象，但法西斯主義並不是唯一促成其事的
因素，還有其他原因，你能列舉幾點進行評論
嗎?

馬爾庫塞: 另一個因素是**對資本主義階段一些有代
表性的自由主義運動**(包括知識的和政治的)的批

判性再檢驗。結果發現: 自由主義或鼓吹思想和行動自由的大傳統，從一開始就包含了在今天開花結果了的權威主義和極權主義的萌芽。這裏特別值得一提的是霍克海默《論蒙田》(*Montaigne*)和《論利己主義與爭取自由運動》(*Egoismus and Frei heitsbewegung*)的文章。但最重要的一點或許是對社會主義概念本身的關切。在馬克思主義理論的發展過程中(不是指馬克思本人，而是指馬克思主義理論的發展)，社會主義概念的內涵越來越集中於更加合理地、更大程度地發展生產力，提高勞動生產率以及產品的合理分配等問題上——而不再是按照馬克思所設想的，至少是青年馬克思所設想的，強調社會主義是一個性質上不同於以往任何社會形態的社會了。所謂性質上的不同，表現在哪些方面呢? 我覺得主要的一點是: **在社會主義社會裏，生活本身就會發生**

馬克思主義理論的發展已不再強調社會主義是一個性質上不同於以往任何社會形態的社會。

根本不同的變化: 人們將協力同心地決定自己的存在——一種免於恐懼(阿道爾諾語)的存在。勞

動將不再是衡量財富和價值的尺度; 人將不再在被迫勞動的異化狀況中浪費生命。這一要點被掩蓋起來了, 結果造成了某種處於發達的資本主義同所謂的"真正的社會主義"之間的令人恐懼的交叉形象。

麥基: 社會主義變得越來越像它的敵人了。

馬爾庫塞: 一點不錯。

麥基: 我讀過你的著作, 知道你和你的同僚對馬克思主義理論還有另外一些重要的評論。我想在這裏提出兩點, 而這兩點意見顯然是相互聯繫的。第一, 馬克思主義理論很少或者根本沒有顧及到個人; 第二, 它是反自由的——或者至少不是充分贊成個人自由的。

馬爾庫塞: 馬克思的確不大關心個人的問題, 而且他也不必去這樣做, 因為在他那個時代, 無產階級的存在本身, 就使得這個階級成了一個潛在的革命階級。但從那以後情況發生了很大的變化, 現在的問題是: **"當今西方發達工業國家中的工人階級在多大程度上仍然能夠被稱之爲無產階級?"**歐洲共產主義政黨已經完全放棄了這一概念。現實情況是, 大多數人都被同化到現存的資

本主義制度中去了。有組織的工人階級已經不是
"一無所有、失去的只有鎖鏈"，而是可以失去
的東西很多; 這種變化不僅發生在物質方面，
而且也發生在心理方面。下階層人(dependent
population)的心理已經發生了變化。最令人吃
驚的是統治的權力結構對個人的意識、潛意識甚
至無意識領域進行操縱、引導和控制的程度。因
此，我在法蘭克福學派的一些朋友認爲，心理學
是必須溶入馬克思主義理論的一個主要知識分
支，這不是爲了取代馬克思主義，而是爲了充實
馬克思主義。

麥基: 你自己就曾經嘗試過把弗洛伊德主義
(Freudianism)同馬克思主義結合起來。但有人
可能會説這根本不可能，因爲這兩種解釋形式完
全是兩碼事。説得不客氣點，馬克思主義是從技
術層次出發對人類事務作出終極解釋。它認爲，
在任何社會、任何發展階段，生產資料所達到的
發展水平決定着階級的結構，階級結構又決定着
個人之間的相互關係，並在此基礎上生長出了馬
克思主義稱之爲"上層建築"(superstructure)的
東西，如意識形態、宗教、哲學、藝術，以及各
種制度，包括道德和法律等等。但奧地利醫生弗

洛伊德（Sigmund Freud, 1856－1939）對人類事務的最終解釋卻具有完全不同的性質。他的解釋是從人們的無意識（unconscious）的感覺，如願望、情感、幻想、恐懼等等出發的。這些東西因人們的各種基本關係、尤其是同父母的關係發生扭曲而受到壓抑。因壓抑而致衝突，因衝突而產生出我們大部分的心理能量，產生出畢生激勵我們的無意識動力。

根據這種觀點，馬克思主義所謂的上層建築的大部分，事實上都是受到壓抑的心理因素的外部表現（externalization）。因此，這二者之間的不同不只是解釋的差異，而是關於同一現象的兩種完全不同的解釋。你怎麼能夠把它們結合在一個統一的理論中呢？

馬爾庫塞: 我認為它們很容易結合，而且很可能結合得十分完美。我認為它們是對同一總體的兩個不同層次的解釋。弗洛伊德所說的無意識的原動力——即性愛的能量和破壞的能量; 愛欲和死亡; 生的本能和死的本能——是在一定的社會環境下形成的，其表現形式也受到這一特定社會環境的影響。這一理論的社會影響特別在於: 弗洛伊德認為，社會中的壓抑越是加劇，反抗壓抑的剩餘攻擊的活力就越是活躍。弗洛伊德還認爲，既然壓抑必然會隨着文明的進步而增長，那麼與之相應，剩餘攻擊的活力也會在更大範圍上釋放出來。換句話說，隨着文明的發展，破壞性，自我破壞和對他人的破壞——主體和客體——也會加劇。依我看，這個假説恰好解釋了今天發生的現象。

弗洛伊德主義和馬克思主義是對同一總體的兩個不同層次的解釋。

麥基: 我想談到這裏，一直聽我們討論的人中一定有人會產生一些想法。你剛才列舉了馬克思主義理論的一系列缺陷，例如未能預見到資本主義的如此成功; 因此而生的無產階級概念已過時; 馬克思主義傳統對它所宣稱反對的社會的物質主義價值觀的過分吸收; 馬克思主義的反自由成分; 沒有關於個人的理論，甚至對個人的問題不表示任何態度等等。在你的著作中，這些問題就談得更詳細了。你還強調説，一些近期的理論對於現代思想是不可或缺的，如弗洛伊德主義，它在馬克思以後才躍上思想舞台，因而不可能被馬克思吸收到他的世界觀中去。我想許多人會產生這樣

一些問題: 既然事情是這樣的, 那麼你和法蘭克福學派的其他成員爲甚麼仍然還是馬克思主義者, 仍然堅持馬克思主義呢? 堅持這樣一個理論有甚麼意義呢? 爲甚麼不把你的思想視野從馬克思主義那裏完全解脫出來, 而去重新面對現實呢?

馬爾庫塞: 很簡單: 因爲我並不認爲馬克思主義作爲一種理論已經被證明是錯誤的了。問題在於馬克思主義理論的某些概念需要重新加以檢驗; 這一點我已說過。但這種需要並不是外部強加給馬克思主義理論的, 而是馬克思主義作爲一種歷史的和辯證的理論需要進行自我完善。讓我列舉出馬克思的那些由於資本主義的發展而被確證爲具有決定意義的概念, 這樣可能比較有助於說明問題: 經濟權力的集中; 經濟權力和政治權力的融合; 國家對經濟干預的漸次加强; 利潤率的下降; 爲了開闢市場、創造擴大資本積累的機會而推行的新帝國主義政策, 等等。這真可謂驗證甚多, 不一而足, 足以見出馬克思主義理論的效力。

麥基: 老實說, 我真想跟你大爭一場, 不過我還是克制一點好……。

馬爾庫塞: 爲甚麼?

麥基: 因爲這次討論的目的是爲了聽聽你對許多問題的意見，如果我們爲了你剛才的話爭執不休，那大部分問題就只好免談了。不過即使如此，我還是不能對你剛才那番話輕輕放過。我幾乎完全不能同意你那番話的意思。例如，你說到經濟力量的高度集中。但事實上，隨着合股公司的出現，資本所有權不是比過去分散多了嗎? 你又說到經濟和政治的融合。這固然不假，但至少在西方民主國家的實際情況是，有關經濟和治國方面的大部分決策，都已轉移到由人民直接選舉產生的政治代表手裏。

馬爾庫塞: 你所說的第一點，也就是關於合股公司的觀點，實際上正是馬克思主義的修正主義的主要概念之一(恩格斯本人最先使用這種說法)。合股公司由於有了分散的所有權形式，因而被認爲是社會主義社會的一種預備形式。今天，我們已經知道這種觀點顯然是錯誤的──你總不能說，龐大的跨國公司的股東能夠控制公司全國性乃至全球性的業務吧。重要的不光是所有權，對生產力的**控制權**才是決定性的。至於說到國家和政客的作用，你真的相信政治人物能像無官一身輕的人那樣，全憑自己的意志做出決定嗎？難道在政策制定者和社會上那些大的經濟勢力之間不存在某種聯繫嗎？

麥基: 政治人物並不爲私人經濟利益所左右，這點你儘管放心。相反，恰恰是私人經濟利益的代表不斷地試圖游說政客。不過沒有辦法，我看我們還是不談這些吧，回頭談法蘭克福學派吧。我在引言部分曾經提到兩、三位法蘭克福學派的成員，以你對他們相知甚深，若能多談談他們的一些軼事，那會是很有趣的。

馬爾庫塞: 好吧。霍克海默是社會研究所的所長。他不僅是一個基礎紮實、學識淵博的哲學家和社會學家，而且——說來也怪，還是一個理財能手，把研究所的“物質基礎”料理得有條不紊、頭頭是道。不僅在德國是這樣，後來到了美國也是如此。真是一個怪傑。我在社會研究所的期刊上以及後來發表的那些文章，篇篇都是先同他及其他同僚討論後才成文付印的。阿道爾諾——一個天才。我只能稱他爲天才，因爲——正像你已經説過的——我從未見到任何一個人能像他那樣，同時在哲學、社會學、心理學和音樂的領域裏縱橫馳騁、揮灑自如。不論他是否天才人物，總之令人嘆爲觀止。而且此公談鋒犀利，出口成章，幾乎不必更動一字即可發表，似乎早已成竹於胸。還有一些未得到適當重視或已遭遺忘的人物: 如洛文薩(Leo Lowenthal)，社會研究所的文學批評家; 勞曼(Franz Neumann)，一個出色的法律哲學家; 柯奇海默(Otto Kirch-heimer)，也是法律哲學方面的大學問家; 特別值得一提的是格羅斯曼(Henry Grossman)，他是一個非常優秀的經濟學家和歷史學家，是我所遇到的馬克思主義經濟學家中最正統的一個——他甚至預言說資本主義會在某年某年崩潰!

麥基: 就像一些中世紀的教士預言世界末日一樣。

馬爾庫塞: 社會研究所經濟研究方面比較關鍵的人物是波洛克(Frederick Pollock)。那篇首開先河的文章，認爲資本主義制度內部並不存在迫使資本主義崩潰的經濟原因，我記得就是他寫的。他還對國家資本主義、它的基礎和歷史方面進行了批判性的分析。

麥基: 自匈牙利哲學家盧卡奇(George Lukács, 1885－1971)首開先河以來，並在你們大家的推動下，知識界從強調成熟馬克思的著作轉移到強

調青年馬克思的著作，即他在黑格爾直接影響下
寫就的著作上去了。這一轉移導致了對"異化"
（alienation）概念的持續興趣。就"異化"一詞的
現代意義而論，我認為這一術語是先出黑格爾鑄
造的，然後被馬克思採用並賦予其新的意義。此
後五十年間，它在西方思想中幾乎銷聲匿跡。既
然你們法蘭克福學派也為將此概念重新挖掘出來
做了工作，聽聽你的意見一定很有趣。

知識界從強調成熟馬克思的著作轉移到
強調青年馬克思的著作，這一轉移導致
了對"異化"概念的興趣。

馬爾庫塞：這是一個非常複雜的問題。在馬克思的
用語中，"異化"代表一種社會——經濟概念,它基
本上是說（只能非常簡略地表述一下），在資本主
義制度下，人們在其工作中不能實現自己的才能
和滿足自己的需要；而這種情況是資本主義生產
工具造成的；因此要克服異化，就必須從根本上
改變資本主義的生產工具。今天，異化概念的涵
義已經大大擴展,它原來的含義幾乎喪失殆盡了。
如今人們已經用它來解釋各種各樣的心理毛病。

但不是人們所遇到的一切麻煩和問題——如男女戀愛中的問題——都必然是資本主義生產工具的結果。

麥基: 換句話說，你認爲這個觀念已經被弄得淺薄無聊了。

馬爾庫塞: 的確是弄得淺薄無聊了，必須還其本來面貌。

麥基: 這也許是因爲它的原意仍然具有根本的重要性。

馬爾庫塞: 是的……

麥基: 剛才我們從否定的意義上討論了法蘭克福學派所反對的東西——例如它對馬克思主義的批評，而且至少也含蓄地談到了它對資本主義的批評。那麼它所贊成的是甚麼呢？或者說，如果這是一個無法回答的問題（因爲不描繪整個社會就不可能回答這個問題，而要做到這一點，在我們現在的討論中是不可能的）——那就請允許我向你提出一個相關的問題：你認爲法蘭克福學派的正面貢獻是甚麼？

馬爾庫塞: 從最簡單的說起，它決定性的積極貢獻之一，是它對法西斯主義與資本主義的內在關係的預言和瞭解。其次（霍克海默本人也認為這是法蘭克福學派的一大特點）是對當前一些重大社會問題和政治問題採取跨學科的研究方法：即打破了原有的學術分工格局，用社會學、心理學和哲學多種方法，來理解和闡釋時代問題的發生和發展，並且用以回答這樣一個問題（我認為這也是法蘭克福學派最有意義的貢獻）："西方文明究竟出了甚麼毛病？在技術的高度進步下，我們卻看到人性的倒退：非人化、殘酷無情、嚴刑拷問作為審訊的'正常'手段、原子能的破壞性的發展、生態環境的污染等等，這些問題究竟是怎樣發生的呢？"我們回顧了社會的和知識的歷史，試圖說明貫穿於西方文化史（特別是通常被認為是歷史上最具有進步意義的啟蒙運動）中的進步範疇和壓抑範疇之間的相互作用。我們試圖理解這種解放趨勢與壓抑趨勢表面看來不可抗拒的融合。

麥基：你所描繪的，是一組為究竟錯在哪裏的問題夢縈魂牽的馬克思主義者的羣像，可以說是一種政治幻滅的結果。它完全建立在一種壯志未酬的態度上，不僅對馬克思主義理論失望，而且對社會現實失望，例如對工人階級不能成爲有效的革命工具的失望。法蘭克福學派本質上是否就是一個失望、幻滅、悲觀的學派呢？

馬爾庫塞：如果"失望"一詞像你所解釋的那樣，意味着我們對工人階級的失望，我肯定是否認這一點的。我們誰都無權去責備工人階級的所爲和所不爲。因此，這樣一種失望肯定不存在。然而存在着另一種失望，我覺得這是一種符合客觀的失望(我先前已經提到過)，即西方文明積聚了令人難以置信的社會財富(主要是資本主義的成就)，而這些財富卻漸漸被用來建設一個衰敗的社會而不是建設一個更公正更富人情味的社會。如果你將此稱之爲失望，那一點也不錯，但是，如我所說，我認爲這種失望合情合理，是有客觀性的。

西方文明積聚了令人難以置信的社會財富，然而這些財富卻不是用來建設一個更公正更富人情味的社會。

麥基：這樣大概可以說，你們法蘭克福學派的中心任務就是研究這種失望爲甚麼會發生和怎樣發生的。

馬爾庫塞: 完全正確。

麥基: 這樣看來，法蘭克福學派的核心任務本質上就是批判性的。

馬爾庫塞: 完全對。所以有人乾脆就把法蘭克福學派的著作叫作"批判理論"(Critical Theory)。

麥基: 法蘭克福學派的成員從一開始就對美學領域表現出特別的興趣。這就使得它同大多數其他哲學有了區別，特別是同大多數其他政治哲學有了區別。你本人近年來也寫了大量關於美學問題的著作。你和你的同僚爲甚麼總把美學看得如此重要呢?

馬爾庫塞: 因爲我認爲——在這點上我與阿道爾諾的觀點特別接近——藝術、文學和音樂所表達的見識和真理，是任何其他形式所無力表達的。美學形式是一個既不受現實的壓抑，也無須理會現實禁忌的全新領域。它所描繪的人的形象和自然的形象，是不受壓抑性的現實原則的規範和拘束的。而是真正致力於追求人的實現和人的解放，甚至不惜以死爲代價。我想……我一時想不出更好的説法……還是這樣説吧: 文學和藝術所要傳達的信息是: 現實世界就是從古至今所有戀人所

> 美學形式是一個無須理會現實禁忌的全
> 新領域。它眞正致力於追求人的實現和
> 人的解放。

體驗過的世界；就是莎翁筆下李爾王（King
Lear）、安東尼（Anthony）和克婁巴特立
（Cleopatra）體驗過的世界。換言之，藝術是獨
立於既定現實原則，它所召喚的是人們對解放形
象的嚮往。

麥基: 你剛才談的這些與你在討論開始時堅持的東
　　西是緊密關聯的，那就是: 必須將社會主義理解
　　爲旨在建立一種不同品質的生活，而不僅僅是爲
　　了帶來物質上的改變。如果你把文學的任務看成
　　是展示各種新的價值，那必然意味着你不是僅僅
　　將它視爲對現存社會的批判，或僅僅視爲一種革
　　命的工具——如許多馬克思主義文學批評家所認
　　爲的那樣。

馬爾庫塞: 我認爲一切眞正的文學都有雙重的使
　　命。一方面，它是對現存社會的批判；另一方面
　　（這與第一方面內在地聯繫在一起），它又是對解
　　放的期望。我當然不認爲單從階級鬥爭或生產關

係的角度就能對一部文學作品作出足夠的解釋。

麥基: 我剛才已經講了，美學問題是法蘭克福學派
思想家（如你本人）目前正在致力研究的一個領
域。你認為還有哪些其他領域也是你們在最近或
不久的將來所要關注的?

馬爾庫塞: 噢，關於這一點，我只能談談我自己。
我覺得大家需要對婦女解放運動給予更大的注
意。我發現，今天的婦女解放運動具有很大的發
展潛力——要解釋這一點恐怕要專門開一次講座
才行。我想用兩句話來概括一下。迄今為止有文
字記載的歷史中，所有的統治都是父權的統治
（patriarchal domination），所以，如果我們有
生之年不僅能夠看到婦女在法律面前的平等，而
且能夠看到所謂的女性素質在社會上全面弘
揚——如非暴力傾向、情感能力、敏感性，那麼，

今天的婦女解放運動具有很大的發展潛
力，女性素質在社會上全面弘揚，能夠
成為一個品質上不同的社會的開端。

或者能夠成為一個品質上不同的社會的開端，成
為暴力的、野蠻的男性統治的對立物。現在我已

經完全認識到，所謂的女性素質，實際上是受社
會條件的制約而形成的……。

麥基: 有些人認為，只要提到所謂的女性素質就有
性別歧視之嫌，我應該想到你的大多數追隨者大
概都是屬於這一類人的。

馬爾庫塞: 我不在乎。這些素質是社會條件造成的，
但既然普遍存在，為甚麼就不能化弱為強，把人
的"第二天性"變成一股社會力量呢?

麥基: 在結束這次討論之前，我想向你提出一、兩
點對你作品較普遍的批評意見。其中最重要的一
條我已經向你提過了: 你墨守着一個已經證明是
錯誤的思想範疇，即馬克思主義。這樣，你對事
物的看法和描繪就帶上了有色眼鏡。你所說的世
界根本就不是我們所看到的世界，而是僅僅存在
於你的思想結構中的世界。你對這一批評還有更
多的話要說嗎?

馬爾庫塞: 我並不認為馬克思主義理論是錯誤的。
理論與事實的偏差可以通過其自身的發展，即通
過其內部概念的發展得到解釋。

麥基: 假如你所承認的馬克思主義的所有缺陷都不

足以使你拋棄它，那還有甚麼能使你拋棄它呢?

馬爾庫塞: 如果有那麼一天，不斷增長的社會財富與其破壞性的使用之間的衝突，能夠在資本主義的體制內得以解決; 如果能夠消滅生活環境遭到污染的現象; 如果資本能夠在和平的方式中擴展，貧富差距能夠不斷縮小; 如果技術進步能夠被用來爲增強人類的自由而服務; 如果，——我再重複一遍——所有這一切都能在資本主義的體制內得到解決的話，那麼，馬克思主義理論就證明錯了。

麥基: 我看你似乎是在説，除了資本主義達到完美無缺的境界以外，沒有任何東西能夠使馬克思主義發生錯誤——這實際上等於不承認馬克思主義會發生任何錯誤。我還想向你提出其他一些批評。**一般都說新左派都是一些精英主義者**(elitist)。他們是一些小圈子，是中產階級中一些孤芳自賞

除了資本主義達到完美無缺的境界以外，沒有任何東西能夠使馬克思主義發生錯誤。

的知識分子，完全脱離了工人階級隊伍(這一點

你前面已經承認了），卻喜歡把自己看作是革命的先鋒。新左派的所作所爲多爲追時髦、趕潮流之擧，最重要的是脫離了運動的宗旨，脫離了真正的工人階級。同時，真正的工人階級卻有明顯的反對革命的傾向，處事比較保守，總之與新左派的觀點具有天淵之別。

馬爾庫塞: 我根本不同意"精英主義"一說。我認爲這是新左派自虐傾向的另一種表現形式，而不是甚麼精英意識。不錯，我們的確是一些小團體，要我說可以叫作催化者團體; 由於他們得天獨厚，受過教育、訓練，因而發展了他們的智力，發展了他們的理論，卻在很大程度上脫離了物質生產的過程。這是不能被任何空話所補救的。它只能在自身的變化過程中得到補救。我從未說過這些催化團體可以取代工人階級，自己作爲革命的主體和動力。他們是一些教育團體，主要從事政治教育，但不僅僅從事政治教育。他們的主要任務是啟發人們的覺悟，抵抗既定權力結構對人們意識的支配和操縱; 從理論上和實踐上突顯變遷的可能性。但他們絕對不能代替工人階級。

麥基: 人們對法蘭克福學派還有另一種批評: 認爲你們的著作不僅難讀，而且通常很誇張，有時甚至如讀天書，不知所云。以阿道爾諾為例，你剛才說他是天才。而我卻讀不懂他的書。所以我覺得**法蘭克福學派試圖傳播的觀念和這些觀點的傳播對象之間似乎有一大障礙**。無論如何，這是一個很嚴重的批評，尤其是其他哲學流派中能寫好文章的不乏其人。例如分析哲學，就有行文簡潔、運筆機智的傳統。英哲羅素（Bertrand Russell, 1872－1970）得過諾貝爾文學獎，法國存在主義的最著名的代表人物薩特（Jean-Paul Sartre, 1905－1980）也不遑多讓。所以，當人們讀存在主義或分析哲學的著作時，十有八九能夠讀到能夠叫作文章的文章；可一讀到法蘭克福學派的東西……

馬爾庫塞: 我在一定程度上贊同你的看法: 坦白地說，阿道爾諾的許多段落連我都讀不懂。但我至少也想提句公道話來為他所以如此的立場加以辯白。他認為，一般的語言，文章，甚至包括行文十分老練的文章，無不受到現有體制潛移默化的巨大影響，無不反映出權力結構對個人的巨大的控制和操縱。為了逆轉這個過程，你就必須在語言上也表明你是決不人云亦云、亦步亦趨的。所以，他就把這種決裂體現在他的句法、語法、詞匯甚至標點符號中去了。至於這樣做能否被接受，我不知道。我想說的只是：如果我們過早地把今天面臨的極其複雜的問題通俗化了，同樣存在着很大的危險性。

麥基：如果可以的話，最後我想向你提一個個人方面的問題。歷史上極少有人具有你這樣的經歷。你幾乎花了畢生精力長期從事只有一個小圈子——你的學生和一些特殊品味的讀者——知道的學術研究，然而到了垂暮之年，你竟然在一夜之間聲名鵲起，成了世界名人。這種事發生在任何人身上都是令人驚訝不已的。你當時感想如何呢？

馬爾庫塞：當然，一方面我從中得到了極大的欣慰，但另一方面我又覺得當之有愧。如果這就是結語的話，我想不妨說句無關宏旨的話……不，不能說完全無關。有人問我：“這怎麼可能的呢？”我總是說：“我之成爲這樣一個人物，恐怕是因爲其他人比我更不如。”

麥基：誰也沒想到。我想就連你自己大概連做夢也沒想到吧。

馬爾庫塞：不錯，我確實沒想到。

4

海德格爾與
存在主義

與

巴雷特
(WILLIAM BARRETT)

對談

麥基: 每隔一段時期, 某種嚴肅哲學便會一躍而成
　　爲知識界的時尚, 這通常是在某特定的社會或歷
　　史情勢下造成的。在兩次世界大戰之間, 馬克思
　　主義經歷了這樣的驟變, 那主要是俄國革命的結
　　果。第二次世界大戰以後, 存在主義(Existen-
　　tialism)也經歷了這樣的驟變, 它之在歐洲大陸
　　上崛起, 主要是反映了對納粹侵略經歷的歷史感
　　應。我說一種哲學成爲時尚, 不僅指學者對它爭
　　相傳誦, 而且指各行各業的作者——小説家、劇
　　作家、詩人、新聞記者都對它津津樂道, 終而使
　　它滲透到一個時代、一個地域的整個文化氛圍之
　　中。例如在戰後的巴黎, 存在主義似乎成了所有
　　人開口必談的常青話題, 不僅在交談中, 在一些
　　藝術種類和比較嚴肅的新聞傳播中頻頻出現, 就
　　連通俗新聞、通俗文藝, 甚至餐館和夜總會裏的
　　娛樂節目, 也紛紛效尤。貫穿這一知識和社會思
　　潮的, 是一個極響亮的名字: 薩特(Jean-Paul
　　Sartre, 1905－1980)。然而, 本世紀存在主義

的真正發源地不是在法國，而是在德國，不是在第二次世界大戰之後，而是在第一次世界大戰之後。從學術角度看，存在主義運動最重要的代表人物也不是薩特，而是海德格爾（Martin Heidegger, 1889－1976）；換句話說，凡研究現代存在主義的嚴肅學者，幾乎一致認爲海德格爾除在時間上先於薩特外，更是一位更加深刻、更有創見的思想家。因此，在討論中，我們將主要通過海德格爾的學說來探討現代存在主義，儘管我們也要談到薩特，談到他在這股思潮中的地位。

海德格爾1889年生於德國南部，他在歐洲的這塊細小的地區上幾乎渡過了一生。在成爲專業哲學教師之前，海德格爾曾師侍現象學大師胡塞爾（Edmund Husserl, 1859－1938）。1927年，三十八歲的海德格爾發表了他一生中最重要的著作《存在與時間》（ *Being and Time* ）。此後，他活了將近半個世紀，而且著述極豐，其中一些作品份量可觀，但沒有一部像《存在與時間》那樣博大，那樣精彩，那樣具有影響力。這本書並不易讀，但今天同場討論的人士，我認爲是向一般讀者介紹存在主義的最佳人選，他就是巴雷特（William Barret, 1913－　）。他在紐約大學任

哲學教授，是《非理性的人》(*Irrational Man*)
這部優秀作品的作者。

麥基: 假設我是一個對海德格爾的哲學一竅不通的人，而你又想使我對它有一個基本的瞭解，你打算從哪裏談起呢?

巴雷特: 我想先從海德格爾所身處的歷史背景談起，不過涉及的範圍比你剛才講的要大，並且不是用幾十年而是用幾百年來衡量。就是說，我打算把它放在現代哲學紀元的總框架裏來談，即先從十七世紀的法國哲人笛卡爾（René Descartes, 1596 － 1650）談起。笛卡爾是新科學（現在我們叫現代科學）的奠基人之一，他奠定新科學的主要貢獻，是提出人的意識與外部世界之間存在一種奇特的分裂現象。心靈爲了計量——爲了度量和計算而按一定程式感受自然，並以**操縱**自然爲最終目的; 與此同時，人這個主體又與自然發生對抗，由此便產生了心靈與外部世界之間非常驚人的二元性（dualism）。此後兩個半世紀，幾乎所有的哲學都沒有脫離笛卡爾哲學（Cartesian）的這條軌道。直到本世紀上半葉，我們才看到反笛卡爾主義的傾向以形形色色的哲學流派和形式在世界各地緩緩地出現——英國、歐洲、美國，無一例外。**海德格爾就是笛卡爾的反叛者之一**。更確切說，正是他的反叛，給了我們開啟他本人思想大門的鑰匙。我就打算從這裏開始介紹他的哲學。

麥基: 那麼，你要講的第一點是這樣的: 隨着現代哲學的興起（它的黃金時代是十七世紀），總體世界被分為觀察者和被觀察者（或稱主體〔Subjects〕和客體〔objects〕）的觀念滲入了我們的文化。既有觀察世界的人（或許還有上帝），又有被人觀察的世界。這種二元論，這種認為總體世界始終一分為二的觀念已經在我們的思想中，在我們的哲學和科學中深深扎根。然而，

隨着現代哲學的興起，總體世界被分為觀察者和被觀察者的觀念滲入了我們的文化。

出乎大多數西方人的意料，這種世界觀僅僅源自過去三、四百年間的西方世界。

巴雷特: 二元論的確很牽强，從某種意義上説我們並沒有完全接受它。我並不把你看成是一個依附在肉體上的心靈。我也不會一邊同你談話一邊懷疑你的存在是否真實——是否是我推斷(infer)出來的甚麼東西。把心靈和外部世界截然對立起來，是不符合我們對事物的正常感受的。因此，作爲二十世紀哲學特徵之一的反笛卡爾主義，便是完全可以理解的了。海德格爾的反叛有他自己的策略: 從我們所處的實際處境着手。你和我共處於同一個世界——我們是同一個世界裏的兩個人。我就打算從"存在於這個世界上"(being in the World)這個基本概念入手，來介紹海德格爾的哲學。"存在"一詞可能令人望而生畏，莫測高深; 但我們必須在最通俗的、普通的日常意義上來理解它。普通人在這個世界上的具體存在，便是我們的出發點，是我們開展哲學思考的前提。

麥基: 我覺得這個出發點很合我的意。現實分裂爲兩種屬性不同的實體，這種觀念從來就讓我覺得有些不自在; 是我必須去學、去啃的東西，而且我自始覺得它是一種奇怪的甚至荒誕的想法。我們每個人的經驗同你剛才説的很容易吻合: 我們從幼年的無意識狀態中甦醒過來，發現自己原來是世界上的一個存在。我們突然發現自己就在那裏，然後才有可能去想別的。

巴雷特：一旦你確認到自己是植根於這個世界上，哲學的首要任務便是做描述工作。**哲學家的任務是審視和描述我們在這個世界上存在的各種方式**。在這一點上，海德格爾所走的道路與摩爾那樣的反笛卡爾主義者完全不同，因為摩爾最關心的是知識和感覺的問題。我們不妨看看摩爾名副其實的大作"外部世界的求證"（"Proof of

---

我們從幼年的無意識狀態中甦醒過來，突然發現自己是世界上的一個存在，然後才去想別的。

---

an External World"）。如果我沒有記錯的話，這篇文章最早是在一次會議——英國科學院會議上宣讀的。我猜想，與會者當時一定不相信，實實在在坐在大廳裏聽講的他們，是需要靠摩爾的雄辯來證實他們的存在。事實是，當你提出一個這類知識論的問題（epistemological question）時，你已經存在於這個世界上了，然後才能提出

問題。你並不是因爲破了知識論之謎而獲准進入普通世界的。知識論是我們和我們當中的一些人作爲世界上的存在者而從事的一種思考活動。

麥基: "存在主義"這一名稱是否表示存在主義哲學家認爲我們在世界上的存在乃是哲學最重要的課題呢?

巴雷特: 說它是個課題,是因爲我們非正視它不可。然而存在是天賦的,不是推斷而來的。因此哲學的任務便是用描述的方法表述出它的特徵。順便強調海德格爾的目標是描述性的,這很有必要。他不是一個想入非非的形而上學家,也並未提出最高實體爲何物這類抽象理論。

麥基: 我想把剛才討論的問題再引伸一下,你看是不是這樣的: 過去三、四百年間,西方的科學、技術、哲學以及社會本身,都沿着一定的方向得到了發展,部分原因在於這些發展是緊密聯繫在一起的。西方人一直把征服自然作爲自己的首要任務。這就塑造了他們看待自然的眼光: 把自己看作主人,把自然看作奴隸;把自己看作主體,把自然看作客體。於是,西方人的現實觀發生了二元性分裂,這種分裂一直滲透到他們的全部思想、包括科學和哲學之中。這一觀點反映在哲學上，知識的問題便幾乎不可抗拒地佔據了中心舞台。"我們知道甚麼？我們怎麼知道我們知道？知識究竟是甚麼東西？確信等不等於確知？"這些問題便是自笛卡爾以來我們哲學傳統的中心問題。而海德格爾主要關心的不是這類問題。他所關心的不是知識為何物（What it is to know），而是存在為何物（What it is to be）。存在是甚麼？甚麼是與我們與生俱來、朝夕相伴的那個存在？

巴雷特: 對，正是如此。

麥基: 所以，他便從分析與我們關係最直接、最密切的那種存在方式: 即我們自己的存在入手，開始了他的研究。《存在與時間》第一部分刻意分

存在為何物？存在是甚麼？甚麼是與我們與生俱來、朝夕相伴的那個存在？

析人類意識中的自我認識，即我們對自己的存在最原始切身的知識。他把這叫作"存在的分析"（the existential analytic）。有人可能認為，

正因爲這種體驗是切身的，因而它是不可被分析的。但海德格爾將兩種探索方法成功地結合在一起，從而駁斥了這種看法。一種是現象學的（phenomenological）方法，即把注意力一絲不苟地、全神貫注地投射到所實際體驗到的現象上; 另一種方法則是康德的設問方法: "甚麼情況下才會出現這種情況? 即: 造成這種體驗必要的先決條件是甚麼? 因爲如果沒有構成這種體驗的條件，我就不可能具有這種體驗。"他用這種方法，一步步地把我們意識中的自我認識結構分割成不同的部分。例如，既然在沒有感覺到這樣或那樣的事物正在發生的情況下，存在任何自我意識都是不可想像的，那麼，必然有某種"發生場地"（field of happening）或某種"世界"（world）存在着; 結論: 存在若不是"世界的"存在，是不可想像的。其次，我們意識到我們所意識的東西，證明我們與之相關的主體意識"嵌入"於其中，對此他取名爲"Sorge"，英文常作"關心"（care），其實譯成"關注"（concern）或"投入"（involvement）似乎更確切些。如果沒有某種運動襯映，存在也是完全不可設想的: 存在必然還有時間的屬性，是時間性的存在。諸如此類，不一而足。每項論證由於其性質使然，繁複而冗長，但讀海德格爾的作品一如讀康德的作品，能給人以震撼心扉的感覺，因爲它使我們意識到，在我們習以爲常的意識的底層下面，原來還有可供人們深入研究的新領域。

有人聽到這裏可能會説："不錯，是很有意思，不過這大概是内省心理學，而不是哲學吧？"我們的答覆很簡單：你錯了。海德格爾的主題不是揭示人的行爲或我們心靈的活動，而是通過確立我們通常所説的存在的最本質的東西，來闡明存在這個概念。毫無疑問，這是哲學的任務。而且，我發現這個命題在某些方面是所有哲學命題中最引人入勝的一個。不過我也知道，對於一些人來説，這方面的内容很難把握，這或許是因爲它與我們習慣的思維方式不合拍。而對於哲學家來説，這個題目通常也是難以駕馭的，因爲它和一直處於傳統哲學中心的知識問題如此不同，是哲學傳統中别樹一格的課題。

巴雷特：的確不平凡。不過我再次強調一下：知識問題在哲學中捷足先登的核心地位，僅僅是笛卡爾以後的哲學特徵。在他以前的哲學家也談它，但並沒有如笛卡爾以後那樣獲得壓倒一切的中心地位。因此，在某種意義上，海德格爾認爲自己是回到古希臘哲學，特別是蘇格拉底以前的哲學傳統上去了。

麥基: 我們已經談到，海德格爾試圖描述我們所處的現實，也即是說，對我們在這個世界上的存在做描述性分析。外行人可能會問: "分析它幹甚麼呢? 我們擁有這個存在。我們在這裏，活生生的在這裏。可以説這是我們擁有的**全部**。描述一種我們再熟悉不過的東西對我們又有甚麼價值呢? 既然都清楚了，它還能告訴我們些甚麼呢? "

巴雷特: 生活中越熟悉的東西越難捕捉。鼻子尖下的東西往往是最後才看到的。不錯，海德格爾所描繪的人類存在特徵在許多方面都很平凡，但是當我們看完了他的分析，就會用一種前所未有的眼光去重新看待這些特徵。

麥基: 你是説，海德格爾給予我們的完全是對平凡的、日常的、熟悉的事物的分析?

巴雷特: 作爲起點，是這樣。但也包含了對異常事物，即強調總是在存在中發生的不可思議的因素。我打算在這方面將海德格爾同在他之後研究日常現象的另一位哲學家（我在最一般的意義上使用這一説法）維特根斯坦作一番比較。比較一下是有趣的，因爲維特根斯坦認爲哲學的任務應是澄清我們日常語言中的混亂，這樣才能在世界上、在同一層次上持續發揮有效的溝通功能。如果我們順着維特根斯坦的思路，幾乎可以設想出這種可能性：如果我們澄清了語言中的所有混亂，那麼將我們引入哲學的疑問都將消失，因而哲學本身也就消失了。然而順着海德格爾的思路，我們仿佛行進平坦的大地上，突然，腳下裂開了異常的豁口。

麥基：你是說——死亡嗎？

巴雷特：死亡可算作一例。

麥基：其他還有些甚麼呢？

巴雷特：憂慮。歉疚。但我們還是以死亡爲例。你問我："既然全都熟悉不過了，他的描述還能告訴我們些甚麼呢？"他對死亡的描述就違背了我們慣常接受的觀念。因爲我們通常總是竭力迴避死亡這個現實。我們通常把死亡看作世界上的一個事實——是我們在訃告上讀到的東西，是發生在別人身上的東西。的確，死亡也會降臨到我頭上，但目前還沒有，因而它仍然是外在於我的。奇怪的是，假如我轉念一想，把它看作是我的死亡，我便意識到，**我的死亡對我來說決不會是這個世界上的事實**。我永遠不會知道我自己已經死了。

麥基: 維特根斯坦在他的《小册子》（*Tractatus*）裏說: "死亡不是生命中的事件: 我們不會活着體驗死亡。"

巴雷特: 一點不錯。死亡對於我是天大的事情，但它決不是我的世界的事實。在我的世界裏，死亡只能是一種可能性。然而這卻是一種無時不在的可能性。我隨時都有不存在了的可能。如維特根斯坦所指出，這個可能性"抵消了我所有其他的可能性。"在這個意義上，死亡是所有的可能性中最極端者。海德格爾的觀點是，一旦你認識到了死亡的可能性無孔不入地潛藏在你的存在中，你能作出的反應不出三種: 一是倉惶逃避這個事實，二是因而一蹶不振，三是去勇敢地面對它。如果你選擇去面對它，你就會問自己: "面對着這種可能性，我的生命有甚麼意義? "換言之，在海德格爾的這一思想階段，他會贊同大文豪托爾斯泰的觀點: 每一個人，以至每一個哲學家，都必須向自己提出這樣的一個基本問題: "面對死亡，我的生命還存在甚麼意義? "這個問題之所以提出，是我們面對要與死亡打交道這個事實時所產生的自然結果；這個事實是違反人們對死亡的一般瞭解的。把死亡看作一種長期存在的內在可能性，而不再看作是世界上的獨立事件，這就產生了別開生面的意義。

每一個人都必須向自己提出一個基本的問題：“面對死亡，我的生命還存在甚麼意義？”

麥基：我必須再說一次，這個觀點很合我意。雖然我是接受與此截然不同的哲學傳統的薰陶，但我覺得你講的一切都非常有理。我有一種很強烈的感覺（大概許多人都有這種感覺）：我們的日常生活既有平庸、陳腐、令人熟膩的一面，又有神秘莫測、令人情趣盎然的一面。我還有一個更強烈的感覺：正視死亡可以引發人們去尋求自己存在的意義。談到這裏，大家更想知道，海德格爾是如何回答他自己的問題的呢？

巴雷特：他沒有提供答案。他僅僅指出了人存在的結構，認爲所有的問題都必須在這個結構範圍之內提出。他試圖表明，這是人的存在中必須正視的一個方面。至於"我的生命有甚麼意義?"這個問題,答案完全取決於個人的想法。在這個意義上,海德格爾是沒有道德傾向的。

麥基: 即便如此,有些主題還是自然而然地以他思想的中心面貌而呈現人前;而且他在深入闡發這些主題的同時論述了許多東西——你剛才已提到一、兩點。我們能否揀最重要的談談? 例如,他論述生命的特徵有一點格外引人注意: 我們猛地發現自己就在這裏, 沒有人請我們來, 也沒有人"准"我們來。我們每個人都是被扔到這個世界上來的——事實上, 他用來描述這個概念的德語詞 *Geworfenheit* 直譯過來就是"被扔"的意思。

巴雷特: 我們從沒有挑選過父母。我們是在一定的時間、一定的歷史時空、一定的社會組織、帶着天賦的遺傳結構, 由我們的父母生養出來——而且必須按照這一切去過我們的生活。因此, 人生的起點就像投骰子一樣。它的偶然性深深植根於一些無法逃避的事實中。這些事實對我們來說是"被賦予"(given)的——這樣就給了這個知識論的術語以存在論的意義。

麥基: 除了上面說的 "被扔" 的概念和由此而生並

幾乎籠罩我們生命的每一件事情的那種偶然性，還有一個同樣逃避不了的有限性，對嗎？感受生命的時間是非常短暫的。我們一覺醒來，發現自己已經來到這個世界上，但還沒等到我們真正習慣過來，生命又匆匆逝去了。對我們大多數人來說，生命得而復失的這一事實是很可怕的。那麼，海德格爾又建議我們如何看待這些事實呢？

巴雷特：沒有成規可循。問題在於，無論你是為了給予生命以意義還是為了迎接死亡而作出甚麼抉擇，人的狀況仍是必須要想方設法來正視的。海德格爾雖然沒有明說，但他似乎在暗示：哲學或許無非就是對死亡問題作出的回應。蘇格拉底說過哲學就是對死亡的沉思——我們可以把它大致解釋為：如果人無須面對死亡，也就無須展開哲學思考了。假如我們都是永生不滅地生活在伊甸園中的亞當，那我們大可悠哉遊哉，左思右想，卻決不會去思考任何嚴肅的哲學問題了。

麥基：有一個現象是海德格爾和存在主義者所正視而以前的哲學家沒有充分思考的：我們對死亡的意識會引起憂慮（anxiety）。事實上，它是很可怕的。人對有限生命感到憂慮是存在主義哲學的中心主題之一，對嗎？

巴雷特: 對。尤其因爲人存在一天就意味着他向不可避免的死亡邁進一步這個事實，使這一主題尤爲醒目。這就使我們想到了海德格爾的另一個中心主題: **我們存在的本質始終具有時限性**。這也便是他把其大著定名爲《存在與時間》的本意。我們的存在首先是一種任務，因爲它是外加於我們然後才由我們主動擔負起來的。人的存在是在不斷運動中的——用羅馬教皇的話說，存在決不是實在，而是處於不斷流變之中。我們始終從事着自我創造的工作——而且總是從我們那偶然的又不可抗拒的起點開始。

人的存在是處於不斷流變中的。我們始終從事着自我創造的工作。

麥基: 並且總是朝向一個開放的未來邁進。

巴雷特: 對。在海德格爾筆下，未來是壓倒一切的時態，因爲他認爲人本質上是一種開放的並在不斷運動的動物。我們之所以確立鐘錶時間的概念，並且製造出手錶和其他各種計時器，正是因爲我們計劃去使用我們的時間。我們的眼光是朝向未來的。"現在"對於我們的意義僅僅在於它把我們引向某種未來。

麥基: 前面我們剛剛談到"憂慮"這個題目，卻又扯到時間上去了。我們還是回過頭來談"憂慮"——你剛才不是說"憂慮"是存在主義的中心課題之一嗎?

巴雷特: 憂慮這個概念在現代文化中也是幾經起落的。數十年前，美國小說家奧登（W. H. Auden, 1907－1973）發表了《憂慮的時代》（*The Age of Anxiety*），憂慮二字頓時變得時髦起來。人們開始"**養憂蓄慮**"——實在很傻，因爲（聯想一下我們關於死亡的討論）憂慮是我們的處境中固有的東西，是人存在的偶然性在意識裏的反映——或謂存在的偶然性對我們的振擾。另一種現代態度則認爲——這部分是由於我們處於一個可以支配某些工具、藥物和其他各種補救手段的高科技社會的緣故——世間一定存在某種只需按一下電鈕即可消除所有憂慮的工具或手段。這是一種虛幻的想像，因爲它把憂慮看成一種無須正視而且無須親身經受的東西。這兩種極端態度都是令人遺憾的。其實，**憂慮乃是人的存在狀況的一個部分**。海德格爾一度說過: "憂慮的方式是多種多樣的，有時，它僅僅表現爲一種平和的創

造欲望。"換句話説，没有憂慮，人類也便没有
創造。

麥基: 由於人類企圖逃避憂慮，逃避必死的現實，
這就產生了存在主義的另一大主題: 異化
（alienation）。我們故意不去正視我們的存在
中那些令人畏懼的現實，甚至企圖在生活中抽掉
這些現實。我們企圖將自己抽離到生活的現實之
外。因而異化，就像憂慮一樣，成了存在主義哲
學家談論得很多的一項主題——而這兩個概念亦
都被追求時髦的作者誤解和濫用得最多。

巴雷特: 是的，"異化"的概念被玩弄得太多，現
在一用到這個詞馬上就會有人説: "嗐，這個話
題令人煩透了。"然而，它恰恰卻是現代文化最
深刻的主題之一: 它引起了黑格爾和馬克思的格
外關注，並且是二十世紀文學的一個重要特徵。
我們的文明擁有如此衆多的交流信息手段，以致
於人們知道甚麼是"時髦"的，甚麼是"過時"
的; 而像"異化"一類的詞藻更被玩弄得完全成
爲空洞無物的陳詞濫調，這個事實本身就促成了
我們的異化，也是促成異化的力量之一。我們在
此閒話異化，只會使我們進一步異化。

麥基: 不錯，對這些事物採取趨時髦的態度，實際上是沒有認真地對待它們，因而只是一種浮光掠影的作法。

巴雷特: 對。你知道，異化是發生在不同層次上的。一個層次是人可能會在非個性化的羣性自我（social self）中喪失真正的自我——即把自我埋葬於他扮演的人物、他的社會角色之中。

麥基: 就像英國詩聖沃茲沃思（William Wordsworth, 1770－1850）說的:

> "世事終日紛擾着我們；
> 取得來又用了去，遲早耗盡我們的生命；
> 庸碌中再也看不到屬於我們的自然；
> 我們早已喪失了自己的靈性……。"

人可能把自我埋葬於他扮演的人物和社會角色之中。

巴雷特: 另外還有一種異化，而且是一種實實在在的異化。我這樣說會多少帶有點兒滑稽的意味，但我想你是會理解的: 我從天而降，落在倫敦，一下找不到自己身在何處了，一切都顯得那麼陌

生。

麥基: 你感到了與現實的疏離。

巴雷特: 是的。我走在街上，到處都是陌生人。但過一兩天我便開始習慣了。從根本上，"異化"一詞指的是一種陌生的感覺。

麥基: 凡到過陌生的城市的人都會有這種感覺。不過有些人對整個世界都感到陌生。

巴雷特: 他們是作爲異鄉人生活在自己的軀殼裏。

麥基: 我們已經談到《存在與時間》的一些核心主題: 除了書名點題的那兩點; 還有死亡、憂慮和異化等問題。書中尚有其他許多內容，大多技術性很強, 至少難以在我們這場短短的討論中概述。我覺得在這些內容中最有價值的, 是該書對自我意識（conscious awareness）所作的現象學的分析——這是一種極爲深刻、極富想像力、極有創見的分析, 確切說, 它是天才的成就。該書從頭至尾帶出一些真正根本的主題。即便在它沒有提出答案的那些地方, 就憑它切切實實地點明了問題, 也具有巨大的價值。

　　然而, 海德格爾同許多其他哲學家一樣, 在少年得志、創立了一門"大"哲學之後，又繼續前進，並在一定意義上越出了他早年的興趣。雖然《存在與時間》是作爲原定兩卷本的第一卷出版的，但第二卷卻一直沒有面世，我們看到的只是半本書。他爲甚麼不完成自己的計劃呢？

巴雷特: 這個問題一直引起人們的議論和猜測。其實，海德格爾已留下了第二部分的手稿，並將作爲他的遺作向外發表。但我個人並不認爲第二卷的發表會使我們對他的理解產生大變。我覺得我知道他會在這本書裏説些甚麼，因爲其中一些觀點已經在他論康德的第一部著作裏談到了。不過後來又發生了一件事——大約是在1936年前後——後來研究海德格爾的人認爲這是海德格爾一生中的"轉折點"。他開始感覺到，《存在與時間》一書似乎過分專注於人的因素。他發現自己的哲學是爲人文主義張目的力作，但卻忽略了人類得以成其爲人類的環境問題。

大約在1936年前後，海德格爾感覺到《存在與時間》一書似乎過分專注於人的因素，而忽略了人之爲人的環境問題。

麥基: 你是指自然的世界、物質的世界?

巴雷特: 我是指宇宙。你知道，在某種意義上海德格爾曾自稱爲巴門尼德（Parmenides，約公元前450）的追隨者。海德格爾曾撰文談過巴門尼德這位提出"一切爲一"（the all is one）的古希臘哲人。"一切爲一"思想的提出，使人類有史以來第一次有了把存在的總體看作是與我們的思想中緊密相連的東西的觀念。海德格爾相信，現代文化的種種弊端，正是我們失去了這些宇宙之源，喪失了天人合一感覺的結果。

麥基: 爲甚麼他把這種特點特別歸咎於現代文化呢? 它本身不是人的狀況的一部分嗎?

巴雷特: 若就人是一種甚至在追求真理時仍在逃避真理的存在而言，這種特點的確是人的狀況的一部分——巴門尼德就曾對他的同代人身上的這種"異化"表示過不滿。不過我想，異化現象之所以發生在現代文化中，是因爲我們建立了一個遠爲錯綜複雜的科技社會。我們比古人更易爲人對事物的固定看法所因。我一來到倫敦就不禁要想: 現在這座城市再也不能與莎士比亞時代的倫敦同日而語了，那時的倫敦緊挨着鄉村——稍許漫步就到達田園了。

麥基: 這麼說，從歷史的角度縱觀異化現象，進而研究二十世紀人的狀況的特點，便是海德格爾完成《存在與時間》之後開始全力思索的問題，對嗎？

巴雷特: 是的。不過海德格爾後來的論述不太系統，還未達到他寫《存在與時間》時的那種系統井然。他後來主要關心的是詩歌和科技。他認為這個時代的哲學家的使命之一，就是要努力思考科技究竟牽涉到一些甚麼東西。對於科技這個課題，現代思想失諸膚淺、不可靠了。**你會發現人們對此抱着非常輕率的態度：他們要麼反對機器，要麼讚美科技。**海德格爾說，處於現在這個歷史階段的人，無論贊成或者反對科技都是毫無意義的。我們和科技已經密不可分。沒有了科技，整個文明就會崩潰。科技是我們生死存亡的賭注，是這場賭博的一部分。另一方面，原子彈的面世使人們普遍意識到這樣一個事實：科技還具有大肆破壞的功能。迄今為止，人們指責科技造成了許多局部性麻煩——如失業、污染等等。但人可以來個自我毀滅的想法，卻向我們顯示出技術這個複雜現象蘊藏着令人望而生畏的各種可能性。海德格爾後來所關切思索的, 正是在人的歷史命運中, 科技存在的根基何在? 而技術又可能把他帶向何方?

麥基: 他對詩歌的興趣和對科技的興趣有甚麼關聯呢——莫非他認爲這是同一事物相互對立的兩面?

巴雷特: 你説得對。你從當代哲學的其他分支中可以清楚地瞭解到, 部分哲學家存在這麼一種傾向, 即把語言當作一種形式演算, 一種能夠被操縱、被控制的工具。這種觀點表徵着技術性思維的延伸擴展。至於詩歌的問題, 在海德格爾看來, 詩

在人的歷史命運中, 科技存在的根基何在? 而技術又可能把他帶向何方?

歌是不受我們意志的支配的。詩人不能强迫自己寫詩, 它本是有感而發的。而我們作爲讀者, 也不能强求自己作出反應: 我們只能去感受詩歌, 讓它撞擊我們的心, 引起我們的震顫。海德格爾把我們文明中科技的躍升與它的浮士德式意志 (指爲了獲得知識和權力, 向魔鬼出賣自己的靈魂) 兩者相加, 指出這最終演變成權力意志

（will to power）。這裏有必要引用英國大儒培根（Francis Bacon, 1561－1626）的一句話: "我們必須把自然置於刑架上，逼迫它回答我們的問題"——這真是一種對實驗方法的戲劇性讚歌。然而，只要你靜心想想，即使我們把飽受折磨的、可憐巴巴的自然置於刑架上，我們仍然必須聽取它的回答。在某種意義上，我們必須開放心扉，才能聽得真切。到了一定的時候，我們的別扭必然讓位於我們聽到的一切。

麥基: 這使我想起你說的那個起點，也就是海德格爾同西方哲學主流傳統的決裂。即便是這一傳統框架內的革命哲學，像馬克思主義，也理所當然地認爲征服自然是人類的千秋事業，而且十分合理。但海德格爾的主要觀點之一，便是激烈地反對這一觀點。他認爲，如果我們真正想瞭解我們的處境——或者，換一種方式說，如果我們真正想瞭解現實——我們就絕不能把自己凌駕於現實之上，而是應該順應現實。你認爲這種見解與東方思想有本質上的聯繫嗎（就是那些通常使人們想到佛教和印度教或者整個東方哲學的思想）？

巴雷特: 我認爲是這樣。海德格爾後期的某些著作中有這樣的迹象，有時他間或提到道家哲學，有時還提到佛教禪宗。海德格爾甚至覺得，整個西方在現階段都在經受考驗。原子彈可能引起的後果迫使他不能不想到這一點。我們必須對這些可能性進行哲學的思考。一個熱衷於掌握一切、支配一切的文明，可能也有失去節制的時候。到了一定的時候，我們應當放棄突出自己，而聽從自然，順應天命。所以，也可以說這些觀點與東方精神有相近的意義。

一個熱衷於支配一切的文明，可能也有失去節制的時候。到了一定的時候，我們應當聽從自然，順應天命。

麥基: 剛才聽了這麼多關於海德格爾的真知灼見，我發現自己很難理解爲甚麼會有那麼多有才華的哲學家——像卡爾納普（Rudolf Carnap, 1891－1970）、波普爾（Karl Popper, 1902－）、艾耶爾（A.J. Ayer, 1910－）等人——竟會對他採取嘲笑和蔑視的態度。他們不僅在談話中，而且在公開發表的著作中詆毀海德格爾的著作，把它斥爲純粹的胡說八道，空無一物的詞藻堆砌。可我覺得，只要你讀一下《存在與時間》的第一

篇導言，你馬上就會發現，它決不是甚麼詞藻的堆砌，而是一部了不起的、具有深刻見地的力作。他爲甚麼會受到這麼多傑出人物輕蔑呢？

巴雷特：這個嘛，我並不想對哲學研究的狀況作出引人反感的評論，不過的確存在某種職業上的畸型現象。一個人若有了一種見解，這種見解又自然使他對別人的觀點產生了盲點。我想一個障礙是海德格爾選用的詞彙，初讀他的書是相當惹人不快的。但如果你讀讀他的德文原著，你會發現他寫得一手相當通俗的德文——如果你把他的文字同……就說黑格爾吧，比較一下，海德格爾的行文其實是非常清晰的。不過也得承認，哲學中始終存在對某些選詞的偏見。你剛提到卡爾納普——我曾經研究過他幾年，而我之所以對海德格爾發生興趣，部分地正是由於希望弄清這場紛爭的來由：難道海德格爾真像他們說的那麼糟？

麥基：也就是說，正是卡爾納普的攻擊把你引到了海德格爾身邊，而現在你則把他看作比卡爾納普偉大得多的人物？

巴雷特：對……。

麥基: 在我們結束海德格爾這個話題之前，我認爲
必須强調一點: 大多數分析哲學家（analytic
philosophers）對海德格爾的著作似乎都有一種
印象，他們把這種印象傳授給自己的學生，而又
由學生們不加分析地重複下去，他們的這種印象
根本是錯誤的。他們以爲海德格爾所傳的根本不
是真正的哲學，而事實上它是純粹的哲學。他們
似乎認爲海德格爾是要告誡我們如何生活——其
實正如你所强調的，他偏偏是要避免這種做法:
結果他們把他哲學中的描述性誤解成了指示性。
他們似乎還認爲，他的作品無非是一場大賣
弄——浪漫、浮誇、任性; 而事實上，至少《存
在與時間》的大部分内容都是由相當慢節奏的、
日耳曼人那種一絲不苟的描述性分析所構成的，
若非這些分析富有創見、令人興奮、意義深遠，
未嘗不會使人感到一種乾巴巴的學究氣。有鑒於
此，可見分析哲學家對海德格爾及其哲學的慣常
嘲笑和辱罵是多麼離譜，只能毫不含糊地反映出
辱罵者自己的無知。如果從個人的角度看，我想
他生前一定認爲這種做法是十分不光彩的，甚至
是不可饒恕的。當然他並不是哲學史上唯一受到
詆毀的哲學大師: 在有些情況下，這似乎是每一
個建樹突出的人必須付出的代價。

我們還是接着往下談。我想把另一個人物引薦到我們的討論中來。我在開場白裏答應説談談薩特的。我提出了這樣一個觀點：儘管薩特是當今最著名的存在主義者，甚至是大多數人在提起存在主義時唯一會想到的名字，但他並不是像海德格爾那樣富於創見的思想家。不過他也確實做出了貢獻。你認爲薩特對存在主義的貢獻有哪些特點？

巴雷特：我個人認爲薩特的一些小説和劇本遠比他的哲學著述更爲重要，但我也贊同説他是一個相當高明的哲學家。他的主要哲學著作是《存在與虛無》（ *Being and Nothingness* ），但這個書名離題豈止萬里。它既不是一本關於存在的書，也不是一本關於虛無的書。薩特對存在並無太多的感受。無論人們怎樣反對海德格爾，他們不得不承認，此人確實是滿腦子的存在意識。而薩特的書實際上僅是展現了笛卡爾主義中兩種意識的充滿張力的關係。戲劇的格調仍是笛卡爾主義，因爲薩特是法國人，而法國人都被逼急了個個都信奉笛卡爾主義。這兩個意識從來都是互不諒解的。它們是兩個相互曲解的主觀心靈：我，作爲主體，强制性地把你轉化爲客體；你則跟我對着幹。於是這種源自錯誤表達和錯誤理解的惡魔似的對話便不斷繼續下去。最後根本無法展開真誠的交流。所以，薩特的這本巨著實際上是一本關於真誠問題的書——我想這是法國文學從蒙台涅（Michel Montaigne, 1533－1592）到莫里哀（Jean Molière, 1622－1673），一直到布魯斯特（Marcel Proust, 1871－1922)的一個主要課題。

薩特最著名和最有積極意義的學說是他對自由的見解。這是一個對公衆心靈感召最大的學說，因爲它向人們展示了自由的毫無約束的景觀。作爲人，我們的自由是完全的、絕對的。沒有任何事物能在任何時刻阻止我們做衆多魯莽和危險的事情。

薩特最著名的學說是他對自由的見解，它向人們展示了自由的毫無約束的景觀。

麥基: 我想你的意思是說，例如我現在可以自由地拿起這個沉重的玻璃烟灰缸，用它砸碎你的腦袋；或者可以自由地跑到這座樓頂上再跳下去；或者跳上下一班飛機離開倫敦，永世也不回來。

只要我選擇這麼做，我就可以實實在在地去做這些事情，任何人也無法阻止我。我可以自由地在任何時候、採取任何行動——任何可以想見的行動，無論多麼極端、多麼暴烈、多麼乖張、多麼越軌，而且沒有任何人能夠用強制力阻止我去做。薩特反覆強調的就是，我們根本沒有正視我們現實存在的這一個方面。事實上，我們自設的處境比我們實際的處境遠爲受限制、遠爲不自由。其結果就是允許自己被傳統的和他人的思想支配，而這是不必要的。我們自己在生活中很少使用創造性的想像力，因而就喪失了更多自由。

巴雷特: 你舉的例子非常精彩，道出了薩特觀點中最值得質疑的東西。試問這種絕對的、全盤的自由發展到哪一點上就會變成病態的、破壞性的自由和自我破壞的呢？通常說來，**自由總是與責任聯繫在一起的**，我想保留這種聯繫。毫無疑問，傳統的確使一些人背上了過於沉重的包袱，窒息了他們自由的可能性。但我在想，我們迄今對傳統的窒息作用是否講過頭了。那些爲傳統所窒息的人本來就不一定具有多少個性。而蔑視傳統的人又大都拿不出自己的東西來蔑視傳統。在六十年代，我看到許許多多年輕人公開向傳統宣戰，

他們中許多人甚至輕率地使用存在主義的術語
"誠"（authentic）與"不誠"（unauthentic），
而其結果大抵都非常淺薄，毫無權威性可言。如
果他們切實地跟從於某些習俗，本來是可以形成
比較獨立的個性的；其中一些人甚至毀滅了自
己。有些傳統還存在積極的價值：説到底，語言
本身就是一種傳統，没有它你我就無法交談了。
如果你遵循傳統，而又具有創造性，你終究會是
超凡脱俗的——無須刻意追求也會如此。問題是
要保持平衡——薩特卻是喜歡渲染極端的。只要
你留意他的用詞，就會發現在他所提倡的自由中，
不由自主地充斥着各種破壞性的可能性。他告訴
我們，這個全盤自由是迅速變化的和令人眩目
的：就像站在懸崖峭壁上，我隨時都可以把自己
抛下去，甚麽也拉不住我。在這裏，自由的形象
就是自我毀滅的形象。

全盤自由就像站在懸崖峭壁上，隨時都
可以把自己抛下去，甚麽也拉不住。

麥基：但薩特用藝術手段突出這樣一個事實無疑是
正確的：即我們在現實生活中實際擁有的選擇和

自由在大多數情況下比我們希望面對的選擇和自由要大得多，不是嗎？

巴雷特: 藝術化的突出當然不錯。但問題是他是否把整體事物的某一方面過分戲劇化了。在這一點上，我認為海德格爾的見識遠遠超過薩特。如果你要尋覓自己的自由，最終只能是在日常生活的現實中找到。即便你超然獨立的、光彩奪目的完成了自由的飛躍（順便說一句，我認為將自由狹隘化為可以一舉成功是錯誤的），但最終你還得回到日常生活中來食人間烟火。你可以跳上飛機飛到天涯海角去開始新的生活——但與你同行的仍然是那個舊的自我。一個人可以不顧一切地做出魯莽的選擇，但其結果可能是南轅北轍。在他忽略了他之為他那個自我的情況下，雖然他表面上行使了自由，但事實上仍像以前一樣盲目——因而仍然是不自由的。

在海德格爾看來，根本的自由是我們對真理開放那種自由——行動的自由乃是附屬於它、後發於它的。如果我們的思想沒有經過啓蒙洗禮，那行動又有甚麼意義呢？對真理開放並不是一件容易的事，這是所有心理分析醫生都可以告訴你的。需作心理分析的病人看不到真實的情勢，因

爲他在自己的視綫中設置了重重障礙。在歪曲我
們每天遇到的環境方面，我們每個人都具有相當
可怕、相當怪癖的意志和能量。因此，退後一步，
聽其自然，還事物以本來面目，是十分難以做到
的。我們必須放棄（至少是暫時放棄）那種瘋狂
的自我表現，包括由此而生的一切扭曲行爲。後
期的海德格爾畢其餘生，一直致力於抨擊那種影
響着西方文明的權力意志，它深植於我們的人際
關係中。

麥基: 本質問題仍然在於你能否眞正理解現實或自
然，如果你在某種意義上使自己服從於它的話。

巴雷特: 是的──而且請記住自然也包括我們的人
性。我們不僅必須停止試圖支配物質世界，而且
也要停止試圖支配人──不僅是他人，還包括我
們自己: 我們必須停止試圖支配我們自己的個人
生活。正如心理分析所顯示的，人們可以同自己
處於交戰狀態，即意識與無意識的對抗。在某種
情形下，我們必須停止强制我們自身這一部分自
然，而必須順從它。海德格爾在這個問題上所提
出的僅是一種與詩一般的反思（海德格爾語），
因爲這種反思的對象是**存在**，而不是**可以被思維
操縱的客體**。這也許就把我們引向了存在的某些

非技術的方面。

麥基: 但是如果我們要繼續生活在這個有着橋樑、醫院和大腦手術的世界上，我們就不能不生活在一個高科技的世界裏，因而也就不能不進行一部分技術性思維。

巴雷特: 確實如此。這正是海德格爾的觀點。"反科技"的人士是徹底反權威的。他們缺乏清醒的和明智的歷史觀，不明白技術已是我們命運的一部分。**我們離開科技就無法生存。**科技在某種意義上就是我們的存在: 我們之所以成為現代人，部分是科技塑造我們的結果。所以科技根本是無法抗拒的。任何反科技的觀點都不是深刻思維的產物。然而，**科技也帶來許多問題。**例如，只要我們不把自己炸毀，我們現在所擁有的科技在一百年後就會變得陳舊不堪，變得微不足道，就像十九世紀遭到抗議的大量先進技術現在看來是那麼陳舊一樣。這意味着我們思想上尚未作好迎接

我們之所以成為現代人，部分是科技塑造我們的結果。所以科技根本是無法抗拒的。

準備的那些變革，早已在我們的生活中蓄勢待發。以遺傳控制問題或遺傳工程爲例: 難道我們已經想好我們打算排列出何種遺傳基因組合嗎? 你看，我們完全可以掌握遺傳工程的手段，但並沒有產生出把這種手段用於造福人類最高利益的智慧。

麥基: 不過我弄不清楚海德格爾跟這有些甚麼關係。他打算怎樣幫助我們作出這一類選擇呢?

巴雷特: 他提醒我們這樣一個事實: **除了技術性思維外，我們還必須進行另一種完全不同的思維。** 例如我在住所附近的林子裏散步，整個下午我都在邊散步邊思維。等我回到家裏，有人問: "你解決了甚麼問題? "我只好說: "我作的不是那種思維。我是在**反覆思考和調整我自己同我與自然之間的關係。** "當我經過這類型的思維之後，我覺得自己更加健康，更加完滿了。不過你想像得出那個問話的人一定會想: "真奇怪，他說他在思考，但他既沒有考慮任何問題，也沒有算計任何事情。"

麥基: 我也花很多時間沉浸在這種自我定向式的思維裏，所以我早已信服了這種思維的價值。不過它本身還是不夠的。儘管你談了許多，但我仍然認爲海德格爾哲學中沒有確定性結論是他的一種缺陷，儘管我承認這是一種純哲學的缺陷。難道我們甘於被動地通過學習他的哲學來瞭解我們所處的狀況嗎？難道我們的行爲方式、生活方式就不能因此而發生任何變化嗎？假如他進一步説（就像受他影響的神學家所作的那樣，就像西方人傳統上習以爲常的那樣）：世界的最終解釋在於它是由上帝創造的；上帝本着某種目的創造了世界和我們；我們生活的正確方式是與上帝的那些目的相一致的；上帝會一步步讓我們知道那些目的是甚麼——假如海德格爾接下去説這些話的話，那是一回事。但他並沒有這樣説。他並沒有給我們留下任何前進的指南。宗教世界觀既給了西方人關於宇宙的解釋，又給了他們一種價值體系，因而給了他們目標。對許多人來説，喪失對上帝的信仰使所有這些也隨之喪失了。我們許多人現在都覺得我們生活在一個沒有意義、沒有目的、沒有價值的世界上。由是我完全可以理解爲甚麼有些人會期待存在主義哲學對這些東西作出有意義的解釋了。但在我看來海德格爾並沒有作出這樣的解釋。

現在許多人都覺得自己生活在一個沒有
意義、沒有目的、沒有價值的世界上。
對此海德格爾未有解釋。

巴雷特: 是的，他並没有提供你所希望的東西。不
過你的期望很高，我懷疑哲學──任何哲學，是
否能夠滿足你的要求。近年來，哲學本身對它是
否能夠爲我們提供某種"絕對的教義"（即一套
連貫的理論體系）產生了疑問。不同的哲學學派
都反覆強調,哲學主要是一種闡述澄清性的活動。
還記得維特根斯坦那句非常簡單卻又極有份量的
話吧: "哲學留下的是一個原樣的世界。"它沒
有給我們帶來任何有關世界的新信息或新理論。
康德的遺訓已清楚地指出: 形而上學之能成立僅
在於它的管制性，而不在於它的分析性。**我們當
然不能指望哲學像過去的宗教信仰那樣，爲平常
百姓提供那樣生命攸關的東西。**

　　海德格爾和那些生活在同一個歷史時期的哲
學家一樣，很清楚這個歷史時期所強加的時代限
制。這個時代的哲學必須自我擔當一種較爲謙卑
的角色。他寫過這樣一個漂亮的句子: "哲學必

須學會再次屈尊到它所使用的貧乏素材中去。”
在我們還沒有徹底弄清問題之前便一頭扎進某種
新的哲學體系裏，這又有甚麼意義呢？我們只是
把一套假的解決辦法換成另一套同樣是假的解決
辦法——各種流行十年後又輕易被淘汰的體系。
以我自己的經驗，從學生時代至今，我已經前後
接觸了六種流行的正統學說，而且已經看到最後
一種又正在消亡。至於宗教，恐怕一切也是得從
頭來過。海德格爾堅持道，哲學家必須考慮到自
己所處的時代，必須意識到這個時代所特有的黑
暗面。我想是英國詩人阿諾德（Matthew
Arnold, 1822－1888）説的吧，他的話很有預見
性：我們處於兩個世界之間，一個已經死了；另
一個則無力出生。這也是海德格爾的想法，不過
他引用的是德國抒情詩人赫爾德寧（Freidrich
Hölderrin, 1770－1843）的詩句：我們處於逝去
的上帝和尚未出現的上帝之間的黑暗時期。海德
格爾自幼受天主教薰陶，他在天主教神學院時第
一次讀到康德的《純粹理性批判》（*Critique of
Pure Reason*），接受了康德的論點：即一切關
於上帝之存在並非不可辯駁。後來他轉到大學學
了一陣自然科學，爾後開始學哲學。此後他便没
有特定的宗教信仰了。他以“無上帝論者”自

詡——仿佛打算以此作爲個人歸宿。但在後來的一篇論文中他又說，"然而我的無上帝論似乎比哲學的有神論離上帝更近。"他從康德那裏保留了這樣一個信念: 通往上帝之路並不取決於理性的爭議和論證。我們之與上帝相通，應該是與純知識截然不同的東西。海德格爾既不是一個無神論者，也不是一個有神論者，而是一個爲重新認識宗教信仰的含義奠下基礎的思想家。

麥基: 我不是一般意義上的教徒，但在我看來，當我們讀完海德格爾的作品之後，那些根本的問題仍然存在。他對我們所討論的所有事情給了許多啓示，但我們依然面臨一個無法躲避的事實: 我們在走向死亡; 這便使我們產生出要在我們的生命中發現某種意義的強烈感性需要——但他沒有給我們留下關於它會是甚麼或甚至可能是甚麼的一丁點兒暗示。這裏有個怎樣走下一步的問題。我們將走向何方……? 海德格爾的哲學對我來說似乎並不是一個可以停靠的中途站。它本身並不是自成一種哲學，而更像是某一種哲學的前奏。

巴雷特: 它是一種哲學的預演，但決不是如邏輯手冊上所描述那樣的所謂預演。海德格爾告訴我們，他的思想爲之鋪平道路、使之最終出現的哲學，與我們現在的哲學可能會非常不同，甚至它根本不會再叫作“哲學”，像古希臘哲學與其先前的思想大大不同那樣。它或許會與我們現有的哲學大相逕庭。在這裏海德格爾是否過於不切實際了呢？那我們考慮一下這個簡單而又有目共睹的歷史背景吧：哲學產生了科學；現在科學技術到來了，改變了這個星球上整個人類的生活。對於人類已經達到的這種歷史存在的罕見水平，難道哲學提出了甚麼與之相稱的新穎看法嗎？也許這就是爲甚麼學院哲學再無法吸引哲學門外的人們注意的原因。只要我們仍舊停留在舊的框架內進行哲學思考，我們就只能用新的技術細節替舊哲學繡繡花邊，然後仍不免掃之淺薄。尋找新思路的努力不可避免地是滿載着試驗和摸索的。如同我剛才所說，海德格爾喜歡把自己說成是“一個在途上的思想家”。也許他進展得太慢了些，但我卻更喜歡海德格爾後期這種悠閒的步調。他本人不可能道出他的歸宿究竟在哪裏，否則他早就應該是胸有成竹了，但他卻一直堅稱自己是在途中。毫無疑問，這種摸索和等待的情況一定會使那些想擁抱大體系或皈依宗教的人極不耐煩，但捨此我們又有何作爲呢？

麥基: 在一些現代藝術中，人生活在一個沒有上帝的宇宙其感受是可怕的，例如法國作家貝克特（Samuel Beckett, 1906－　）的劇本《等待果佗》（*Waiting for Godot*）以最竭斯底里的方式表達了一個存在於漫無目的的世界上的人那種虛無和孤立。《等待果佗》中這種令人痛苦得不忍觀看的恐怖，在我看來卻是海德格爾著作中幾乎沒有提到的。

巴雷特: 你提及《等待果佗》，這非常有趣。我聽說海德格爾在德國看完這齣戲後說："那個人肯定讀過海德格爾的書。"順便提一句，《等待果佗》這個標題的重點在於"等待"——而**海德格爾說他的全套思想就是一種等待**。然而堅持這種等待就必須肯定一點：它是一種探索、一種追求。海德格爾沒有到達"上帝應許的土地。"（Promised land；《聖經》中上帝答應賜給亞伯拉罕的迦南地方）但他可能引領其他人順利到達彼岸。

海德格爾喜歡把自己說成是"一個在途上的思想家"。他的全套思想就是一種等待。

麥基: 總而言之, 存在主義在我看來似乎是一種前宗教的 (pre-religious) 東西。這就是說, 如果你按照這條哲學軌道走下去, 它留給你的終點恰好是宗教的起點——或許我應該這樣說: 它讓你面對着一種與宗教有關的終極抉擇。臨到最後, 要麼存在之確實存在終究有它的**意義**; 要麼是一無所有的。

巴雷特: 是的。只要哲學的對象仍然是終極態度的問題, 不論你在宗教領域採取甚麼樣的立場, 它終究把你引導到宗教的存在領域中去。

5

維特根斯坦的
兩種哲學

與

奎因頓
(ANTHONY QUINTON)

對談

麥基: 羅素和維特根斯坦（Ludwig Wittgenstein,
　　1889－1951）是本世紀英語世界中最有影響力的
　　哲學家，這是人所公認的。羅素既是偉大的哲學
　　家，又是傑出的社會賢達。他一生熱衷於社會政
　　治事務，當過播音員、記者和社會評論家，都給
　　大衆留下了深刻的印象。即便是對他的哲學不甚
　　了了的人，也多少知道一些他的大致觀點和解決
　　社會問題的獨特方法。他的哲學最傑出之處，是
　　高度的數學化和技術性，而這就決定了他的哲學
　　只有專家才能問津。維特根斯坦則別樹一格。他
　　純粹是一個哲學學者，不介入社會事務，即使在
　　自己的職業圈子裏也盡量不拋頭露面，發表的作
　　品很少。所以，在很長一段時間內，雖然他的影
　　響很大，但卻只限於職業哲學界。只是在近年，
　　他的影響才開始滲入整個思想界，影響着人們的
　　活動。不過，儘管爲數衆多的人開始知道維特根
　　斯坦了，但卻至今也不瞭解他究竟做了些甚麼、
　　這些事情重要性何在。我們下面的討論，就是仔

細介紹一下維特根斯坦的主要思想及其影響。這個艱難任務主要由奎因頓（Anthony Quinton）先生擔當，他是牛津大學三一學院（Trinity College）院長，已經在牛津教了二十多年哲學了。

在請奎因頓先生介紹之前，我先談談維特根斯坦本人的一些情況。他1889年生於維也納，1951年在劍橋去世，中年入籍英國。他的父親是奧地利最財雄勢大的鋼鐵業鉅子。由於家庭環境的影響，他自幼對機械發生了濃厚的興趣，這也決定了他的學業前程。他父母送他到一所數理專科學校學習機械工程。十九歲那年，他到了英國，進入曼徹斯特大學研究航空工程。在那裏，他被"數學的哲學基礎"的問題深深吸引住了。在讀了羅素的《數學原理》（*The Principles of Mathematics*）一書後，他感到茅塞頓開，隨即放棄了工程學專業，跑到劍橋，在羅素門下學習邏輯。他用了極短的時間，寫出了至今仍被衆人推崇爲天才之作的《邏輯——哲學論》（*Tractatus Logico-Philosophicus*）（通常被稱之爲《小冊子》〔*Tractatus*〕）。這本書於1921年和1922年分別在奧地利和英國出版，是在他生前出版的唯一一本書。這本書短得像一篇論文，但卻無疑是本世紀最具震撼力的哲學著作之一。
不過，當這本書的影響日益擴大的時候，維特根
斯坦本人卻對它越來越不滿意了。他竟然認爲這
本書從根本上就是錯誤的，並且重新建立了一套
新的哲學來與它分庭抗禮。在他有生之年，他
只對自己的學生講述這種“後期哲學”，他的
學生則把這種哲學在劍橋傳播開了。他去世以
後，收集了他的後期哲學思想的書大量出版了，
其中最重要的是1953年出版的《哲學研究》
（*Philosophical Investigation*）一書，其影響
不亞於《小册子》。

　　一個天才哲學家創造出了兩種截然不同的、
互不相容的哲學，這真是哲學史上獨一無二的現
象，更不用說這兩種哲學都深深地影響了整整一
代人了。我們就從維特根斯坦的早期思想，即他
在本世紀二十年代寫的《小册子》開始，來展開
我們的討論吧。

討——論

麥基: 《小冊子》這本書很短，在標準印刷版面上還不到八十頁。這本書的中心思想是甚麼？

奎因頓: 簡單說，這本書論述的中心問題是: **語言為甚麼會存在? 為甚麼語言在使用中能達到語言的目的?** 至於語言的目的，維特根斯坦認為那就是描述世界、陳述事實，告訴我們何者為真，或者，在不能告訴我們何者為真時，告訴我們何者為假。

麥基: 許多人也許會納悶: 怎麼這也成了問題? 語言就是語言，天經地義，理所當然，為甚麼語言的存在會是個哲學問題呢?

奎因頓: 如果我們或多或少用點統計學方法來觀察世界，那就會發現，世上許多事物都是互為因果地彼此作用的，如巖石撞擊巖石、月亮影響潮汐等等，這是自然界的情況。但世界上還存在着一種更高級的現象，即具有智慧的生物相互溝通、相互描繪。而使人和純粹自然物揖別開來的東西，正是語言的應用、理解；語言是我們精神生活的基本特徵。人們的交流，絕大部分是通過語言進行的。維特根斯坦正是在語言這個一般人認爲不成其爲問題的問題上大做文章，就像牛頓嚴肅地問"行星爲甚麼不向四面八方發散出去"；"手中的石頭爲甚麼會在手鬆開時下落"一樣。維特根斯坦的問題就像牛頓的問題那樣天真質樸和具有根本性。

麥基: 是不是可以這樣表達: 人類有思維、相互交流的能力，因而我們可以用不同的方式來應付各種不測。這部分是由於我們擁有語言。而這樣一來就產生了兩個問題: 第一、語言和世界的關係是甚麼? 第二、語言和思想的關係是甚麼? 這兩個問題正是《小册子》所要説明的中心問題，是這樣嗎?

人類的能力源自語言。但語言和世界的關係是甚麼? 語言和思想的關係又是甚麼?

奎因頓: 正是這樣。在維特根斯坦以前，人們已經

對這類問題作過些零零碎碎的探討。《小冊子》的魅力在於，它以最高度的概括性將語言問題重新提上理論研究的日程表上，並且對這兩個問題都作出了回答，儘管初看起來它們不太像答案。維特根斯坦說：語言通過描述世界而代表着世界。他又說：命題（propositions）是事實的畫像，同時，命題又是思想的表達，或者說是表達思想的工具，是我們用以思想的媒介。

麥基：這裏是不是還有着問題的另一方面，即維特根斯坦注意區分了語言能够描述和不能清楚描述的東西；他不僅要弄明白語言能做些甚麼，而且也要弄明白語言不能做甚麼，同時是在確定甚麼是不合邏輯地使用語言。

奎因頓：這是他整套思想體系的本質特徵，而且或許是其最具有影響的特徵了。維特根斯坦堅持道，語言的界限是可以清楚說明的。語言本質上確確實實是將事物的特徵形象化。有一次，他聽說人們用模型來描述交通事故現場（我猜想這是在法國的某個法庭上進行法庭調查吧），竟然像古希臘數學家阿基米德（Archimedes,公元前287－212）在一次洗澡時思考出了一條數學定理而高興得忘乎所以那樣到處叫喊："我想出來了!"

"我發現了語言的本質!"維特根斯坦發現: 信念給語言加上了許多嚴格限制, 要求語言必須準確地反映有客體參與的事件的狀況, 這給語言表達以非常清楚的限制。但需要強調的是, 維特根斯坦認爲, 語言和世界聯繫的本身是不可能用語言來描述的, 或者説是不能用語言來窮盡的。

麥基: 維特根斯坦的理論常常被稱爲"意義圖象説"（picture theory of meaning）。你剛才也强調説, 維特根斯坦本人確實認爲語言是形象性的。但大多數人很難理解"語句是事實的圖象"是甚麼意思, 他們肯定會問: 語句怎麼會是某個事物、事實的圖象呢? 你能解釋一下嗎?

奎因頓: 好吧。維特根斯坦的意思是, 一般語言的語句看上去的確不像圖象, 但凡是能够成立的語言, 就必然能分析或分解成一系列如圖象般的基本子句。這些子句純粹是由描述對象的名稱組成的, 而且子句中名稱的排列反映的是描述對象的排列。

麥基: 換言之, 維特根斯坦認爲, 要分析關於世界的語句, 就必須把這些語句簡化成代表事物名稱的概念。他還認爲, 語句中詞與詞之間的聯繫同世界上事物與事物之間的聯繫是對稱的，這樣，語句就能像圖象一樣表達世界。

奎因頓: 正是這樣。他正是從這些基本原理出發討論問題的。由此出發，他強調任何真正的命題都必須具有確定的含義，而要做到這一點，命題的基本特性是形象化。不過他並沒有舉出形象化命題的例子。儘管那些受他影響的哲學家卻主動提

語句可以簡化成代表事物名稱的概念。而語句中的詞與詞間的聯繫同世界上事物間的聯繫是對稱的。

供了這種例子，但他本人卻避免這樣做。他只是說，一定能夠證明這種最基本的形象化命題是存在的。

麥基: 在日常談話中，人們頭腦裏首先出現的問題通常是: 人們說的許多事情都是不準確的，或不真實的，意即人們講的事情與世界上存在的事物是不盡相符的。"意義圖象說"怎樣解釋這種情況呢？

奎因頓: 那種問題問的是既成語言的表層現象。就

語言本身而言,對象能够用各種各樣的方式排列,我們給予這些對象的名稱也能够用各種各樣不同的方式來排列。**一個有意義的命題,就是一堆名稱集合在一個許可的結構中,名稱排列的可能性與對象排列的可能性相對應。** 因此,一個有意義的命題能够描述事物可能出現的狀態。如果命題所描述的對象的排列與在命題中對象名稱的排列是對應的,那麼,該命題便是真的;如果兩種排列是不相對應的,那麼,該命題就是假的。名稱可以移位,構成各種各樣的結構。這些結構中大部分只表示事物的可能性狀態。名稱的變化和排列只有同描述對象的排列以同樣的方式進行時,命題才是真的。

麥基: 日常生活上和哲學上的許多事情都不是可以簡單地用事實概括的, 如道德判斷, 藝術鑒賞等等——"意義圖象說"怎樣解釋這類問題呢?

奎因頓: 維特根斯坦沒有解釋道德的和藝術的判斷。嚴格説來, 它們不屬於語言。

麥基: 噢? 這太奇怪了。

奎因頓: 維特根斯坦認爲, 倫理學是先驗的 (transcendental), 它不涉及事實, 而語言的真正功能在於描述事實——如果可能就進行真實的描述，不然就進行虛假的描述，但無論如何描述都要有意義，這就是語言的本質。

麥基：那麼我來簡單總結一下吧：當人們說出一個有關世界的句子的時候，他們是以事物可能進行排列的方式，對名稱進行排列。如果這種排列在現實世界中存在，那麼陳述可謂之真；如果在現實世界中並不存在，那麼陳述便是假的。如果句子中的名稱是以事物在世界上不可能有的方式排列的，那麼所說的話是沒有意義的。所以，這裏存在着三重分析：真、僞、無意義。

奎因頓：完全正確。

麥基：整個"意義圖象說"是以某種本體論（ontology）爲前提的，即假定存在的東西一定具有某種特徵，並據此獨立於我們和語言世界；世界最終是由簡單的對象組成的，而且這些對象之間能夠以特定的方式相聯繫。

奎因頓：這恰好是維特根斯坦在《小册子》這本書的開首所講的。他義無反顧地強調世界由事實組成；事實是對象的排列；對象必須是簡單的（用你的話來說）。人們只要翻開他的那本書就會看到這些斷言。但是，後來這些斷言又獲得了以下補充：語言必須有明確的意義，而語言只有在它具備一定的結構時才能有特定的意義，因此世界必須具備同樣的結構，以便能用語言來表達。

麥基：那麼那些不可言傳的東西呢？維特根斯坦的語言理論是怎樣解釋那些無法以言語表達的東西的？

奎因頓：談到所謂不可言傳的東西，我們前面提到，維特根斯坦認爲語言與世界之間的關係本身是無法弄清的。這是該套理論在哲學上最重要的特徵，也是《小冊子》致命的自相矛盾之處。在書末作者說，"任何一個懂得我的命題的人都將最終認識到它們是沒有意義的。"然後他又試圖緩和這個矛盾，要人們把他的話當作一副梯子，人們攀登到一定的理解水平之後就可以一脚踢開。本來，他的命題是，語言和世界必須具有同一種特定的結構，這個結構使語言表述世界成爲可能。後來他又說，這不是靠語言表述就可以分析清楚的；這個事實在語言中體現，但語言卻不能用來說明它。按這種論理方法，他的哲學難免會招來自毀長城之譏。

> 維特根斯坦要人們把他的話當作一副梯
> 子，攀登到一定的理解水平之後就可以
> 一腳踢開。

麥基：維特根斯坦是說，如果用句子來反映世界，
那麼句子中的名稱和世界上的對象之間不僅要存
在一對一的相互對應關係，而且必須存在一個結
構，這個結構對於句子來說是內在的，它能把句
子中的名稱聯繫起來，就像世界上事物內在的結
構把客觀對象聯繫起來一樣。正是這兩種**結構**的
互相對照和認同，使得語言表達成為可能。這種
認同本身就是意義，因為它使語言與世界掛鈎。

奎因頓：正是這樣。

麥基：對於命題而言，這種結構就是他所謂的命題
的邏輯形式（logical form）如前所述，它反映現
實賴以存在的結構。但是，這種圖象關係自身不
能被圖象表示出來，因此，它本身也就不能用語
言來表現。所以，關於語言和現實之間的實際聯
繫的關鍵，是沒有甚麼可說的。一個命題的邏輯
形式表示一種結構，它使該命題具有意義。但是，

這個結構是甚麼，卻是不能用語言來表達的。這就是所謂能够顯示出來但卻說不出來的東西。

奎因頓: 一點也不錯。

麥基: 那麼，爲甚麼人們認爲這種學說很了不起？爲甚麼它會產生如此巨大的影響呢？這個理論太怪了。準確地說，我認爲它有一些明顯的缺陷。其中之一是它略去了一些相當重要的東西。例如，語言最富有表現力的、最微妙和最深奧的用法，毫無疑問是存在於創造性的藝術（詩歌、戲劇、小說等）中。但是維特根斯坦的理論對語言在這方面的用法毫無解釋。你同意這種批評嗎？

奎因頓: 維特根斯坦的理論是有局限性。但我認爲，如果硬要爲他的理論辯護的話，維特根斯坦會說，語言的所有其它用法——只要它們是嚴肅地使用而不是搞文字遊戲——也首先需要把語言作爲描述事實或描述世界的工具來使用。至於爲甚麼人們認爲這個理論是重要的——你剛才提到，這個理論既奇怪，又重要，似乎很矛盾——我一直認爲，它之所以獨具魅力，原因之一正在於它確是奇特。人們可能覺得，《小冊子》是一部出言不遜之作。在書的前言中作者聲稱："我認爲所有哲學問題的最後答案都包括在本書中了。"他後來的言行與他這種自我評價是一致的: 一旦完成了《小冊子》, 他竟然放棄了哲學研究達十年之久。總之, 維特根斯坦理論的奇特性正是其魅力的一部分。除此之外, 他的文采也相當好, 其中那些短小、含蓄、格言一般的句子, 就像從狂風中傳來的叫吼。書中的第一句話"世界是存在着的一切事物"（The world is everything that is the case）, 便是令人費解的妙語之一。而全書的結束語"對於我們不能說的, 就保持沉默"（What we cannot speak we must pass over in silence）, 一眼看上去像是明擺着的道理。但

完成《小冊子》後, 維特根斯坦就放棄了哲學研究達十年之久。

是, 人們接着就會認識到, 這並不是一句平庸空泛的大白話。維特根斯坦說, 他全書的中心思想, 是爲了確立所有能够被理解的表述的極限。

麥基: 使讀者無一不爲之一震的, 還有《小冊子》的寫作方式。全書不是連貫的直叙, 而是由一些很短的段落構成。而段落劃分則是根據一個複雜

的多層次劃分（這種方法後來被爲數可觀的書仿效，而且這些書不全是哲學方面的）。很多段落只有一句話。正像你剛才已經指出的，這些段與段之間的聯繫並不總是很清楚的，它們的意思也不總是很清楚的。爲甚麽他用這種幾乎是古時煉金術士的神秘奧妙方式來寫作呢？

奎因頓: 這首先歸因於他是一個在各方面都非常愛挑剔的人。他的每一個讀者都可以察覺到他在學術上要求苛刻。他憎恨那種被稱之爲資產階級學院哲學的東西，即把哲學當成行業，看作是朝九晚五從事的按章工作，你用一部分時間來從事這種職業，然後便去過你自己的生活，與哲學毫不相干。維特根斯坦是一個道德感極強的人。他對自己、對自己的工作都極端嚴肅。當他工作進展不順利時，他就陷入絕望和痛苦的狀態中。文如其人。他的爲人處世方式自然會從他著作的字裏行間映現出來。這意味着，他不理會，或者說鄙視那些以悠閒、輕鬆、辦公和職業化的方式弄出來的哲學，他與那種哲學毫不相干。具體點說，維特根斯坦不想使自己的思想來得太易懂，或者說他不願讓人們竟能一目十行地讀他的書，不費氣力地理解他的思想。他的哲學是要改變讀者整個精神生活的工具，但他又使通向這一道路的障礙重重，舉步爲艱。這一意圖可算作他採取那種寫作方式的理由。

麥基: 維特根斯坦的這本專著確實是篇佳作。書中的語句氣勢蓋人，耐人尋味。讀過那本書的人數年以後還能回憶起其中的話。我認爲維特根斯坦是像柏拉圖、叔本華、尼采那樣罕見的哲學家的一員，他們都同時是偉大的作家，偉大的文學藝術家。

奎因頓: 我完全同意你的看法。他確實是一個有强烈意識的藝術家。他有卓越的思維能力，並且是有極好教養的人。他把自己的思想精華注入了《小册子》之中。對於他的這本書，我們斷不可以因他常出大言、語言咄咄逼人而以爲是自負之作。在我看來，他思想的文學外觀與其思想的嚴肅性是天作之合。

麥基: 在我們把視線從《小册子》移開之前——像維特根斯坦自己做的那樣——如果你能總結一下我們談話的要點，把它串成一個理論整體，那就再好不過了。

奎因頓: 維特根斯坦的首要觀點，也就是《小册子》所闡述的最基本理論是，命題就是圖象。但維特根斯坦決不僅僅是在打比方。他對待"命題即圖象"這一想法的態度非常非常嚴肅。由於他堅持認爲命題完全是不帶誇張的圖象，這就導致了第二個理論觀點: 圖象具有與它們所圖示的景象相一致的構成要素。命題從根本上說是組合性的東西，正如句子是由不同的詞組合而成的那樣。命題是由詞組成，這些詞起着名稱的作用，這些名稱直接地與成爲語言對象的事實的各個部分相一致; 名稱在句子中的排列與對象在事實中的排列是一致的。由此推出的一個論點是，語言要表達世界，它就必須反映對象的排列，反映對象彼此相聯的各種可能性，因爲現實世界實際上就是那些對象的具體排列方式。由此又有了這樣的推斷: 論述性語言（discourse; 語言使用中最重要的部分）中最基本、最有意義的内容，是用圖象來表示組成世界的事實。因爲人們的日常用語與此說法大有出入，於是維特根斯坦還談到了論述性語言的其他各種形式。爲了使他自己的圖象理論能够解釋更多的語言現象，維特根斯坦又提出這樣一個思想: 用語言表達的真正有意義的命題，即使它們有的本身並不是反映對象的簡單直

接的圖象，但它們都能被分解成許多簡單的圖象
式命題，或者説可作爲圖象式命題的集合而被分
析。這實際上是説，哲學的正確方法是分析，因
爲它能够把潛藏在語言背後的奧秘揭示出來。維
特根斯坦的這種思想，後來成了一種非常有影響
力的理論。維特根斯坦從來沒有舉出任何基本圖

用語言表達的眞正有意義的命題，可作
爲圖象式命題來分析。這實際上是
説，哲學的正確方法是分析。

象式命題的例子——也許我們日常生活裏所説的
話根本上沒有一個可以充當這種例子。但是，他
在此所定下的框框，即如果語言要有意義，就必
須有特定的含義，而這種特定的含義就是語言作
爲圖象的功能。這必然導致他的第二個命題，即
如果有些語言本身不是一個圖象，那麼它要有意
義的話，就必須是一個複合圖象。

還有一類非圖象式語言，或者説這部分語言
即使被當作圖象看，人們也不知這些圖象表示些
甚麼，這就是必然性真理（necessary truth）的
領域，即邏輯學和數學的命題。你提到過，維特
根斯坦在羅素門下學過邏輯學，而《小冊子》正

是由於他與羅素一起研究邏輯學後產生靈感才寫成的。這本書全名之所以叫做《邏輯——哲學論》，因爲它是在邏輯學的新發展的鼓舞下進行的哲學研究。羅素曾把邏輯學大加系統化。繼德國邏輯學家弗雷格（Gottlob Frege, 1848－1925）之後，羅素提出邏輯學和哲學是一個相互聯繫、不可分割的體系，這種思想深深地影響了維特根斯坦。他沿着這條路走下去。他看到了邏輯命題和數學命題與描述世界事實的一般命題之間存在着的巨大差異，並對這種差異做出了解釋：邏輯和數學的命題都是同義反覆和等式，等式只不過說明了其兩極以不同方式表達的意義是一回事。等式不傳達關於世界的實質性信息，只說明我們的複合論斷是相互關聯的，以至於一個論斷的組成部分往往包含在另一個論斷之中。當一個命題的基本圖象構成包含着另一個命題的組成部分時，這第二個命題便是第一個命題邏輯推理的結果。當第二個命題中的一切組成部分已是構成第一個命題的組成部分時，說第一個命題是真而第二個命題是假，那是不可理解的。維特根斯坦在《小册子》關於基本邏輯定理的段落中，正式發展了這種思想，而這一思想使他的主題大爲充實。他的這個思想並非前無古人。英國哲學怪傑休謨

（David Hume, 1711－1776）就以其他方式提出過。但是，維特根斯坦的理論意義在於，他以清晰無比的語言論述了**邏輯推理同義反覆的特點**，以及**斷言邏輯規律在正確的邏輯推理中是如何起作用的**。

維特根斯坦以清晰無比的語言論述了邏輯推理同義反覆的特點，以及邏輯規律在正確的推理中是如何起作用的。

還有一個問題應該提一下，就是他關於"何者爲不能説"的理論。維特根斯坦對語言抱着極爲嚴謹的態度，即他强調語言描述世界的意義界限，也意味着他認爲世界上肯定有語言不能表達的東西。例如，語言不能談論價值，因爲價值不是世界的組成部分。因此，進行道德和藝術價值的判斷，都超出了語言的意義界限。但維特根斯坦並没有明確提出究竟甚麼是不能説的東西。另外，他認爲那種試圖把世界當作一個整體來談論的傳統哲學是站不住腳的，因爲分析世界的唯一途徑是描述組成世界的具體事實。他所提出的最怪的理論是：語言和世界的關係——從本質上講，即語言的組成部分和世界的現實組成部分之

間在形式上一致——是不能用圖象表示出來的。用圖象表示世界，是命題自身固有的性質。命題和世界之間的聯繫不是我們能解析出來的東西，因此，我們不能談論它。然而矛盾的是，維特根斯坦恰恰正是在談論它。這是他完全承認的一個矛盾。他在書的結尾寫道，任何一個懂得他的命題的人都會認識到它們是沒有意義的（這話有幾分嚇人）。然後他便來沖淡這古怪的説法，説沿着他提供的梯子爬到高處的人，可以將這梯子踢開。

麥基: 我想，人們聽説維特根斯坦認爲數學和邏輯根本不反映世界時，定會大吃一驚。數學在實際生活中得以大量應用，修橋、築路、蓋摩天大樓、造飛機，無一不應用數學，而且數學眞起作用。既然數學是這些活動的組成部分，怎麼能説它不反映世界呢?

奎因頓: 數學説明兩種表達式之間的意義的一致和差異，它是在這意義上應用於世界的。一個複雜的數學推理最終不過是重申已經説過的東西，這些東西也許隱含在假設、前提裏。當然，數學非常重要，因爲世事我們往往知之不清，而數學和邏輯爲我們提供了一種技術，使我們能把説出的東西轉換成另一種形式; 但是，在借助邏輯和數學實現的轉換形式中，我們實質上仍然在說同樣的東西，或是說着部分同樣的東西。舉一個最簡單的例子：2＋2＝4。這意味着甚麼呢？如果我往兩邊口袋裏各放兩個蘋果，那麼我就放進了四個蘋果。這只是用兩種不同的方式來說明我所做的事情。維特根斯坦認爲，即使是最複雜的數學命題，其基本特點也是如此。當然，其複雜性使得要說明的東西不明顯了，因此，清楚地表達邏輯和數學道理的公式是不可或缺的。

2＋2＝4；我往兩邊口袋各放2個蘋果，那麼我共有4個蘋果。這是兩種不同的敘事方式。

麥基：那麼，當維特根斯坦開始對以《小册子》爲代表的整個哲學不滿意時，他又做了些甚麼呢？

奎因頓：也許應該說說維特根斯坦在中斷哲學研究後那一段時間做了些甚麼。你在前面已經介紹了，維特根斯坦起初在曼徹斯特學習工程學。後來他對數學的本質發生了興趣，開始研究羅素，並到劍橋與羅素一起工作。在這個時期，他苦苦思索，獨來獨往，通常只和一兩個人（主要是羅素）談話。《小册子》中的哲學在某種程度上反映了這一點：這是一種帶有強烈個人色彩的哲學。在他這時的哲學中，沒有一點認爲語言是通訊工具的意思。他只強調語言是向人們自己報告的工具，描述的工具，並沒有突出語言作爲交流媒介的作用。

麥基：的確沒有任何關於語言作爲社會機制的意思。

奎因頓：如前所述，在完成了《小册子》之後，維特根斯坦認爲他已經找到了所有問題的正確答案。於是他一度放棄了哲學研究。在二十世紀二十年代，他當了幾年小學教師，然後又到一個修道院裏當了花匠，還幫他姐姐設計了一座房子。直到二十世紀二十年代末，他才重拾哲學研究。他與許多後來成了維也納學派（Vienna Circle）的顯要人物進行討論，重新勾起了他對哲學的興趣。他的晚期哲學從此開始發展。起初，他好像頗安於維也納學派對他的哲學思想的解釋。但是，他很快改變了初衷。1929年，他回到劍橋，在第二次世界大戰把他也捲入各種戰爭工作以前，他曾以多種身分在劍橋工作。在這一期間，他創造出了與其早期哲學不同的哲學。這種哲學不尋找關於語言本質的某種明確的、固定的、抽象的原理，而是把語言看作是一種自然的人類現象，一種在我們身邊不斷發生的事情，亦即一系列複雜的、重迭交錯的、相似或不相似的人類實踐活動。總之，維特根斯坦後期哲學的基本特徵是，語言被解釋成本質上是一種社會現象，而且這種現象只有在一定條件下才是可能的，那就是，必須有兩個以上的人共同接受的語言規則，這樣，任何一個人在說話時違反了規則，都能由他人來糾正和改進。

維特根斯坦後期哲學的基本特徵是，語言被解釋成本質上是一種社會現象。

麥基：我認爲，理解維特根斯坦後期哲學，進而認識它和早期哲學的差異的捷徑，是研究它們對意義的兩種不同的比喻方式。在維特根斯坦的早期哲學裏，意義被看作是用圖象表示的關係。在其後期哲學裏，它都被看作是一種工具的應用：一句話的意義被看作它擁有的所有意義的總和。如你剛才所說，這就把意義與人的活動聯繫起來，並且最終與人的整個生活方式聯繫起來了。這種從圖象作比喻到工具作比喻的轉變，無疑是一個

根本的轉變。其他的變異都發端於此。你能從這裏接着談一談嗎?

奎因頓: 好。剛才你講的那些, 最好用另外一個比喻來表達。這個比喻出自維特根斯坦不斷拿語言的使用與玩遊戲這兩者作比較。這一比喻後來變成哲學中的重要技術名詞, 叫做"語言遊戲"。

麥基: 請允許我插一句話。我認爲這個比喻一向招來不少批評。維特根斯坦總是談論語言遊戲, 説語言的運用是一種遊戲。於是許多人就認爲, 在他眼中一切話語都是不莊重的。這個比喻也强化了一些人對語言哲學的偏見, 他們説: "那不過是文字遊戲而已。"

奎因頓: 啊哈, 這當然不是維特根斯坦的本意。他不過是要人們注意遊戲的兩個特點。一點是, 遊戲是要遵守規則的。由此便招來了很多問題: 怎樣變更一種遊戲的規則? 不同的遊戲怎麼會多方面地彼此相像? 這 問就引出了遊戲的第二個特點, 即沒有一個特點是所有遊戲共有的。於是維特根斯坦説, 遊戲是通過嫡親相似性 (family resemblance) 彼此相通的, 而這也適用於語言, 適用於語言的各種用途: 詢問、詛咒、祝賀、祈禱,等等。我認爲,把語言比作遊戲,似乎意味着上面所列舉的那些語言行爲屬於娛樂、消遣之列。而你提到的, 或者說被一些人誤解的那個比喻,是維特根斯坦將語言與一套爲了某種目的而使用的工具進行類比。所以, 在維特根斯坦看來, 語言就有這樣兩方面: 它是一種有目的的行動, 但執行這些行動又要同時遵守傳統的和可變的規則。

麥基: 關於意義的這種新解釋,對哲學以外的學科,尤其是對人類學和社會學有很大的影響。你能談談這方面的情況嗎?

奎因頓: 在談這個問題之前, 首先需要說一說他後來的哲學觀。這一哲學觀與他早先的哲學觀有一脈相承之處。借用《小册子》的話來說就是, 哲學從本質上說是一種行動, 而不是一種理論。哲學是人所從事的活動, 而不是一套可供講述的學說(這一點他在《小册子》裏講得很明白, 但在《哲學研究》一書中卻只是說, 人們不應該提出哲學理論, 因爲哲學理論只能增加混亂)。哲學家應該收集語言的各種不同的實際用法, 以及各種互有區別、但又非截然無關的語言遊戲。對語言用法加以清理, 是爲了防止人們被容易引起誤解的類比引入歧途。他舉的最突出的例子就是,

"我覺得痛苦"和"我痛苦"這兩句話，人們容易從這些話中覺得，痛苦是某種確定的、可辨認的、屬於個人的、我們內在地感受到、可以傳報給別人的客體。《哲學研究》一書很大一部分篇幅，就是要消除那種語言是圖象的觀念，即那種認爲當我們訴說自己的內心體驗時，我們是在描述自己的經歷的觀念。

麥基：毫無疑問，這時他所批判的圖象觀念正是他早先的語言理論的中心思想。你看我這個意見對不對：維特根斯坦發表《小册子》時，他完全被某種語言理論即圖象論迷住了。後來，他意識到那種理論是錯誤的，並且已經導致了錯誤的哲學。通過這一經歷，他得出結論，即思想在上升到哲學理論之前，最好先對它本身進行一番考察，看看語言如何可能並且如何確實地使我們誤入歧途的。後來這就成了他的哲學思路，即大力考察語言概念的錯誤如何導致了人們在認識世界上的錯誤。

奎因頓：《哲學研究》的很大篇幅是對他早先學說的批評，這是毫無疑問的。書的四分之一部分主要是批評"詞即名稱"（ words are essentially names ）這一觀點。維特根斯坦認爲，名稱的運用只是衆多語言遊戲中的一種，它只是語言的一個組成部分。他想説明，僅僅爲了理解一個試圖告訴我們“某物的名稱是甚麼”的人的行爲，我們就得具備相當的語言知識。因此，給事物命名並沒有甚麼絕對的或根本的優先地位，它只是語言運用的結果之一而已。從這一點出發，他批判了自己早先那種認爲客體和命題歸根到底是簡單的觀點，强調簡單總是與某一次特定的研究相對而言的。結果，他轉而認爲語言是一種公開的社會存在，而不是某種可以純粹通過頭腦的推理便可確定其性質的東西。

麥基: 人們常常把這些觀點和心理分析（psycho-analysis）相提並論。維特根斯坦説過，我們對現實的看法會由於語言錯誤、概念錯誤而被歪曲。在這種情況下，找出問題的癥結並解決它，就成了哲學的任務。這無疑是把哲學活動看作相當於治療方法似的東西。而這又很像心理分析的創始人弗洛伊德（Sigmund Freud, 1856－1939）所説的，心理分析家在解決某些感情難題時應當做的事。你認爲這二者之間真有相似之處嗎？

奎因頓: 是的。維特根斯坦在其後期哲學中避免談理論，正像弗洛伊德的心理分析避免説“你的病根就在於你瘋狂地愛着你母親”那樣，原因是這

樣的空談不會帶來任何的療效。在弗洛伊德那裏，
治療過程必須比這迂迴得多。必須讓病人回憶起
他曾有過的所有想法和感情，使他認識他無意識
地做的那些事情。維特根斯坦則要說明，語言隱
含東西的方式不同。要對沒有哲學慧根的人說明
的是，人們進行語言遊戲有一定的規則。這種人
往往被詞語在不同遊戲中的相似用法搞糊塗了，
把一種遊戲規則應用於另一種遊戲，結果陷於困
境。他們認爲，在商店裏可以用說"這是自行車，
那是電視機，那是麵包架"的同樣規則去說"我左
膝很疼，我想喝水，但願今天是星期五"這種身心
感受。你可能認爲這是兩件完全獨立的事件。但
事實上人們在自我描述時，並不僅僅是在列舉在
他們身上發現的東西。維特根斯坦認爲，要弄清
這一問題，就要考慮語言的自然背景，把人們叙
述某些事情時的所有環境因素都納入通盤考慮之
中，還要考慮人們叙述那些事情時所特有的行爲。

麥基: 還是再請你談談維特根斯坦哲學在哲學的領
域以外發生的影響，可以嗎?

奎因頓: 你提醒得對，我還沒有回答這個問題。維
特根斯坦哲學具有各種不同層次的影響。我認爲
從實用的角度可以分爲三個層次。第一層次是,

他否定了自己過去的觀點，認爲哲學不應當提出理論；哲學應當逐漸地清除混亂，而不是提出普遍適用的一般原理。他使人們普遍接受了一個信念，這就是，爲了瞭解我們用以談論自己和他人的內心活動的語言，首先必須注意人所處的環境以及他們本身的行爲。我這並不是說維特根斯坦是個行爲主義者，或是說受他影響的人是真正的行爲主義者。我只是說，要理解我們談論內心活動的方式，就需要把行爲和環境考慮進去。他這個理論對哲學家產生了廣泛、直接的影響，現在人們已不可能再按以往那種笛卡爾的方式談論我們關於頭腦的知識了，不管是我們自己的頭腦還是別人的頭腦。笛卡爾假定，世界的內容是由兩類完全不同的東西構成的：一類是可感覺的世界，它是固態的、可見的、存在於時空中的；另一類是思想和情感的內心世界。但我們知道，這兩個世界是非常緊密地聯繫在一起的。的確，談論內心的思想、情感，而不涉及這些思想和情感得以表現的環境是不可能的。當今許多根本不是維特根斯坦派的人也承認這一點。要做一個維特根斯坦派哲學家，就必須採用維特根斯坦後期提出的哲學方法和概念；這是有例可證的。問題的關鍵是要嚴格遵守哲學非理論化的規則。這個規則的思想基礎是，哲學是由於人們遇到某種困惑而建立起來的，這種困惑只有用特定的步驟才能解開。對具體的困惑進行思考；對表達這一困惑的措辭進行思考和詳細的研究；牢記維特根斯坦所總結的困惑由以產生的各種日常語言的用法，這就是許多人進行哲學探討的方法。但是我認爲，只有爲數很少的人真正承認維特根斯坦作爲哲學家的領導地位，只有他們才認爲自己在某種意義上說是他的門徒。大部分受過他影響的人都情不自禁退回到他公開排斥的做法——提出理論，在一篇哲學論文中用斜體字把結論標示出來——中去了。對他最富同情心的評論者也往往擺脫不了舊理論哲學的束縛。在大部分情況下，他們都不是以維特根斯坦那種漸進的方式進行研究，儘管在某種意義上他們覺得應當採取那種方式。

關於第二點可以這麼說，維特根斯坦的哲學在一個更廣泛的領域中產生了影響，我們可以把這種影響歸納爲對某種文化相對主義（cultural relativism）的支持。維特根斯坦堅持說，哲學的任務不是去干涉語言，不是去糾正實際應用的語言（這當然是維特根斯坦後期所持的觀點）。這一觀點變成了一種對所有現存的、行之有效的語言實踐的寬容原則。這在人類學上具有與十八世紀啟蒙運動（Enlightenment）的人類學觀點針鋒相對的意義。在十八世紀，生活在完全不同環境的人，被人類學研究者按照他們自己的社會準則劃分成理性的人或愚蠢的人。維特根斯坦對此十分不滿，他認爲，一切生活形態都是平等的，你不能自認爲完全瞭解了某一社會，或某一社會的某一方面，某一部分，或瞭解了由一定的人際行爲規則組合起來的某一集團，除非你真正進入這個社會系統內部，只有那時，你才會對這社會有本質的瞭解。這就是說，根本不存在一個評價人類安排生活的不同方式的共同標準。另外，語言侵入了人類所有的社會活動，社會活動之間的聯繫就是靠它來支持的。因此，對這些活動不可能從外部獲得正確的評論，而只能從內部對語言進行考察和分析來達到這一點。

維特根斯坦對哲學界以外的第三點影響，也是他的影響中擴散最廣、意義最大的方面，從廣義上說，就是維特根斯坦對人的存在的社會性描述。其中一點是他對"人本質上是社會存在"這一廣爲人知的觀點。他認爲，使人類得以與其他物種區別開來的，是語言的運用。但他進一步認爲，語言是受規則制約的發語（utterance），而規則的遵守或執行只有在一社會集團中才會存在。這就是他的著名的"私人的語言（private language）不可能存在"的命題（應當在這裏補充一句，關於這個命題有很大的爭議）。與此相關的，是他對如何解釋人類行爲所持的立場。關於人的意志自由，傳統的見解斷然假定，人的行爲大部分都是有原因的。但是，如果要人們爲他們所做的一切負道德責任，那麼，他們所做的某些事是否就必定要是無原因的？維特根斯坦認爲，嚴格意義上的活動，如消化食物之類的活動，根本就無所謂原因。這樣，他就取消了上面那個問題的基礎。他認爲詢問消化的原因根本上就是不合適的，應該解釋的，只能是活動的理由（他假定，在這裏理由和原因是互相排斥的。對此想必很多人會持懷疑態度）。如果這一見解成立，那麼，研究整個人類社會的科學計劃就大有問題了。因爲這些計劃不可避免地在性質上是注重因果關係的。維特根斯坦關於活動的理論似乎是暗示，運用自然科學的研究方法研究社會和人文科學是不可能的。對人和社會的研究在性質上必然是解釋性的，正如將某種用外語寫成的東西翻譯成某人自己的語言一樣。的確，從整體上看，對一個社會的研究，與其說像是翻譯，不如說就是翻譯——被研究的社會生活形態可以說是到處瀰漫着語言的。維特根斯坦認爲，語言本身就是生活的形態。

麥基: 縱覽維特根斯坦的兩種哲學，著名的哲學家似乎對它們至少有三種不同的評價。一部分人（這部分人也許佔了大多數）認爲，維特根斯坦早期和晚期的哲學都是天才產物。另一部分人（例如羅素）認爲其早期哲學是天才產物，但其晚期哲學則是不足道的。還有一部分人（波普爾就是其中之一）則認爲，其早期和晚期哲學都沒有多大價值。你的看法如何？

奎因頓: 我恐怕得老老實實地承認維特根斯坦是一個天才了。他早、晚期的工作是階段不同的天才工作。當然，就和許多哲學著作一樣，這並不是因爲他著作中的每句話都是真理。誰會否定柏拉圖是天才呢？但柏拉圖的宇宙觀——真正的存在是抽象的、永恒的理念，時空中的世界只是它的幻影——誰又會真的相信呢？人們可以承認一個哲學家的天才，同時也可以不接受他的很多東西。比如康德天才之處可能就在於，他提出了比前人更爲根本、更爲有力的問題，並且向從未受過挑戰的假設進行了挑戰。我認爲，康德這兩個成就也都在維特根斯坦早期和晚期的工作中實現了。

6

邏輯實證主義及其遺產

與

艾耶爾
(A. J. AYER)

對談

引——言

麥基: 在藝術領域中，今日那些仍被我們稱之為現代繪畫、現代音樂、現代詩歌和現代小說之類的創作都大體上是同步發展起來的。它們都產生於本世紀初葉，並於二十年代前後崛起成為時尚。在所有藝術中，現代主義(modernism)造成了一些驚人相似的後果。例如，在各個藝術形式中，都有一種擺脫對世界或經驗進行非自我意識的描述的傾向，和一種轉向該藝術本身的趨勢。藝術變成了其自身的命題，即，以詩為例，可隨意以作詩的過程，或詩人的艱難作為一首詩的主題。戲劇和小說也是如此，後來連電影也包括進去了。音樂和繪畫也以其不同的方式對自身表示了前所未有的關心，常把自身變成自己的主題加以表現。同時在所有的藝術形式中(這與上一點也許有關)，傳統的形式都在瓦解，出現了一種用小巧精美的片段建立全新結構的傾向。

　　哲學界的走向也不例外——這說明哲學的發展是多麼地深深紮根於同時代文化的土壤之中。

可以説，現代哲學起始於1903年，是隨着英國哲學雙傑摩爾（G. E. Moore, 1873－1958）和羅素（Bertrand Russell, 1872－1970）與主宰整個十九世紀的唯心主義（Idealism）相決裂而產生的；後來——在開拓者羅素和弟子維特根斯坦（Ludwig Wittgenstein, 1889－1951）的一再努力之後，第一個致力於這一哲學新理論的成熟學派，於二十年代在奧地利發展起來了。這一學派被稱爲"維也納學派"（Vienna Circle）。他們把自己發展起來的那種理論稱作"邏輯實證主義"（Logical Positivism）。自此以後，這一稱謂在許多外行人頭腦中成了整個現代哲學的代名詞，實際上現在還有人認爲，所有當代的學院哲學都或多或少地與邏輯實證主義相類似。

把邏輯實證主義介紹到英國的人是艾耶爾（A. J. Ayer, 1910－　），此後他的大名就成了該理論的主要旗幟了。他於1936年1月年僅二十五歲時發表了一本題爲《語言、真理和邏輯》（*Language, Truth and Logic*）的書，標誌邏輯實證主義登陸英倫。該書現在仍然深受歡迎。它完全是一本給青年人看的書籍，很具爆炸性，至今仍然是介紹邏輯實證主義中心思想的最佳指南。這本書的銳利鋒芒恰好表現出這場運動作爲一個整體的進取性。成員自覺地組織起來，像一個政黨似的，定期集會，出版刊物和召開國際代表大會，以宣道的熱情傳揚他們的學說。我認為，如果我們看一下他們當時如此激烈地反對的是甚麼，原因何在，將會爲以下的討論提供一個最適當的起點。

討——論

麥基: 邏輯實證主義者當時大張旗鼓、英勇反對的
　　是甚麼東西？

艾耶爾: 他們主要是反對形而上學(metaphy-
　　sics)，或他們稱之爲形而上學的東西，即任何
　　認爲在我們的感官所能感覺到的世界、合乎科學
　　和常理的世界之外還有另一個世界的看法。早在
　　十八世紀末德哲康德(Immanuel Kant, 1724－
　　1804)就曾說過，要瞭解任何不在感官範圍之內
　　的東西都是不可能的。但維也納學派走得更遠。
　　他們認爲，任何論述，**只要不合規範**(不以邏輯
　　或數學的規範陳述)，或**不能以經驗相檢驗，就
　　毫無意義可言**。所以他們砍掉了一切形而上學。
　　不僅如此，它譴責各種形式的神學，譴責任何認
　　爲有上帝存在的觀念。儘管他們自己在政治上並
　　不自覺(德國的紐拉特〔Otto Neurath, 1882－
　　1945〕是唯一的例外)，但他們的立場中也有政治
　　的一面。當時奧地利的社會主義者和一個由多爾

弗斯(Engelbert Dollfuss, 1892－1934)領導的右翼天主教政黨之間進行着一場激烈的鬥爭，而維也納學派反對形而上學的鬥爭也算是一種政治行動，儘管他們本身對政治漠不關心。

邏輯實證主義者反對形而上學，即人類感官能感覺到的合乎科學和常理的世界之外有另一個世界的看法。

麥基: 聽你這麼一說，維也納學派似乎是在反對整個建制，過去的一切幾乎都反對，是嗎?

艾耶爾: 邏輯實證主義者反對的不是整個過去。實際上他們是遵循哲學傳統的；但他們反對我們可稱之為德意志傳統的東西，反對自十九世紀初以來一直存在於德意志哲學思想中的浪漫主義。他們反對德國思想巨擘黑格爾(Georg Hegel, 1770－1831)的追隨者，或更確切地說，反對黑格爾唯心主義的信徒。當然了，他們並不反對馬克思(Karl Marx, 1818－1883)。

麥基: 你剛才提到了維也納學派中的一個成員紐拉特的名字。我們將要談論的是個學派，你是否先介紹一下它的猛將?

艾耶爾: 好。這個學派的正式領袖名叫石里克
(Moritz Schlick, 1882－1936)。他原是德國人,
於二十世紀二十年代初來到維也納, 當時他四十
歲剛出頭。他一到維也納就着手組織該學派。像
學派中的大多數成員那樣, 他原是個物理學家,
主要對物理學哲學感興趣。該學派的主要特徵之
一也正是他們極爲推崇自然科學。石里克當時是
他們的主席。第二個最重要的人物叫卡爾納普
(Rudolf Carnap, 1891－1941), 也是德國人。
他曾在耶拿師從偉大的德國邏輯學家弗雷格
(Gottlob Frege, 1848－1925)。他於二十年代末
來到維也納, 比石里克晚幾年, 並於三十年代初
離開維也納前往布拉格。儘管如此, 他對這一運
動仍然產生了深遠的影響。卡爾納普是他們的刊
物《認識》(*Erkenntniss*)的主要撰稿人。第三個
我已提到了, 那就是紐拉特。他是奧地利人, 衆
人中, 以他在政治上最爲活躍, 還在第一次世界
大戰後革命黨人掌權的斯巴達克(Spartacus)政
府中任過職。他與馬克思主義者相去甚微——他
想把實證主義(Positivism)和馬克思主義(Marx-
ism)結合起來。這主要是因爲他意識到實證主

義是一種政治運動，並希望從政治上加以組織。他是第三號主要人物。第四個人叫哥德爾(Kurt Gödel, 1906－1978)，他要年輕得多，僅比我年長幾歲。他在形式邏輯(formal logic)方面取得了革命性的發現，然而對一般哲學卻没有多大興趣。我看在這裏提這幾位就可以了。

麥基: 從你的話中可以聽出，這的確是一場革命性運動，它對宗教、政治，特別是德意志哲學傳統中已經確立起來的觀念具有破壞性的作用。他們以邏輯和科學作手術刀，切除他們以為是死透了或染上病的心智組織(當然了，邏輯實證主義即由此而得名)。你能否談談這些手術器械是如何使用的?

艾耶爾: 當然可以。它其實並不那麼新奇。它是在延續維也納的老傳統。當時有一位名叫馬赫(Ernst Mach, 1838－1916)的科學家和科學哲學家──列寧(Vladimir Lenin, 1870－1924)就是為了反對此人而寫作《唯物主義和經驗批判主義》(*Materialism and Empirio-Criticism*)──在十九世紀末的維也納成了名。大約從十九世紀六十年代起，馬赫先是居於布拉格，然後來到維也納；他倡導日後石里克等人所信守的科學觀，即作爲最後一着，科學只須與人的感官打交道。馬赫認爲，既然我們是通過自己的感官獲得有關科學事實的知識的，那麼作爲最後一着，科學只須要將感覺描述出來。維也納學派把這一點接過去，他們所遵循的其實是一種古老的經驗主義傳統。儘管他們自己不瞭解或不關心哲學史，他們所説的都很像蘇格蘭哲學家休謨（David Hume, 1711－1776）在十八世紀所説的話。因此，從那個角度來看，他們並非那麼新穎，那麼富革命性。從某種意義上來説，具有革命意義的是他們的熱情，是他們視此爲哲學的一條新路。他們認爲："**我們終於發現了哲學將成爲甚麼！它將成爲科學的婢女。**"與其説他們在自己的哲學中運用了科學，倒不如説他們認爲科學吞併了整個知識領域。科學説明了世界，這唯一的世界，我們身邊的世界。除此之外，哲學別無其他領域可佔。那麼哲學能做些甚麼呢？只有分析和批判各種科學理論和觀念。科學就這樣走進了哲學的殿堂。作爲分析和

維也納學派認爲哲學將成爲科學的婢女，她所能做的只有分析和批判各種科學理論和觀念。

批判的工具，邏輯也走了進來。

從古希臘亞里士多德(Aristotle, 公元前384
－322)時代以來，邏輯學一直停滯不前。然而在
十九世紀初，它向前邁進了一步。當時的先驅者
是英國數學家布萊(George Boole, 1815－1864)
和摩根(William De Morgan)；但真正的飛躍是
到十九世紀末，隨着德國的弗雷格、英國的羅素
和懷特海(Alfred N. Whitehead, 1861－1947)而
出現的；他們並沒有真正批駁亞里士多德；他們
把亞里士多德的著作表現爲邏輯的一個小角落。
他們發展了一種影響更爲廣泛、範圍更爲廣闊的
邏輯，從而掌握了一種非常有力的分析工具。這
種工具使他們能更爲精確地表達事物；並且鑒於
他們對結構很有興趣(他們認爲科學的主要對象
是結構、是事物之間的相互關係)，由施羅德
(Ernst Schröder)和美國的佩爾徹(Charles
Peirce, 1839－1914)在十九世紀、由羅素和懷特
海在二十世紀發展起來的關係邏輯便給他們提供
了一件哲學分析的工具。

麥基: 我接受你説馬赫是邏輯實證主義的先驅之一
的觀點。然而，在十九世紀末、二十世紀初，除
了產生出一種嶄新的邏輯，還出現了一種完全可

以以德國物理學巨人愛因斯坦(Albert Einstein,
1879－1955)爲代表的嶄新科學，這也是事實，
對吧？一個以現代科學之父牛頓(Issac Newton,
1642－1727)的理論爲基礎，近三百年來被大多
數西方人視爲無懈可擊的思想體系，開始在新物
理學的衝擊下瓦解。這對於邏輯實證主義者所從
事的事業一定有極大的影響吧？

艾耶爾：愛因斯坦曾受到馬赫的影響——他親口對
我說過馬赫對他幫助極大。在邏輯實證主義者看
來，愛因斯坦根據相對論(theory of relativity)
和新量子理論(quantum theory)所進行的工作，
都證明他們的路子是對的。因爲愛因斯坦所做的
(照他們的理解)就是要說明：除非你能驗證關於
同時性(simultaneity)的論述，否則不能賦予諸
如同時性這樣的概念以任何實在的意義。也就是
說，談論事物發生在同一時間的意義取決於同時
性是如何在觀察中被實際確立。他們視此爲其哲
學觀的科學範疇內的一大標準。對於量子理論也
大體如此。在量子論中，未給予粒子同時具有精
確的速度和準確的位置這一點以任何實在的意義
(因爲這是無法驗證的，當你測量速度會影響到
位置，測量位置則影響到速度)。他們拿這一事

實來證明: 科學驗證的方式決定科學概念的意義;
而這正是他們自身宣稱的觀點。這一切給了他們
極大的激勵。他們說: "科學站在我們一邊。我
們正在恰當地解釋科學"(我已說過, 卡爾納普和
石里克原是物理學家, 而紐拉特是社會學家)。

在邏輯實證主義者看來, 愛因斯坦根據
相對論和新量子理論所進行的工作, 都
證明他們的路子是對的。

麥基: 我們現在要討論的是, 他們的革命性表現在
何處, 即他們是在將新邏輯和新科學用於打破或
改造傳統觀念和傳統的思想模式。

艾耶爾: 是的。他們想要說的是, 舊有的哲學問題
要麼是毫無意義的, 要麼就是可以用純邏輯方法
加以解決的。

麥基: 在這一過程中他們發展出來的主要實證學說
是甚麼呢?

艾耶爾: 嗯, 實際上共有三條。第一, 可證實性原
則(Principle of verification)是一切知識的基
礎。它被石里克扼要地歸納爲: "一個命題

> 舊有的哲學問題要麼是毫無意義的，要
> 麼就是可以用純邏輯方法加以解決的。

（proposition）的意義在於其證實的方法。"這個表述的確有些含糊，我們一直在努力使其精確，但始終不夠成功。不過它有兩個後果，一是任何不能被經驗所證實的——被感官所證實的——事物都是毫無意義的，這一點我已經說過了；二是它最初被石里克解釋為，**命題的意義，可透過其證實的方法加以說明**。這樣所有的論述都被約化為直接觀察的說明了。總之，第一個學說是可證實性原則，它既有否定的一面，也有肯定的一面，否定在於它排斥了形而上學，肯定在於它表明了一條分析有意義的論述的途徑。第二，邏輯實證主義者認為，邏輯和數學的命題，以至所有正確的論述，都是被維特根斯坦稱之為同義反覆（tautologies）的那種東西。他們的這一觀點部分來自維特根斯坦，儘管有證據表明石里克是獨立地得出這一結論的。

麥基：也就是說，謂項（predicate）不過是揭示了主項（subject）中業已存在的東西。同樣，即使最深入的數學或邏輯爭論也不過是揭示其前提的內容，以更明確的語言加以闡述，以作為其結論而已。

艾耶爾: 是的，就好像說"單身漢都是未婚男子"或"兄與弟都是男性"一樣。邏輯和數學被視為如康德所說的"具有解析性"，也就是你所說的是在揭示已經說過的內容。第三個主要學說與哲學自身有關。他們認為，哲學必須存在於維特根斯坦和石里克所說的"解釋活動"(an activity of eluci-dation)之中。維特根斯坦說過，哲學不是一種學說，而是一種活動。這句話石里克也引用過。哲學所研究的並非一組命題的真偽，因為那是科學的範疇。哲學不過是澄清和分析，以及在某些情況下揭露謬誤的活動。英國思想家維特根斯坦在《邏輯——哲學論》(Tractatus)的結尾處說過，哲學的正確方法，就是等別人發表形而上學的言論然後向他表明那是胡說(對一個哲學家來說，這真有點兒消極和洩氣!)。

麥基: 咱們談談這三個學說中的第一個: 儘管人們已經明白了"任何關於世界的正確論述必須能使某些事物有一些可察覺的差別"(否則就難以看出它有何實用價值)這一觀點的意義，但我感到你

說的"一個論述的**意義存在於對其驗證的方法之
中**"還不那麼清楚。你能再進一步解釋一下嗎?

艾耶爾: 可以。起初, 石里克和他前輩馬赫, 可能
還有維特根斯坦(雖然維特根斯坦有關原子的初
步論述其目的何在不甚明瞭)認爲, 可以將一切
論述轉寫爲關於感官材料、關於觀察直接材料的
論述。但這一點實際上從未做到, 並且遇上了極
大的困難。以普遍性命題爲例, 像"一切烏鴉都
是黑的"或"一切氣體加熱後都會膨脹"這樣的命
題, 因爲"一切"所覆蓋的範圍可能是無限的, 而
要是無限的就不可能全部被轉寫出來。於是萬般
無奈, 作爲權宜之計, 石里克只有說: 這類論述
根本就不是命題, 而是規則, 不過是從某一論述
過渡到另一論述的推理規則。此外還有別的困難,
很清楚, 如果試圖將關於原子、電子、核子等等
高度抽象的科學命題用感官, 用深藍淺藍、大小
圓圈和涼熱冷暖等等寫出來, 肯定行不通。於是

石里克和馬赫認爲, 可以將一切論述轉
寫爲關於感官材料、觀察直接材料的論
述, 但這一點從未做到。

乎，出於種種原因，這一原則被削弱了，能夠"完全轉寫"這一觀點被放棄了，所要求的只是一點，即有意義的命題應能爲感官觀察所確認。這意味着以上的科學命題的含意尚未全部確定：這些命題從它們實際上被確認的案例中，從進行過檢測的案例中，獲得了意義；而未經證實的那一部分則變得相當模糊了。這種"放棄"使我們看到了一些關於"過去"的十分難以置信的觀點。當初，關於"過去"的論述等同於我們現在能爲這些論述取得的證據：說"凱撒（Julius Caesar）渡過了盧比孔河（Rubicon）"實際上被認爲是指"如果我查查一部史書，就會看到書上寫有這樣的話"，或"如果我在某地挖下去，便會發現這樣的古代遺物"，等等。我竟然在《語言、真理和邏輯》一書中提出了這點，現在這叫我太難以置信了。同樣，其他一些觀點也有問題。如果我說你現在感到這樣那樣，我只能以觀察你的行爲來驗證。當初，對於這種論述的含意，只是限於描述人的行爲，這種觀點在今天已遭到質疑。嚴格的驗證原則確實未能屹立不倒。

麥基：我們將許多方面的問題迅速地過了一遍，爲保證確實弄清問題，讓我來概括一下：根據嚴格的驗證原則的定義，有意義的論述只有兩種。一種是關於世界的經驗性論述（empirical statement），這種論述中的真理必須能使某些事物有一些可覺察的差別。因此，它們要有意義就要得到驗證。當然，這並不是說它們就一定正確。通過爲驗證它們所做出的努力，我們可能發現它們是錯誤的。不過如果想使一個經驗性的論述有意義，就必須使它具備正確的可能性，也就是它能被驗證的可能性。這一切只適用於僅有的兩種有意義的論述中的一種，即經驗性論述。另一種是數學或邏輯，此種論述純係自我驗證，正確者爲同義反覆，錯誤者則自相矛盾。如果一個論述不屬於上述兩種類型，則該論述必定毫無意義。以這一原則爲武器，邏輯實證主義者得以宣判傳統論述的若干領域（不僅宗教、政治領域，同時也包括哲學領域）集體死刑，因而可以說是涉及了幾乎人生的所有方面。

根據驗證原則的定義，有意義的論述只有兩種。一種是關於世界的經驗性論述，另一種是數學或邏輯。

艾耶爾: 我想某些形式的萬物有靈論（animism）本來是可以延續下來的，但現存的宗教當時都被斥爲無意義。昔日的哲學有很大部分也是如此。

麥基: 人們馬上會想到這樣一個問題: 如果我們作道德判斷、價值判斷或美學判斷，那麼這些判斷既不是關於經驗世界的論述，也不是同義反覆，這一點似乎是相當清楚的。對於邏輯實證主義者來說，這一點也肯定從一開始就十分明白了。他們是怎樣看待這一問題的呢?

艾耶爾: 嗯，對他們來說，那些判斷"不是關於經驗世界的論述"這一點並不明瞭。倫理學中有一種相當悠久的傳統，它使得倫理方面的論述成爲所謂自然主義的（naturalistic）了，也就是説，它們被看成是對滿足人類欲望或增進人類幸福等等有利或無利的事物的論述。例如石里克就持這一觀點。他寫了一本題爲《倫理問題》（*Ethical Questions*）的佳作。他在書中提出一種理論，即認爲倫理就是人需求甚麼和怎樣滿足這些需求，基本上是功利主義（utilitarianism）的一種形式。現在有人持不同意見，例如卡爾納普，還有我本人。**我們認爲倫理方面的論述更像指令，因此無所謂對錯**。我發展了一種被稱爲"倫理學情動理論"(the emotive theory of ethics)的論點，認爲倫理學論述是情感的表達。卡爾納普認爲，倫理學論述更像命令。於是倫理學便以兩種形式中的一種出現了：要麼以自然主義的形式，表現爲關於對人類幸福有利的事物的論述，而人類幸福是一個科學事實，屬於心理學、社會學等；要麼被看作既不全是形而上學的廢話，但也不是事實的闡述，而是命令或情感性的。

麥基：邏輯實證主義者把驗證原則當作"奧康之刀"（中世紀哲學家奧康〔William Occam, 1285? —1349?〕提出要對以往一切理論統統反省一下。他的這一論點被人稱爲"奧康之刀"。）到處使用，剃掉了各種各樣的東西。這對受其影響的人們關於世界和哲學的看法產生了極大的影響，不是嗎？

艾耶爾：它產生的一個影響你在開場白中提到了，那就是它使哲學家大大加強了對自己工作的自我意識。他們要證明自己的行爲是正確的。要是假設舞台被自然科學佔領了（實際上是被佔領了），那就得給哲學找一席之地，因爲形象點兒說吧，不允許哲學與科學進行競爭。人們對於哲學是怎麼回事這一問題的自我意識較以前強了許多。有影響的不僅是維也納學派，還有諸如英國的摩爾等人，他們出於不同的原因也在捍衛類似的觀點。例如摩爾認為，有些常識性命題肯定是正確的，而這也適用於科學，因為每一領域都有自己的標準。通過維也納學派以及摩爾等人的影響，哲學家開始認為他們的作用只能是分析性的。於是便出現了這樣一個問題：甚麼是分析？怎樣分析？分析的方法有哪些？分析的標準是甚麼？

麥基：受此激勵，分析技巧的程度也比以前大為提高了。

艾耶爾：是的，特別是維也納那夥人。這裏涉及到一個我們在前面提到過的觀點，即以邏輯為手段，人們能夠以正規得多的方式進行分析。人們視為己任的，不是簡單而謙恭地跟着科學家跑，解釋他們的意圖，而是通過使在科學中運用的概念（如概然性或空間時間概念等）更為精確，為科學服務。他們認為，可以用**邏輯使那些用於一般場合時意義相當含糊、用於科學時談不上精確的概念精確起來**，從而更有用處。卡爾納普無疑視此為己任。

麥基：我們未嘗不可以說：邏輯實證主義者認為，

邏輯的任務不是人們通常認爲的去認識世界，也不是去描述世界。可以說，那方面的全部位置都讓各種科學霸佔了，未給哲學留下一厘一毫。因此，在他們看來，哲學的任務是提煉這些科學所採用的方法——澄清它們所使用的概念和論證方法。這最後一點也許是最重要的：把科學所能運用的論證方法中合理的與不合理的部分區分開來。

艾耶爾：正是如此。從技術上說當時哲學正被視爲二級主題。一級主題是關於世界的論述，這二級主題就是論述他們關於世界的論述。於是，用英國哲學家賴爾（Gilbert Ryle, 1900－1976）的話來說，哲學便逐漸被看成是"關於論述的論述"了。

麥基：這把我們帶到了語言的問題上。邏輯實證主義的一個特點，是對語言在哲學中的重要性予以全新的重視。羅素在《我的哲學發展》(*My Philosophical Development*)一書中敍述了他如何直到四十五歲上下時（此時他已完成了使他名聲大振的所有哲學論述）"還一直認爲語言是透明的，也就是說，不加任何注意便可使用的媒介。"而這恐怕是本世紀以前大多數哲學家的態度。但邏輯實證主義將語言推上了哲學家關心的前沿。有些人甚至說這是現代哲學最顯著的特點，至少在英語國家是這樣。

邏輯實證主義將語言推上了哲學家關心的前沿。有些人甚至說這是現代哲學最顯著的特點。

艾耶爾: 非常同意。其實對語言的興趣甚至可以追溯到古希臘哲人蘇格拉底(Socrates,公元前470－399)。他當時到處問人："甚麼是正義？甚麼是知識？甚麼是感覺？甚麼是勇氣？"但他未把這些作爲設問。他的弟子柏拉圖(Plato，約公元前429－347)把它們看作是抽象實體之本質——他認爲是真實地存在——問題，所以也未將它們視爲設問。不過回過頭來，人們可以看到它們其實是關於意義的問題。我認爲恐怕是到了本世紀初人們才走到這一地步，即有意識地全神貫注於語言，這表現在維特根斯坦和羅素對語言與世界之間關係的關注。語言問題是當時維特根斯坦着重研究的問題，《邏輯——哲學論》一書就是爲解答這一問題而寫的。當然了，他在書的結尾寫到語言與世界的關係是無法描述、只能展示的。

不過這裏必須說明，英國思想家霍布斯（Thomas Hobbes, 1588－1679）和洛克（John Locke, 1632－1704）也都論述了這一主題。洛克在書中用一整章來論述符號。霍布斯對符號問題也始終很感興趣。十九世紀的偉大哲學家佩爾徹對符號興趣極大，並搞出了一種最爲細膩的符號理論。所以我不能說這完全是本世紀的新生事物。哲學家不能不對語言感興趣，它對我們的思維太重要了。但我認爲，使幾乎**每一個哲學家**（像第二次世界大戰後英國湧現出的那些人）都認爲這是需要關心的、最重要的事物，這一點確實是新的。

麥基：它引導哲學走向這樣一種局面：只要一有人開口說話，人們就立刻把它當作一個由語言組成的命題來加以解剖。人們尋求闡明所用的概念，分析命題中各項內容之間的關係，使它的邏輯形式明確起來，等等，等等。於是哲學被視爲關於句子和詞語的學科了。的確，可以說許多非哲學界人士已經形成了"哲學家只關心語言"這一看法。他們常常輕蔑地說哲學家在"玩弄詞藻"。你能否解釋一下，爲甚麼這種對哲學的偏見是錯誤的？

艾耶爾: 好。哲學中無疑有很大一部分内容是關於語言的，它區分不同種類的言語間的差別，分析某些類型的表達方式。我認爲這並没有説錯。但是把這一點撇開，我的回答是，"關於語言"和"關於世界"之間的區分並不都是那麽明顯的，因爲世界就是我們描述的那個世界，那個在我們的概念體系中存在的世界。在考察我們的概念體系的同時，也就是在考察世界。我們不妨以因果關

"關於語言"和"關於世界"之間的區分並不明顯，因爲在考察我們的概念體系的同時，也就是在考察世界。

係爲例。我們相信因果關係是發生在世界中的某種東西，例如: 我被瘧蚊咬了，於是我得了瘧疾，等等——一件事引發了另一件事。根據這個事實，人們可以問: "甚麽是因果關係？"這完全是一個重要的傳統哲學問題。但是人們也可以根據這個事實問: "我們怎樣分析因果論述？我們所説的一件事引起另一件事是甚麽意思？"儘管看起來你提的是一個語言上的問題，但你實際提出的是與上面那個問題完全一樣的問題，只不過換了一種提問的形式而已。而大部分哲學家會認爲後一

種問法更清楚。我認爲，有一個時期，哲學家對語言的用法是爲研究而研究，而沒有把這種研究作爲解決問題的辦法。我認爲這樣做將是毫無收效的。這是大約二十年以前的事了，這個學派當時被稱爲牛津學派（Oxford school），人們對這個學派主要是通過讀奧斯汀（John Austin, 1911－1960）的著作而瞭解的。一切已是明日黃花。今天人們研究詞的意思，主要是基於以下這種認識：這些詞是表達現實世界的概念。

麥基：說到底就是，對語言的研究實際上是研究人類所感受到的世界的結構。

艾耶爾：完全正確。

麥基：這一點也就表明，哲學的任務不是制定教條，而是對一些設想提出分析。

艾耶爾：是的。

麥基：在我看來，這種觀點對於入門者有極大的影響。第二次世界大戰以後，我曾在牛津讀書，看到許多非哲學系的學生似乎也很受這種理論的影響。如果有人與他們談論任何題目，即使與哲學完全沒有關係的題目，他們都會問：“你將怎樣

驗證那個論述？"或者"你對那個問題想要得到甚
麼樣的回答？"

艾耶爾: 是這樣的。而我對此是應該負一部分責任
的。

麥基: 既然我們談到你個人，我認爲，談談你與邏
輯實證主義的關係會很有意思。你已介紹過維也
納學派的主要人物，並談到了他們的一些中心思
想。人們都知道是你把他們的理論介紹到英國的，
你是如何開展這項工作的呢？

艾耶爾: 我1929年來到牛津，當了賴爾的學生，
1932年獲得學位。此後被任命爲哲學講師。上任
之前有幾個月的假，我打算到劍橋去，在維特根
斯坦門下搞一段研究。但賴爾說："不，不要去
劍橋，去維也納。"我記起兩年前，大概是在牛津
召開的一個會議上，賴爾和石里克見過面，交談
只有半小時左右，但賴爾對石里克頗感興趣，而
且覺察到維也納學派的研究工作非同凡響。我想
他後來一定也翻閱了一下維也納學派的文章。賴
爾告訴我，他對維特根斯坦的研究大致瞭解，但
對維也納學派的工作卻不甚了了，希望我去那裏
摸摸情況。

我當時根本不大會講德語。但是我自信自己也許可以學會幾句並瞭解到維也納方面都在幹些甚麼。於是我帶着賴爾給石里克的介紹信上路。我現在回想起來，石里克當時有些吃驚，但又好像很自然地說：“來吧，加入我們的學派。”當時除了我以外，另一個被接納進該學派的外國人是著名的美國哲學家奎因（W.V. Quine, 1908－　）。我從1932年11月到維也納起，一直待到1933年春，時年二十二歲。我的德語不夠好，只能坐在一旁聽石里克和紐拉特之間的辯論。他們非常關心觀察的陳述（observation statements）這個問題。石里克堅持舊經驗主義的觀點，即觀察的陳述是有關人的感官印象的陳述。紐拉特（帶着他的馬克思主義傾向——而且也許受到列寧的影響）和當時已經去了布拉格、只以文章支持紐拉特的卡爾納普說：“不，這導致理想主義。真正的陳述必須是關於物質對象的陳述。因此，觀察的陳述不應是‘這是一種形狀’、‘這是一種顏色’之類，而應是‘這是一張板櫈’、‘這是一個煙灰缸’。”就是從這一題目開始，日復一日爭論不休，甚至月復一月仍無結果。而我則默然旁聽，然後裝着滿腦子這類東西回到了英國。我在《思想》（Mind）雜誌上發表了一篇題爲‘形而上學的不可能性證明'('Demonstration of the Impossibility of Metaphysics')的文章，這算是證實原則的一次應用吧。當時英國碩儒伯林(Isaiah Berlin, 1909-　)經常和我會面討論哲學問題。他對我說:"你既然滿腦子都是這些東西，爲甚麼不寫一本關於它的書?"是啊，爲甚麼不呢?於是我用十八個月寫了《語言、真理和邏輯》。當時我年僅二十四歲，出版時我也只有二十五歲。

麥基: 這本書的爆炸性結果使你本人也大吃一驚吧?

艾耶爾: 一開始並沒有那麼成功。牛津老派的哲學家對它非常反感。事實上，它使我很難在牛津謀到教職(戰前我就沒有找到一份教書工作)，我始終當一名研究員。那書也沒有賣出去多少。我的合同出版商葛朗斯(Victor Gollancz)根本不相信這本書會暢銷，於是他一次僅僅出版了五百冊。而且他甚至不相信會有五百個人想要讀這本書!雖然它在戰前印了四版，也僅僅賣了大約二千冊。只是在戰後又再版時，它才獲得了空前的成功，這也許是因爲在戰前它第一次出版時，已經給年輕一代留下了印象。他們爲此書而興奮異常，把它視爲一種解放。你看，戰前的牛津哲學是極其乏味的。有一些老人，他們只對哲學史感興趣，只對重複柏拉圖說過甚麼感興趣，並企圖阻止任何打算說出新東西的人。我的書是放在這些人腳下的一個地雷。反之，它在較年輕的人看來是個解放，使他們感到能自由呼吸了。在這一方面，它確有較大的歷史影響。

麥基: 你能談談它在哲學領域以外的影響嗎? 在我看來，它不僅在科學、邏輯和哲學方面有顯要的影響，而且在像文學批評和歷史學等領域中也有相當的影響力。

艾耶爾: 是這樣。在科學領域，這本書比起例如科學哲學的宗師波普爾(Karl Popper, 1902 —)的著作，大概影響要小些。我這本書出版的前一年，他的《科學發現的邏輯》(*Logic of Scientific Discovery*)在德國出版了。他這本書更能吸引科學家的注意。儘管如此，科學家還是對《語言、真理和邏輯》致以好評。這本書畢竟說了科學家是最重要的人，而他們最愛聽這個。他們無須再擔心哲學家凌駕於他們之上，評頭論足，頤指氣使。雖然以前他們也並沒對此真正操過心，但聽別人說他們的工作是最根本的工作，還是使他們得意一番。

麥基: 如果人們不僅接受了你的書，而且接受了它所代表的整個邏輯實證主義運動，你認爲它在其他領域的影響將會是甚麼？

艾耶爾: 它令人們對精確性更加强調，對模糊性（也許可以這麼稱）强烈反對。它像一道命令，祈使人們去觀察事實，去僞存真。它就像那時很流行的安徒生童話中的孩子，到處說，"皇帝沒穿衣裳——你瞧，他還在那裏轉悠哩，可是那傢伙是赤裸的。"而"那傢伙是赤裸的"這一概念對於從事任何專題研究的年輕人都是令人振奮和有吸引力的。我認爲，這與社會上反抗維多利亞時代式僞善的大勢是相一致的。

《語言、眞理和邏輯》是年輕一輩眼中的解放，就像安徒生童話中的孩子高叫："你瞧，皇帝沒穿衣裳哩!"

麥基: 這本身就足以解釋那種由邏輯實證主義引發的巨大而激烈的敵意。極權主義的政府，如共產主義的和納粹的政府，都嚴格禁止它。甚至自由主義者也對它感到爲難。

艾耶爾：他們認爲這個理論對傳統觀念過於嘲弄
了。

麥基：當然它肯定也有真正的缺點。你認爲它的主
要缺點是甚麼?

艾耶爾：我想那就是它的大部分內容都是錯誤的。

麥基：你是否談詳細些?

艾耶爾：好。也許我這樣講太苛刻，但我仍要說，
它在精神上是正確的——態度是正確的。但是如
果人們仔細地觀察它，……首先，證實原則本身
從未得到適當的闡明。我嘗試過幾次，但往往不
是做得不夠就是做得過分；至今仍未得到邏輯上
精確的闡明。其次，簡化論根本行不通。你不可
能把哪怕是普通如香煙盒、玻璃杯和煙灰缸的簡
單陳述，簡化成關於感官要素的陳述。石里克和
早期羅素那引人入勝的簡化論是一着廢棋。第三，
在我看來，邏輯和數學中的陳述是否在任何意義
上都是分析性的，這非常值得懷疑。事實上，近
期哲學家奎因已對整個分析/綜合的區分提出了
質疑。我仍想以某種形式保持這種區分，但我也
不得不承認，那個區分的確不像我曾經認爲的那
樣鮮明。在某種意義上，數學的陳述有別於經驗

世界的陳述，這是顯而易見的。但對我曾經說過的"常識"上為真則真，現在我則完全不敢打保票了。再者，將關於"過去"的陳述整個變成為它們現在和將來的根據，也是錯誤的。幸運的是，我的倫理學理論儘管過於簡單化，但卻是沿着正確軌道前進的。這樣看來，如果深入考察這本書或它所代表的邏輯實證主義的細節，那麼它很難過關，值得稱道的只是其一般方法的正確性。

麥基: 不知你是否會同意我這個看法: 回過看，邏輯實證主義的舊有好處幾乎完全是消極的。它確實排除了許多過去似乎在理的哲學探討，使我們現在能夠通過新邏輯和新科學的透鏡看出那是不能接受的。但是今天看來他們真正成功的地方也只是清理了"場地"，因為他們試圖建立在那個基地上的東西沒有矗立起來。

艾耶爾: 嗯，還不僅僅是這些。邏輯實證主義是很開放的。我們可以回憶一下美國實用主義者——而不是邏輯實證主義者——詹姆士（William James, 1842－1910）所要求的陳述的"兌現價值"（cash value）（儘管實用主義比邏輯實證主義早出，但它在許多方面都和後者相似）。早期邏輯實證主義者錯誤地認為能夠保持金本位——你有多少鈔票，就可以兌現多少黃金之所以錯誤，是因爲黃金是有限的，而鈔票則要多少就可印多少。然而儘管這種想法是錯誤的，但它畢竟也道出了一點真理，即貨幣回籠的必要性。同樣道理，如果有人提出了一個論斷，就算他的論述缺乏觀察根據，但他客觀上提出了檢驗這一論斷的着手點和方法，這畢竟還是重要的，因而可以繼續適用。

麥基: 這麼說，像你這樣的前邏輯實證主義者會認爲，儘管邏輯實證主義的大部分學說是錯誤的，但我們仍然可以採用它的總體方式，考察它的固有課題，只不過使那種方式更加自由和開放。

艾耶爾: 沒錯，是這樣的。

儘管邏輯實證主義的大部分學說是錯誤的，但我們仍然可以採用它的總體方式，考察它的固有課題。

麥基: 還有一點: 這個完全由說德語的人於維也納發起的運動，怎麼後來在德語世界幾乎沒有甚麼影響，反而在英語世界的哲學界中佔了支配

地位呢?

艾耶爾: 哦, 它在德國的影響來得緩慢——只是現在才開始影響德國人。不過這是一個膚淺的回答。更深層的原因是, 它與一直能追溯到中世紀的英國傳統相吻合。當時的邏輯實證主義者肯定是像我們已提到過的奧康那樣的人, 有着"奧康之刀"的風格。那種精明而講究實際的經驗主義, 通過奧康、霍布斯、洛克, 甚至還有那怪裏怪氣的貝克萊(George Berkeley, 1685－1753), 以及休謨、穆勒(John Stuart Mill, 1806－1873)、羅素, 從而與德國浪漫主義的形而上學傳統完全對立。此外, 自然科學和社會科學極端分離這種法國貨色, 也正是邏輯實證主義者反對的東西。甚至在政治上——我是指納粹主義在德國興起的例子, 在某種意義上也是浪漫主義走上歧途的一種表現。我想, 從這種意義上說, 納粹分子的前身是像德國哲學怪傑尼采(Friedrich Nietzsche, 1844－1900)那樣的人物。這麼說對尼采也許是不公平的, 但是在我看來他似乎代表了一種使納粹主義成爲可能的模糊的浪漫主義思想。因此, 邏輯實證主義在理智和政治上都是與德國傳統格格不入的。

麥基: 在你早期學說的基礎上, 談談你近期又在幹些甚麼, 一定會更有趣的。

艾耶爾: 最近我一直在撰寫自傳, 記下我剛才說的那段令人激動的歲月。我最近寫成的一本書叫《哲學的中心問題》(*The Central Questions of Philosophy*)。書中我談了自己所保留下來的早期方法是哪些, 並以我現在所持的觀點對以往曾分析的問題進行再分析。我一直對知識理論的問題十分感興趣——譬如我們對物質世界的認識, 我們確信客觀事物存在的理由等等。不過我採取了一種比過去緩和得多的立場。我試圖指出: 我們對物質世界的信仰是建立在感官經驗之上的; 我們的感官經驗所捕捉到的關係, 證明了這一觀點的合理可行, 或雖不那麼合理但卻可行。因此可以說, 我實際上還是在做老事情。不過我現在可是衰老多了, 工作效率也差多了。可能, 不, 是注定不再會有那麼多輝煌戰績了。但我或許比以前更穩妥了, 消逝的歲月教會了我許多許多東西。

7

語言分析哲學
的魅力

與

威廉斯
(BERNARD WILLIAMS)

對談

引言

麥基: "語言分析哲學"(linguistic philosophy)和
"語言分析"(linguistic analysis)這兩個術語都是
指一種主要在英美國家發展起來，並於二十世紀
四、五十年代取得成果的哲學技巧。事實上，後
來幾乎每個研究哲學的人都受到過它的影響。牛
津和劍橋是它的兩個主要傳播中心。在牛津，最
有影響的人物是奧斯汀，其次是賴爾。在劍橋，
則有傑出的維特根斯坦。雖然他們之間不可避免
地存在差別，但卻都堅持某些基本的原則，下面
介紹的就是這些原則的主要內容。

從蘇格拉底(Socrates，公元前470－399)開
始，哲學家經常提出這樣一些問題: "甚麼是真
理?""甚麼是美?""甚麼是正義?"這些問題似乎
意味着無形抽象物的存在，似乎無論以甚麼詞彙
表達，那些東西畢竟是獨立存在的。似乎哲學家
一直想穿過問題、穿過語言而達到隱藏在語言背
後的某種非語言的現實。針對這種觀念，語言分
析哲學誕生了。語言分析哲學家認為，這種觀念

是一個根本性的錯誤，它導致我們思維上的各種嚴重錯誤。他們說，這些詞後面根本不存在任何獨立的實體。語言是人的一種創造，我們發明了詞，決定它們的用法。理解一個詞恰恰意味着知道怎麼使用它。以"真理"這一概念爲例，當你充分地理解怎麼去正確地使用"真理"這個詞，以及與它有關的"真正的"、"真實"等詞的時候，那麼你就充分地理解了它的意思。這個意思僅僅是這個詞的既有用法，而不是某種存在於某些非語言領域的獨立實體。

由此，語言分析哲學家認爲，分析人的思想，分析人們理解和接受這個世界或互相交流的概念的最佳辦法，就是研究這些概念的實際應用。語言分析哲學中最著名的書，是維特根斯坦的《哲學研究》(*Philosophical Investigations*)。一般來說，語言分析哲學一次研究一個思維的概念(《心的概念》(*The Concept of Mind*)，也就是語言分析哲學中另一著名著作的標題，爲賴爾所著)。在這兩部書出版(賴爾的在1949年，維特根斯坦的在1953年)之後若干年中，語言分析在哲學界展示了巨大的魅力。在那些年中，它也使英語世界中每個從事哲學的人都染上了它的色彩。與我討論這個問題的，是曾在牛津和劍橋生活多年的

威廉斯（Bernard Williams），他是劍橋大學的
兩個哲學教授之一，並將短暫離職，擔任分院院
長，在語言分析哲學的全盛時期，他恰好在牛津
大學攻讀哲學。

討——論

麥基: 語言分析哲學是擺脫舊理論的產物。舊的理論主要是指邏輯實證主義。換句話說，邏輯實證主義曾是一代哲學中佔主導地位的正統理論，語言分析哲學則是另一代正統哲學中的主導理論。我們可以從比較語言分析哲學與實證主義兩者來討論語言分析哲學的特點。

威廉斯: 我們當時已很清楚地意識到了它與邏輯實證主義的區別——比後來人們認識得還要清楚。我認為主要的區別在於: 實證主義認為，科學是人類一切有意義的知識和論述(discourse)的準則。它承認還有其他論述形式，但是科學是衡量其他論述是否有意義的標準。在實證主義看來，哲學是科學的哲學，而語言分析、語言分析哲學則意識到人類論述還有許多不同的形式，許多除了科學含義以外的其他含義; 哲學的任務是去發現各式各樣的形式(也包括科學的形式)是怎樣起作用的，而不是單憑科學準則去衡度每件事，然後宣布其他形式無意義。

實證主義者認爲，科學是人類一切有意
義的知識和論述準則；但語言分析哲學
論者則認爲除了科學外還有許多不同的
論述形式。

麥基: 邏輯實證主義者不是明確說過，不能被經驗
證實的論述都是無意義的嗎?

威廉斯: 是的，但是數學的和邏輯的陳述除外。在
數學和邏輯中，每一種陳述都被看作僅僅在術語
上是有意義的。在邏輯實證主義看來，所有倫理
的、美學的、宗教的陳述，以及許多日常心理的
陳述，都是無意義的。

麥基: 而語言分析哲學的興起，爲許多曾一度被邏
輯實證主義否定的論述領域恢復了地位。

威廉斯: 確實如此。在某種意義上，語言分析哲學有
比較寬容的態度。它傾向於認爲:"哲學就是要研
究我們用詞的方式、這些詞所具有的含義，以及與
這些詞有關的生活方式。如果這些論述方式存在，
這些生活方式也就存在，人們就應該理解它。"

語言分析哲學研究的是我們用詞的方
式、這些詞所具有的含義，以及與這些
詞有關的生活方式。

麥基: 而邏輯實證主義則認爲，某些論述、特別是
宗教的論述是無意義的。因爲它不能以任何方式
被證實。語言分析哲學肯定會說:"好，在我們
宣布它無意義之前，讓我們仔細看看它所用的概
念到底是甚麼，是怎樣使用的，它們怎樣在這一
特定的論述領域起作用。"

威廉斯: 是這樣。當然，這裏有一點很具諷刺性:
儘管語言分析哲學對待宗教語言比邏輯實證主義
更寬容，邏輯實證主義至少還是做了一件體面的
事情: 它指出了宗教不能被經驗證明的"無意義"
是有前提(premises)的。語言分析學家接過來
就會說:"宗教語言是這樣一種論述，它像其他
任何方式一樣，是一種生活方式"，這就以人本
主義方式對宗教作了含糊的解釋。它傾向於把宗
教和宗教信仰僅僅看作人的一種生活方式，表達
人的需要; 許多人(包括教士在內)都能同意這種
解釋，但是這已是超脫出人們對宗教信仰的傳統

看法。

麥基: 把語言分析哲學與邏輯實證主義加以區別之後，我們還應搞清語言分析哲學和語言哲學之間的區別。這兩個術語那麼相似，一些不熟悉哲學的人將它們混為一談是可以原諒的。

威廉斯: 它們的重要區別在於: 語言哲學是哲學的一個分支，哲學的一個領域。它是關於語言自身提出的問題的哲學。它現在是一個很時髦的、技術性較強的學科。當然，它與語言分析哲學畢竟還是很接近的。另一方面，語言分析哲學，或語言分析，不是哲學的一個分支，而是一種哲學方法，一種能應用於所有流派提出的哲學問題的方法。它提供了一種提出問題的方式，可應用於形而上學、倫理學或其他各方面問題中。它特別強調當提出上述這些問題時對語言的運用要有自覺性。

語言哲學是哲學的一個分支，一個領域。而語言分析哲學則是一種哲學方法，是一種能應用於所有流派提出的哲學問題的方法。

麥基: 語言分析哲學是不是包含着某種指望，這就是説，既然概念架構的所有内容都是我們自己放進去的，那麼，你一旦對一個概念的使用進行一番仔細分析，一切問題都能解决。也就是説，某種哲學研究可以最終解决全部問題。

威廉斯: 是的。人們以前常説，而且我現在還常聽到人們這樣説: 問題"不是解决了，而是消失了"。這就是説，很多傳統的哲學問題是由於誤解產生的，是由於對語言的功能缺乏瞭解而產生的。一旦你意識到我們的語言實際上起的作用，一旦你逐漸理解了我們所用的表達方式的實際意思，你就會看到，只是把某些詞堆放在一起，不可能得出結果。思想不能在詞彙中輾轉成爲現實。只有我們的實踐才能决定我們問題的意義。與此相關的另一個問題是，許多哲學問題在被分解成單獨的問題時都不成其爲問題。它們經常是由一個被過於簡化的公式集中在一起的一大堆各不相同的苦惱所困擾。當你看透了這一點，並採用分析的方法把問題分解開時，你會發現，許多傳統的哲學問題不是被解决了，而是消失了。你不必再問這樣的問題了。這套哲學所提供的解决問題的方式實在是令人興奮。確實有人認爲，**整個哲學將**

在五十年內結束。哲學將告死亡。

麥基: 因為當我們毫無遺漏地分析了所有基本概念
時，就沒甚麼事可做了。

威廉斯: 或者說至少我們已經解決了那些引起基本
哲學問題的問題。

麥基: 無論如何，這與語言分析哲學帶來的另一個
指望有矛盾了。邏輯實證主義者把哲學繫在科學
的裙帶上，但是，正如你剛才所解釋的，語言分
析哲學可以把任何東西放在自己的思考範圍內。
其結果是這種哲學技巧就被認為可適用於所有領
域。根據這一點，沒有理由說不會產生醫學哲學、
經濟學哲學、人口理論哲學、運動哲學，以及其
他每一事物的哲學(所謂"每一事物"是在"任何事
物"這一意義上的)。以醫學為例，它的特殊和核
心概念是"健康"、"疾病"和"治療"。當你認真思
考這些概念時，所有這些概念自然就變成了思考
的問題。而你又能運用哲學的分析技術，闡明醫
學領域中的論述。但既然這樣一種方式可以應用
到任何一門學科，這豈不就使哲學的工作變成了
一個無休止的任務了嗎!

威廉斯: 有道理。我認為沒有人認為所有的概念都

能被解釋清楚。他們至少能解決其中主要的問題，因爲他們能瞭解這些主要問題產生的根源。當然，對於醫學方面的概念問題還有待回答。例如，一些人認爲：心理疾病這個概念還是個問題，還有待於對它進行哲學探討。但是語言分析哲學的中心問題是以兩種方式產生的。第一，許多的一般性概念不是像"健康"那樣具體的概念，而是普遍存在於各種不同概念及其相互關係中的概念，或者是時間和空間的概念。它們是我們用於論述各個領域問題的概念，而且正是它們的一般特性引出了哲學的核心主題。第二，存在於不同領域的論述之間的邊緣性問題，例如物理事物與心理事物的分界線上的問題。賴爾的《心的概念》就是對這類諸如"我怎麼知道他們有經驗"、"一個活生生的實在物體怎麼會有思想"的問題加以語言分析的專著。這種邊緣性問題產生於以新的形式、新的分析技術去解決一系列老問題，使它們變成了一系列新的問題，並使我們有可能將它們一併解決。

麥基：噢，難怪它有這麼大的吸引力。不過我還想問一句：語言分析哲學是否還有某種特殊魅力，不然它怎麼會使那麼多天資聰明的人如痴如狂地迷上它?

威廉斯: 這有着不同層次的原因。其中一點是它以各種形式作出嚴肅而深刻的對比分析，而且佐之以通俗的日常生活例子，盡力避免使用複雜的專門術語。人們利用它分析問題時感覺輕鬆活潑，但整個工作性質又顯得嚴肅深刻。這就使人產生一種蘇格拉底式的愉快感，即一些日常材料可以爲更深遠的目的服務。這也就是它介於維特根斯坦和牛津學派（Oxford school）之間的一種獨特風格；牛津學派經常故意弄出具有諷刺性的枯燥，同時經常把爲區別事物而區別事物作爲一種美德。奧斯汀經常舉辦研討會，討論由於疏忽做

語言分析哲學之所以具有如此魅力是因爲它分析問題的形式使人感覺輕鬆活潑，但又不失其嚴肅深刻的一面。

了某件事、誤做了某件事、偶然做了某件事三者之間的區別。有時與會者會問："奧斯汀教授，這些問題表明了哪些重要哲學問題呢？"奧斯汀會回答："幾乎所有重大的哲學問題。"這一時成了他的名言。

麥基: 由於例子比較繁瑣，便常常會讓人產生錯覺。
正如你所說，雖然語言分析哲學家也故意採用一
種毫無誇張而且看起來很瑣碎的例子，但他們有
"不瑣碎的理由"，即他們不希望他們所論述的理
論與這些例子絲絲入扣。

威廉斯: 不錯。原因正在於，如果採用某種明顯重
要的、強烈的、表面上意味深長的例子，那麼就
會面臨兩種可能性: 或者它的確很深刻。在這種
情況下，問題肯定是非常複雜、非常棘手的，我
們不得不輔以日常生活為例子來解決它; 或者它
並不深刻──它的魅力是一種表面文章。正是由
於這一原因，語言分析哲學把傳統哲學的陳詞濫
調拋在一邊。維特根斯坦和牛津學派都對傳統觀
念表示懷疑，只不過二者的表達形式有所不同:
牛津學派冷嘲熱諷、插科打諢; 維特根斯坦及其
學派則慷慨直言、不苟言笑，並且對機智採取宗
教式的蔑視態度。有一位哲學家說過，好奇和救
世是哲學研究的動機。這兩大動機頗能對應和反
映兩個學派的風格和對象。另外兩派的共同點
是，它們都力圖從日常事物中尋求詮解，並且都
由於批判了傳統哲學中令人心安理得的觀念而遭
人忌恨。

我自己認為，當人們正在談論感覺或知識的理論時，使用舉平淡、瑣碎例子的方法，比談論倫理學或政治學時使用這種方法要更為穩妥。事實上，政治哲學在這種方式下是永遠不可能興盛起來的；政治和道德範疇需要鮮明而嚴肅的東西來解釋，而那些一般的觀察、瞭解、計算之類是無能為力的。

麥基: 我想，語言分析哲學富吸引力的另一方面是它反覆強調語言使用的自覺性，並把這種自覺性強調為一種新的責任，即能否十分清楚地表達自己的想法是極為重要的。

威廉斯: 我認為這種自覺性的本質是重要的。很有意思的是，儘管一些人指責這是空談式的無聊瑣事，或在遣詞造句方面的杞人憂天，但事實上它恰恰經常與詩人的要求一致。例如: 英國的奧登 (W・H. Auden, 1907 - 1973) 和愛爾蘭的耶

語言分析哲學富吸引力的另一方面是它反覆強調語言使用的自覺性，即能否十分清楚地表達自己的想法是極為重要的。

茨（William Yeats, 1865－1939）就經常在作品中強調詞義的前後一貫、用詞的準確無誤、力戒煩瑣等等。

麥基: 有些文學小品也表達過這種觀點，是不是？例如奧地利的克勞斯（Karl Kraus, 1874－1936）、英國的奧維爾（George Orwell, 1903－1950）的作品。

威廉斯: 是的，這些都是對亂用詞彙而搞亂人們思維的抗議。我們應當記住維特根斯坦來自維也納，而維也納人對這個問題一向深為關切，即探究這一問題的動機廣為存在。但牛津學派肯定不會關心這樣的問題，原因在於這有點好高騖遠；這一點無疑是動機的一部分，而且是很重要的一部分。

麥基: 我想在牛津，在我和你受業的地方，這種關於闡明、關於承擔、關於認真對待意義上的微妙差別的主張，除了有其哲學意義之外，還是一種思維訓練的極好方式。

威廉斯: 是的。它的確有非常積極的方面。但同時我們也應看到它的消極方面。

麥基: 我想，還是先把那一方面問題放一放。我們已談到應當對語言的明確性承擔義務，但是這馬上又引起了其他一些問題。多數人都會同意，語言分析哲學家中最卓越的一位，是後期的維特根斯坦，但是沒有一個人敢說他本人語言明確——情況恰恰相反。我想把這個情況同你希望專門談的另一個問題聯繫起來。我們知道，由於語言分析哲學家熱烈地追求語言明確性，他們便對某些哲學家恨之入骨，突出一例就是德國思想巨擘黑格爾(Georg Hegel, 1770－1831)。當你我還在上大學時，黑格爾就被大部分專業哲學家罵得一錢不值，因爲他的語言極爲晦澀——不明確。他的著作被嘲笑爲"廢物"、"垃圾"、"不值一談"。然而這種態度至少在現今是個明顯的錯誤。換句話說，語言分析哲學家所強加給哲學的那種"明確性"現在看來倒是無價值的。

語言分析哲學家熱烈地追求語言明確性，使他們對某些哲學家恨之入骨。例如黑格爾的著作被嘲笑爲"廢物"、"不值一談"。

威廉斯: 是的。明確性是一種遠比人們那時的想像

複雜的概念。黑格爾的例子就是證明。我認爲這
不僅是因爲他的作品難以卒讀，而且還有某種特
定原因造成這一點。康德就沒有像黑格爾那樣被
人罵過，但是任何人都沒有理由說康德的語言是
素樸暢達的。必須補充的是，黑格爾在意識形態
上受到懷疑有某種歷史的原因：他被認爲與在德
意志意識形態中的極權主義特質有關係。這大概
是冤枉他了。不過你認爲哲學史非常有選擇性、
並且在某種程度上由某種明確的概念所控制的看
法，是完全正確的。如果你從這一點出發來談維
特根斯坦類型與例如說奧斯汀類型之間的區別，
並通過說明奧斯汀類型如何明確和維特根斯坦類
型如何不明確來解釋這種區別，我想人們通常想
到的答案肯定是奧斯汀比維特根斯坦更重視文字
運用。然而事實上在維特根斯坦的《哲學研究》中
很少有不是直截了當的句子，他的文章也找不到
混亂的語法或晦澀的詞彙。

麥基：難於理解之處在於爲甚麼他寫了這些東西；
　　　人們理解他所說的，但不理解爲甚麼他要這樣說。

威廉斯：對了。有一些句子，如：“要是一隻獅子要
　　　說話，我們不會理解它”，文字上並沒有甚麼不通。
　　　但問題在於：“爲甚麼這個問題要存在？”由此可

見，語言難以領會的原因之一在於一種模糊性，一種非常深刻的模糊性，以及這種模糊對一種論點的影響有多大。在奧斯汀和其他語言分析哲學家之間存在着廣泛的爭論。爭論中使用了大量的"因而"、"既然"、"因爲"、以及"它將以某種方式被證明"等語言。在維特根斯坦那裏這種情況極少出現。他的著作由他自己的那種奇特的談話、警句、提示，以及其他這一類東西構成，這與他的一個非常激進的觀點相關，即哲學與論述或爭論毫無關係。他有一次談到，我們必須通過

語言難以領會的原因之一在於一種非常深刻的模糊性，以及這種模糊對論點的影響程度。

集合我們平常採用的提示，即某些哲學試圖令我們忘記的東西去探討哲學。

麥基: 這與那種要人們以某種確定的方式——如藝術作品，特別是劇本和小說——理解問題的過程並沒有甚麼區別。

威廉斯: 在我們運用以上所示的方法看待事物的同時，我們依舊在用那種未經哲學理論充分簡化過

的方法看待事物。在關於證實的問題上，沒有一家語言學哲學派別像維特根斯坦的觀點那樣激進。但是，他們和維特根斯坦一樣，都致力於**揭示日常經驗的複雜性**。於是，爲了明澈起見，就要用曖昧的詞語表達複雜的事物。**哲學是允許複雜的，因爲生活本身是複雜的**，並且對以往哲學家的最大非議之一，就是指責他們過於簡化現實了（儘管那些哲學家本人是神秘莫測、道貌岸然、索然無味的）。例如，雖然他們大量對比了事物的表象和本質，但如果人們現實地思考一下某一事物能夠呈現的各種表象，或與表象不同的事物本身（或稱事物的"本質"所在）等等，那麼人們將發現，關於該事物的所有思想一經集合起來，會比哲學家或者我們自己最初設想的要複雜得多。

麥基：前邊我們談到，在二十年以前(比方説)，當語言分析哲學剛剛脫穎而出時，人們一般都以爲，隨着新技術的運用，根本的哲學問題將會在二十年(比方説)內解決。好，二十年現在已經過去了，而根本的哲學問題仍然伴隨着我們。這樣看來，儘管語言分析哲學立過很大功勞，我們也一直在談論它的功勞，但是在它對自己的估計中，在它自身的概念中，明顯地存在某些根本錯誤的東西。我們現在就來談談它的這些缺點。

威廉斯: 在哲學革命方面，有過各種輝煌樂章——我們一下了就能列出不下五個。在某次革命開始時，有人曾說過: "哲學何苦這麼艱難掙扎? 我們現在找到了正確的道路。"人們都趨向於在短時期內用自己的方式解決問題，語言分析在這方面也不例外。我認爲它的基本局限性在於低估了理論的重要性，首先低估了哲學本身的理論性(在維特根斯坦那裏，幾乎不能說是低估——更確切地說，是全面否定)。此外，它也低估了理論在其他學科中的重要性。我認爲，甚至對理論在科學中的重要性，它也欠缺一個非常清楚的觀念。

麥基: 讓我來核實一下對你談的低估理論重要性的問題是否搞清楚了。語言分析學家傾向於用他們的小鑷子一次夾取一個概念，並使它服從於徹底的分析——有時(例如在奧斯汀那裏)實際上是與其他所有事物隔絕開來; 就是說，不把任何一種解釋性理論作爲背景。這是你的意思嗎?

威廉斯: 是其中一部分。但是，低估理論的重要性不僅是關於研究範圍的問題(奧斯汀和其他人也

> 語言分析學家傾向於用他們的小鑷子一
> 次夾取一個概念，並使它服從於徹底的
> 分析。

強調觀察概念的語族的重要性），而且是一個關
於理論研究的動機的問題。我認爲，我們試圖做
的，就是找出某些區別和對立、非常小心地深入
研究它，並深入研究可能從屬於它的形形色色的
細微差別，並排列它們、敘述它們，而不對造成
這一組差別——而不是其他有趣或重要的差
別——的背景作充分思考。

麥基: 你正在以一種零打碎敲的(piecemeal)方式
論述這個主題，而的確"零打碎敲"這個詞是你自
己經常用於描繪你自己的活動的詞，不是嗎？

威廉斯: 通常是。"零打碎敲"是一個褒詞。奧斯汀
打過一個意味深長的比喻。當人們抱怨區分太多
時，他指出某類昆蟲有數千種，並且問道："爲
甚麼我們不能發現有同樣數量的語言種類？"回
答當然是，我們對甲蟲分類的基礎是植根於一種
理論——解釋爲甚麼會出現不同種類，一種由進
化論所給予的理解。但是，除非你已經瞭解某些

基礎的理論，任何東西本來就是與另一個你隨意挑的東西不一樣的。

麥基: 換言之，你不能沒有一個參考架構(frame of reference)。而那種參考架構本身就是一種理論。

威廉斯: 我認爲這一點必須要强調，因爲它還沒有得到充分承認。人們的確在不同程度上談到可以一點一點地研究哲學，但是我認爲有一點被嚴重忽視了，即只有確立在一個基礎上——理論性更强或更系統的理解，問題才能被設置，區分才能被認識。

麥基: 早些時候，我談到了語言分析哲學家如何準備把他們的工具箱帶到形形色色的論述領域中去。現在，這個事實與語言分析哲學的重要缺點之一聯繫起來考察了。語言分析哲學家過分傾向於把哲學看作是與任何主觀事物相脫離、或至少是可脫離的東西。我記得英國最傑出的哲學家之一大約在十五年前對我說:"你沒有必要在哲學中知曉何者爲善; 你只需聰明，並對這一科目感興趣。"

威廉斯: 對，他無疑比有些人更誠實。我認爲，許多人想過這一點，但是肯定不會厚着臉皮去說它。如你認爲的，這也許是對怎樣看待事物的一種十分有趣的、歷史性的思考。在某種程度上，這正是我們早些時候闡述的有關這一哲學革命意義問題的另一方面。它起了作用，部分地是靠使人們感覺到哲學的本質已被誤解。他們就好像在指引着哲學領域的航行方向，或從事一種特殊類型的超科學，於是現在**我們有了一種有關哲學的自覺性**，這意味着人們不能像以往那樣假設哲學；而且，如我已經說過的，在維特根斯坦那裏，自覺性是如此深刻地值得懷疑，以至他十分懷疑哲學是否根本就不存在，除非把它當作在我們對自身的概念發生錯誤時形成的一種深刻的過失。這種關於哲學的革命性看法還使許多人深刻地、過度地自覺到哲學是甚麼，並且鼓勵了那種認爲哲學從根本上不同於其他任何東西的想法。這轉過來又鼓勵人們去認爲，科學之類就其自身而言不可能是哲學的，不可能有一個哲學部分。而哲學應是最優先考慮的方面。我認爲，人們現在再一次真正意識到，科學的某些部分本身就是科學哲學；語言學的某些部分是語言學哲學；大量的心理學是心理學哲學。在一些領域裏，既需要哲學的技巧，也需要科學或其他有關方面的知識。哲學與其他學科之間不存在截然分治。

麥基: 由這種分治的觀點看待哲學而引起的另一種缺陷是，它導致**缺乏歷史感**。語言分析哲學家幾乎沒有認識到他們正在進行分析的概念具有歷史性。他們竟然沒有注意到那些語言運用者的意圖，以及所運用的語言的歷史意義。使這一切更加古怪的是，他們自己口口聲聲說運用是量度意義的首要準則，同時卻一直忽略這樣一個簡單的事實，即詞的運用處在一個不斷變化的狀況中。

威廉斯: 我認為這裏存在着兩個不同的問題。一個問題是說所有的概念都有其歷史背景，而就這一點來說，我認為他們有（即使是稍微狹窄一點）一個理由維護他們的看法，即："我們現在把它作為一個發揮功能的操作系統來觀察它。"從這種意義上說，這正像某種類型的人類學。

麥基: 但是當他們考慮到洛克、笛卡爾或任何其他已故的哲學宗師的觀念時，他們就要與之爭辯，仿佛這些故人是共用一個休息室的同事那般。

威廉斯: 轉到哲學史那裏，當然會碰到一個不同的問題。毫無疑問，對過去哲學的探討有一種特徵，可以稱之為頑固的時代錯誤。有些人認為，對待過去的哲學，就如同對待今個月的哲學雜誌的內容一樣。他們這種說法正是墮入了這種時代錯誤的陷阱。我想就哲學史的理論多談，不過坦白說，這種時代錯誤仍不失其豐富和饒有趣味之處，並且比那種僅僅對於造成時代錯誤的方法懷有過度戒心寫成的哲學史，不知要有價值多少倍。

麥基: 我們一直在談論語言分析哲學的缺點，我認為我們談論到的每一點都是千真萬確的。我現在想提出一個你也許認爲不太真確的問題（然而它是所有批評中最常見的）: 外人總是傾向於、並且仍然傾向於把語言分析哲學認作是幹傻事。他們總是說，語言分析哲學家“不過是玩弄詞藻”，是“閒得無聊”等等。你能就此作些評述嗎?

威廉斯: 好。對這個問題的回答是，語言分析哲學在某些方面當然是這樣: 它是賣弄學問的、無價值的和枯燥的。但是，無論在任何時期、任何時代，並且無論是誰來做哲學研究，估計也至少有百分之九十是不過不失的、平庸無奇的，除了歷史學家以外，任何人對這些討論都提不起甚麼興趣。許多學科都是如此，但是對於哲學來說就更加如此。因此，語言分析哲學有這樣那樣的缺點，並不值得大驚小怪。許多其他類型的哲學也是不過不失。語言分析哲學的確有一個獨特的缺點，就是幹傻事、瑣碎和賣弄學問，而不是像許多其他哲學那樣地浮誇、空洞和枯燥。差勁的哲學有兩種形式：賣弄學問或偽造。語言分析哲學由於賣弄學問而特別差勁，至少在總體上是這樣。你所提到的批評大概就是指的這些。某些維特根斯

語言分析哲學有一個獨特的缺點，就是幹傻事、瑣碎和賣弄學問，而不是像許多其他哲學那樣地浮誇、空洞和枯燥。

坦派的作家應該說在某些方面也是差勁的。有人可能會說，維特根斯坦追求深刻而奧斯汀追求精確，於是這些宗師的追隨者由於功力有限，就容易陷入了隱晦的偽造或賣弄乏味的學問。對了，**如果一個人所學的是門差勁的哲學，差勁下帶點賣弄學問在某種意義上要比差勁加偽造較值得尊敬：**特別是當實踐者是要擔任專業教師的職務時。但是，除此之外，即你超出那些差勁的例子，有關的指責就不再適切了。擔心句子實際上是指甚麼的"無聊想法"，恰恰是自我理解語言的一個基本組成部分——將語言弄響以便確切地聽出句子的提示——這我們前面已經提到過了。

麥基: 我從先前與你的討論中得知你強烈反對這種由於自我縱容而大為流行的觀念。這種觀念往往用這種話說出來:"別擔心我實際上說了些甚麼,至關重要的是我的意思。"

威廉斯: 是的。這正是所有語言分析哲學要阻止人們去講和阻止人們去感受的(這在某種程度上更重要)的觀念。那種話實際是說,不管怎麼樣,我的意思擺在這兒——我會用小句子將這意思轉達給你——但如果轉達不過去,那就是閣下想像力不夠了。我們對我們的話有一種責任,因為說到底,我們的意思並不只是在我們心裏,並不是和我們所表達的東西毫不相干。**我們所用的句子就是我們的意思之所在。**

麥基: 你已起草了一份漂亮的資產負債表——現在我們最終得到了些甚麼呢? 遺產是甚麼? 我通過提一個簡單的問題回答我自己的問題: 遺產是一大筆錢。現在所有人研究哲學的方式都受語言分析哲學的影響。但是談了這一點之後,我們最終究竟還得到了些甚麼呢?

威廉斯: 嗯, 我認為最後論及的那個關於我們對我們的意思的責任問題仍然沒有解決; 此外, 没有

解決的還有，哲學問題並不一定符合傳統賦予它
們的那種形式——傳統的想法認爲哲學通常是一
個必須要以語言分析習得的那種敏感性進行探討
的領域。這些都是非常正面的遺產；當你把它們
和今日對哲學理論重新關注連接起來，你就獲得
了一種極有價值的組合。這完全是新近出現的有
趣發展。在這一發展出現之前，儘管哲學已大大
有別於二十五年前的情況，然而在我們的傳統中，
與以前那種哲學研究方式的聯繫，比所需要做的
多得多。

麥基: 語言分析的遺產中最寶貴的，是擴展了哲學
　　探索的領域。語言分析的技巧可應用於任何領域
　　的概念這一看法，促使新的論題不斷創生。

威廉斯: 哲學與語言思考有關的想法，以及哲學沒
　　有任何它自己的特定題材的觀念，促進了以上這
　　些發展。現在，哲學與最前線的科學之間的苛刻
　　界線已大部分消除了這一事實，又進一步促進了
　　這些發展(這我們前面提到過)。語言分析哲學肯
　　定促進了這些事物的興起。然而它們發展的方式
　　卻受到了負面的影響，我認爲，是受到了那種哲
　　學，特別是牛津學派哲學的局限性影響。這種哲
　　學總體上的弱點在於: 它是一種過分注重實在性

的類型。它不能理解這樣一個重要事實，即在科學史上——或在哲學史上——真正的確切性通常是次要的。有人可能會說，某種新東西，由於它是世界上的一個新事物，幾乎必然會是不明確的，幾乎必然會與業已存在的概念用法格格不入。奧斯汀並不否認這一點，他說，我們必須要做的是徹底澄清它，那麼不論我們採納何種理論，都會清楚自己的位置。如果你採納一個新理論，例如弗洛伊德的心理分析說，這將對我們的日常語言造成極大的衝擊。我們被迫說以前不經常說的或幾乎不可能說的東西。我們不得不說，人們是相信一些自己會不自覺相信的東西，如存在着無意識的願望和其他在某種程度上觸犯了日常語言的東西。現在我認爲，設想你所做的是剖析語言的含義，清理它們，然後衡量弗洛伊德的貢獻，這似乎是一個相當錯誤和乏味的觀念。如果弗洛伊德的貢獻果真如它宣示的一樣，它將開闢自己的天地。它就像一株有生命力的、往上拔高的植物，改變它周圍事物的景觀。它將拓出自己的地盤。語言分析哲學低估了科學的新發現能創造自己的概念空間的重要性，可以說，這些新發現就是以叫人意想不到的方式把圍繞着它們的思想和語言拆爲碎片，而這些方式最初看上去可能是無法控制的，幾乎不能理解的。事實上，任何一個時期中最有價值的思想難免是浮動不定、缺乏周密思考和不明確；這是一個重要的看法，卻爲語言分析哲學，至少是牛津學派所忽略。

語言分析哲學低估了科學的新發現能創造出自己的概念空間的重要性。但在任何一個時期中有價值的思想都難免浮動不定、缺乏周密思考和不明確。

麥基: 我最後想要提出的問題是，語言分析被運用爲一種技巧，它賦有着巨大和持久的價值；只是當把它視爲一種包羅萬象的哲學概念而不僅僅是一種工具時，它才會出大岔子。在四十年代和五十年代的確有許多哲學家認爲，哲學就**存在於此**。這種見解當然是大錯特錯的。但是如果它被限制在適當的位置上，把它作爲一種輔助技巧，我認爲它的價值又是不容低估的。

威廉斯: 是的——只要人們接受這至關重要的一點（如果我能這樣提的話），即工具本身和承載它們的工具袋有其獨特的思考方式，這就意味着它們不可能被任何哲學的老師傅所應用。事實上，我們不能再使用五十年代的工具，因爲支持它們的那些觀念現在已經沒有說服力了。整個工具袋只能由那些接受其造型觀念的人運用——我認爲這些觀念已經歷過深刻的修訂，並將繼續改變我們關於哲學、語言和思維的觀念。

8

道德哲學

與

愛爾

(R. M. HARE)

對談

引——言

麥基: "最大多數人的最大幸福是道德和立法的基礎,"這是功利主義(Utilitarianism)的中心觀點。在我看來, 這無疑是當今英國社會中影響最大的道德哲學。每當那些政治人物、公務員或任何公共行政的人員討論起應當做些甚麼的時候, 討論中大部分沒有說出來的假定, 都是一些功利主義觀點, 它們是赤裸裸的、甚至連想都不用想就提出來。功利主義源遠流長, 英哲赫欽遜(Francis Hutcheson)在兩個多世紀以前就系統地提出了它的基本原則, 並由邊沁(Jeremy Bentham, 1748－1832)在一個半世紀以前引入社會思想之中。通過教育體系, 邊沁及其追隨者(其中主要是穆勒〔John Stuart Mill,1806－1873〕)在十九世紀後半葉影響了整個英國統治階級的思想。這種影響在英國的公共機構中一直延續到今天。這是哲學——由理論家構思和播揚——對人民大眾的日常生活發生直接影響的一個突出例子。不過, 功利主義並未贏得所有人的支持。在社會事務中，它受到激進的左翼和激進的右翼，以及一些宗教人士的責難。在大學裏，它受到專業哲學家越來越多的攻擊。我們馬上就要談到這方面的爭論，但我們希望能將功利主義置於道德哲學的廣闊背景之中討論。肩負這項任務的是牛津大學道德哲學教授愛爾(R.M. Hare)。

討——論

麥基: 在正式討論之前，我們須要追本索源，問題是：甚麼是道德哲學？

愛爾: 要知道道德哲學是甚麼，首先取決於我們認為哲學本身是甚麼。自古希臘思想家蘇格拉底（Socrates, 公元前469－399）以來，哲學家一直試圖通過搞清楚提問題時用的各種概念，來清楚瞭解各種問題。所謂哲學問題，就是適合用這種方法來處理的問題，道德哲學也不例外：**道德哲學試圖弄清楚的是有關道德的各種實際問題。**舉個例子說，如果你不懂"公平"（fair）這個概念的意思，因而無從知道怎樣去解決問題，那你如何決定薪酬漲到甚麼程度才算是公平的呢？

麥基: 我想我們必須弄清楚道德哲學家和道德主義者（moralist）之間的區別。特別是考慮到你（也包括我）認為道德哲學家可以為大眾作出實際的貢獻，解決具體的道德難題，對此加以區別就更為重要了。因為，道德哲學家並不告訴人們應該做甚麼，這是道德主義者的事，你説呢?

愛爾: 也許，你不應該説: "告訴人們應該做甚麼" (這聽起來好像我們是在服軍役)而應當説"想想他們在某種特定情況下應該去做甚麼"。在這個意義上，我們大部分人都是道德主義者，只是有些人較其他人明智而已。但道德哲學家有所不同，因爲他們是以一種專門技巧(儘管任何付出努力的聰明人都能培養起這種技巧)探討這些難題的。他們完整而清楚地理解那些用於系統闡述道德問題的詞語，從而精確地瞭解人們究竟是在問甚麼、如何回答他們爲好、何種論點能够成立。

道德哲學家理解那些闡述道德問題的詞語，瞭解人們究竟是在問甚麼，如何回答爲好，何種論點能够成立。

麥基: 那麼，如果以這種專門方式進行研究，何種道德概念在研究中是最富有成效的呢?

愛爾: 這個嘛，不同的哲學家有不同的觀點。英國哲學家默爾多赫(Iris Murdoch, 1919－　)寫了一本叫作《善的主權》(*The Sovereignty of*

Good)的書，根據這一書名，我猜測她認爲"善"是最重要的道德概念。而另一些人則認爲研究像"仁慈"、"正義"這樣一些較具體的概念更爲重要。我個人認爲，研究所有這些概念都是有用的，但最近我主要在研究"應當"（ought）這個概念，因爲它是道德概念中的最簡單的，也是最基本的概念。因爲我們大家畢竟都很想知道，我們歸根結蒂應當做甚麼，不是這樣嗎？

麥基: 你從分析道德概念入手，說明了道德哲學的特點。你怎麼看待理論、模式，以及行動、決策和選擇的前提等問題呢？對這些問題的分析也是一種哲學活動，而且是一種重要的哲學活動，對嗎？

愛爾: 我同意。但是，除了運用概念來對概念進行批判的檢驗以外，最重要的還有對論點進行檢驗的問題，即瞭解這些論點能否成立。通過搞清有關概念，我們就能檢驗有關的論點，並進而檢驗這些論點所支持的有關理論。理解一種概念就是理解它的邏輯性質，這樣才能知道如何使用這一個概念達到有效的推理。

麥基: 概念的分析和道德論點的邏輯分析，對於解決實際問題有甚麼作用呢?

愛爾: 除非你知道哪個論點是可以成立的、哪個不可以成立, 否則你怎麼去解決實際問題呢? 而且, 如果你不理解你問的問題的確切含義是甚麼, 你又怎麼知道回答正確與否呢?

麥基: 剛才向你提問時, 我想到了一點: 你是一個分析哲學家(analytic philosopher), 你認爲你的主要任務是闡明概念和論點。但還有其他類型的哲學家, 例如馬克思主義者和功利主義者, 他們並不以同樣的眼光看待哲學。他們自信他們的方法帶出了新意思——就馬克思主義者和功利主義者來說, 正如人們所見, 的確是帶來了新意思。那你的方法是否也帶出了甚麼新意呢?

愛爾: 我實際上是一個受穆勒傳統影響的功利主義者, 穆勒極其重視邏輯, 他爲此寫了一本篇幅巨大的書。他深深懂得研究概念的重要性。馬克思主義者也是功利主義者, 儘管是非常不同的一類功利主義者。但與大部分馬克思主義者不同, 我和大多數英國的功利主義者一樣認爲, 道德論點要得以成立, 我們不僅要對道德狀況進行精確的實地調查, 而且要對我們論點的邏輯進行嚴密的

研究, 這只有靠弄清有關概念以及它們怎樣運用才能做到。

麥基: 你是把馬克思主義者提出的道德哲學看作是智力上低水準的?

愛爾: 馬克思主義思想中有一些東西本身是高水準的。這些東西對於我們理解社會貢獻極大。馬克思對社會學、也許還包括經濟學的貢獻是很重大的, 儘管這些理論要是更清楚些, 即是說, 要是這些理論沒有留下那麼多可作不同解釋的餘地的話, 情況就會更好, 就不至於令他的追隨者各執一詞, 互不相讓。就哲學而論, 馬克思卻不懂得: 哲學家要想在解決實際問題中作出自己獨特的貢獻, 他就必須做些甚麼。

麥基: 當代許多較年輕的哲學家不是像過去的馬克思主義者和功利主義者那樣, 從"純粹的"概念解釋轉到對道德難題的直接考慮上去嗎?

愛爾: 在我看來, 這種區別不能成立。那些自以為能夠由概念解釋轉為直接插手現實生活中的實際道德問題的哲學家, 就像是那些衝出去做工作卻忘了帶工具、忘了鋪設水管的知識的管道工。在這種情況下, 要他去修管堵漏, 還不如讓房東自己動手。

麥基: 換句話說，你認爲哲學家的專業工具就是概
念分析和邏輯分析。假如他没能使概念分析和邏
輯分析發揮應有的作用，他就不能對他的專業範
圍做出應有的貢獻。

愛爾: 是的，這樣他就不如許多政治家和新聞記者，
因爲他缺乏他們的經驗。

麥基: 講到政治家，人們總是認爲，道德哲學和政
治理論之間有一種特殊關係。但近來，這一聯繫
已經變得相當脆弱。你能就此作些評論嗎?

愛爾: 我不清楚你講的"近來"是甚麼意思。目前的
確有很多哲學家寫關於政治問題的作品。但關於
這種現象的"新"不能言過其實。我於1955年發表
了我在政治領域的第一篇論文，而要是我現在再
要涉足這個領域，那是因爲我發現自己從那時起
一直從事更基本的研究之後，對論述這個問題有
了更好的條件。我希望這同樣也是其他分析哲學
家要做的事情，儘管他們中的一些人令人遺憾地、
災難性地認定，當他們沉溺於政治時，他們不得
不將他們的工具棄之身後。激進派有時説，分析
哲學家寫不出"切題"的東西; 但是他們由此所指

的是分析哲學家沒寫夠政治上與激進派意氣相投的東西。如果容許我也鬧點兒本位主義的話，就讓我們來看看牛津的情況。牛津大學哲學、政治、經濟學院，由於把哲學和社會科學結合在一起，培養出了大量有能力的、有哲學頭腦的政治理論家，他們中的一些人仍在那裏任教。牛津的學位考試中列了兩份試卷，一份是"道德和政治哲學"，另一份是"政治理論"。由於這兩份試卷內容重疊，如果學生選答第二份卷子，就不再允許他們回答第一份卷子中的政治問題部分，否則就等於是做了一件事，記了兩次分。"政治理論"試卷是由政治理論家出題，並由他們和哲學家一道評分；通常評出的分數都相當接近，根據我的經驗，就像同一學科中不同評卷人評出的分數一樣接近。還有其他一些政治問題試卷，也是經常由哲學家來幫助打分的。在這兩門專業之間沒有任何分裂的迹象。導師中間也就這一界綫展開了極其活躍的討論。我屬於一個在全靈學院（All Souls College）聚會的小組，我們主要討論《哲學與公共事務》（*Philosophy and Public Affairs*）這份讀者羣很大的美國新雜誌所包括的各種問題。有趣的是，這個由政治理論家、律師和哲學家組成的小組，開始時決心只討論現實生活中的實際問題，但很快就發現，對這些問題的研究只要一深入，馬上就會涉及到理論道德哲學的關鍵問題，而這些問題正是你剛才說我們試圖放棄的問題。其實，我們是重新認識理論基礎的重要性後，再回到這些問題上來的。

麥基：我只是在最近幾年才意識到，道德哲學家中的一種不斷增長的趨勢，是參與社會領域的問題，如經濟理論，人口政策等，而不是嚴格意義上的政治問題。

道德哲學家中的一種不斷增長的趨勢，就是增加參與社會領域的問題，而不再局限於嚴格意義上的政治問題。

愛爾：這些問題就正是今天的政治問題。哲學家無非是聞風而動、招之即來而已。你所說的情況現在很盛行，儘管它早就出現了。帕爾費克(Derek Parfit)——是他同律師德沃爾金(Ronald Dworkin)共同發起成立了我剛才提到的那個小組，他在撰寫一份就我孤聞所及最尖銳的人口政策的文章，他和其他幾位哲學家主辦了一個有關人口及其問題的研討會，這是牛津大學各式

研討會中最令人感興趣的一個。我自己的業餘愛好是環境規劃，早在三十年前，我成為一個職業哲學家之前，就一直相當積極地從事了這項研究；我誠心地認為，我的哲學生涯對這一學科的研究是有幫助的。現在我不大做這方面的研究了，原因也許是很有趣的：因為環境規劃（特別是交通規劃，它一直是我最感興趣的問題，因為它是環境問題的樞紐）現在比以前技術性強多了。這意味着作為業餘愛好者的人，例如我，已經不能在這方面做多少有意義的事了。我過去常給《交通工程和控制》（*Traffic Engineering and Control*）寫稿，但是由於這個題目已經變得那麼數理化、那麼困難，我現在已經不敢這麼做了。過去，人們可以根據調查所得的數據，辛辛苦苦地用紙和筆計算出像牛津這樣的城市的全面交通情報預測。我自己就做過關於牛津道路之爭的一些統計。但是現在你不得不使用電腦，而我還沒學會。這也是發生在哲學家身上的一個範例。如果我打算專門研究交通規劃，我就不得不放棄哲學研究，因為沒有多餘時間。

麥基：當遇到這種具體的社會問題時，你仍然否認用更公開的政治性方式來談論道德哲學（諸如馬

克思主義，甚至某些存在主義的派別）會有更多
的東西可說嗎?

愛爾: 他們有更多的話可說──因爲他們的話特別
　　多，他們寫的書就比別人長。儘管這兩派有些很
　　好的哲學家，但那些比較平庸的，除了吹出各種
　　形狀不同、色彩絢爛的氣球，除了他們呼出的空
　　氣之外，幾乎一無所有。這些氣球從這裏飄過英
　　倫海峽或飄過大西洋，你用針一戳，除了易燃性
　　和空氣污染之外，天曉得裏面還有甚麼。他們無
　　非能夠增加幾分熱氣騰騰的蒸汽──反正人聚在
　　一起你推我搡也少不了冒蒸汽，但蒸汽管道接錯
　　了地方，儘往人眼鏡片上噴就是了。我認爲這些
　　人對解決實際問題毫無補益。

麥基: 換言之，你認爲這兩種對立的哲學方法勢必
　　五光十色，搬弄辭令，但缺少拿得出手的內容，
　　這部分地是由於它們缺乏邏輯的嚴密性(logical
　　rigour)。

馬克思主義者和存在主義者重於搬弄辭
令，缺乏邏輯的嚴密性。

愛爾: 嚴密性是個關鍵詞。

麥基: 辭令也是一個關鍵詞。

愛爾: 我並不譴責適當的辭令——剛才我自己就耍了點兒花腔，但必須同時保有嚴密性。這些人有的的確擅長於辭令，他們以一種我們分析哲學家不幸沒有的方式——除非更早期的分析哲學家，如洛克（John Locke, 1632－1704）和穆勒——影響了歷史。可以一直追溯到德國哲學家黑格爾（Georg Hegel, 1770－1831）和他那一類人，也就是所謂的浪漫主義哲學家，他們也極大地影響了歷史，但我覺得越影響越壞。

麥基: 對於分析哲學來說，遺憾的是它沒有這種使人民羣衆激動的魅力。但這也許是分析哲學的性質決定的。

愛爾: 我相信是這樣。爲了傳授分析哲學得出的成果，光去煽動民心是不够的，而必須促進人們思考。這樣一來，就不太令人歡迎了。

麥基: 英國哲學家懷特海（Alfred Whitehead, 1861－1947）說過人們會千方百計地去躲避思考。

愛爾: 近期知識界的歷史極好地說明了這一點。

麥基: 剛才你談到，作爲一個道德哲學家，你已經參與了實際生活領域中的某些問題。你的話中表現出，道德哲學實質上是一種混合式的哲學，它所關心的問題一部分是事實的或經驗的，而另一部分則是分析的或先驗的(*a priori*)。真是這樣嗎？如果是這樣的話，那麼這是不是使它與其他的哲學分支區別開來的原因呢？

愛爾: 我認爲不存在區別的問題。當然這兩種關注之間的區分是重要的。你的話使我想起《道德形而上學原理》(*Groundwork of the Metaphysic of Moral*)一書中康德(Immanuel Kant, 1724－1804)的著名問題："對於那些習慣於按照衆人的口味辦伙食的人們，那些喜歡以他們自己都不清楚的各種各樣的比例關係拼湊經驗論與唯理論的大雜燴的人們，那些自稱爲'創造性思想家'，而不是專攻唯理論的'吹毛求疵者'的人們，如果能够告訴他們，一個人同時進行兩項技巧不同、所需才能不同的工作只會產生出笨伯，那麼，對於我們整個淵博的哲學事業，豈不要好得多嗎？"

麥基: 你贊成康德的意見嗎？

愛爾: 當我遇到那些"笨伯"時，我就會像康德一樣惱火。但是，這不是康德最後的話；他後來是留了餘地的，也就是說，他並沒有確定先驗部分到底應該由所有的道德主義者（這種人多如牛毛）去做呢，還是應該由那些對這一領域有特殊才能的人去做。他只是堅持要審慎地區分道德哲學的兩個部分，在這點上，我當然贊同它。你研究哪一部分，就應該知道你是在研究哪一部分。

麥基: 你的意思是說，應該清楚自己甚麼時候是在研究分析性問題，甚麼時候是在研究事實問題。

愛爾: 事實問題，更廣義上說應該是實質問題，因爲有些實質問題——例如道德問題——並不是純粹的事實問題，而是關於我們應當做甚麼的問題。不過我同意，**無論研究哪種哲學**（也許道德哲學特別容易陷入那種混亂），**事實問題和實質問題都必須與概念的或分析的問題區分開來**。

麥基: 現在讓我們來談談道德哲學的現狀。你能談談近年來吸引着道德哲學家的問題嗎?

愛爾: 在道德理論方面，近年來的主要問題一直是由事實前提(factual premises)得出的評價性結論(evaluative conclusions)是否具有派生性(derivability)的問題。你能從事實中獲得價值嗎？你能從一個"是"字中獲得一個"應當"嗎？不僅分析哲學有這個問題，而且它也是諸如存在主義者及其反對派之間爭論的焦點。只不過他們陳述問題的方式不同。由於缺乏分析技巧，他們無法擺脫目前的困境(這需要去做某些關鍵性的和相當困難的區分)。他們便因而陷入極度苦惱之

你能從事實中獲得價值嗎？你能從一個"是"字中獲得一個"應當"嗎？

中。但我認為，除非透徹地瞭解"是"——"應該"問題這兩方的論點，否則在道德哲學方面是不可能做出多少有用的事的。

麥基：你說："你能從一個'是'字中獲得一個'應該'嗎？"這個問題非常棘手，但又是一個根本性問題，如果我試圖對它做一點澄清，你也許不會介意。正統的論斷是，任何一類事實都不可能必然產生出價值判斷、道德判斷、政策和決定，對嗎？根據這一觀點，事實和價值在邏輯上是互相

獨立的。而這種獨立性截斷了雙方的途徑：因為價值獨立於事實，所以事實也就獨立於價值，從而杜絕了個人傾向的餘地。讓我來舉個例子。如果科學家成功地證明某些種族通常比其他種族智力低下，這就與你我的信念發生了矛盾。而如果我們發現果真如此，心裏就會很不平靜。然而事實就是事實，我們必須把它當事實來接受，而不是否認這個事實，更不能壓制事實。例如，不能靠阻止科學家出版或演講來壓制事實。簡言之，事實是不以我們的願望為轉移的。但是，没有任何具體的社會政策必定要遵從這一事實。有人可能會説："既然這類人生來就愚昧不堪，社會就不應當把很多財力物力用於教育他們。"但是其他人又會以同樣根據提出："恰恰相反，如果他們生來缺乏智慧，社會必須把更多的財力物力用於教育他們。"換言之，同一事實將導致甚麼樣的政策決定，是完全由人決定的。

事實和價值彼此互相獨立這一概念，對於我們這個以科學為基礎的文明、甚至可以説是科學佔統治地位的文化，是帶有根本性的。社會科學也大規模地採納這一概念，尤其是社會學家正在試圖發展所謂"價值中立的社會學"。這一概念甚至影響了文學評論。但是並非人人都接受它。你是持哪一種觀點呢?

愛爾: 我同你站在同一邊: 我認爲事實與價值是相脫離的。當然，這並不意味着像某些人那樣，說事實與價值問題是無關的。當我們判斷一個價值問題或試圖決定應當怎麼做的時候，我們就是在兩個或者更多的具體選擇中做出決定，而這些選擇的吸引力如何則依賴於事實。我的意思是，你提到的例子，你要決定是否應當給予弱智者以較多或較少的教育，這就要看你怎麼做，無論選擇哪種做法，都要看後果如何，實際上，你要選擇的是後果，不是嗎? 所以，如果我問:"我應該給他們較多還是較少的教育呢?"這個"較多"或"較少"的問題，必須由事實來決定，這些事實能够證明任一種做法的後果。

當你要決定給予弱智者多少教育時，你考慮甚麼因素呢?"後果"會不會是你考慮的主要原因呢?

麥基: 所以，一項決定或一項政策，亦即一種評價性選擇(evaluative preference)，如果它不是完全瘋狂的或任意的話，就必須與具體現實情況

相結合。

愛爾: 不錯，正是如此。據我所知，沒有任何一個堅持事實/價值區分的人會說，你不能在作出道德判斷時這樣運用事實。

麥基: 但有些哲學家一口咬定，事實和價值無論你怎樣分析，總是混雜在一起的，對嗎?

愛爾: 對的。我們沒時間去討論這個問題，但我可以說，凡是我聽到的根據這種觀點提出的論點，沒有一個不是糊里糊塗的。

麥基: 說服我承認"混淆是錯誤的"的一例，是那些堅持說可以從事實的敍述中推導出價值的敍述的人，在這件事上沒有人成功。他們中沒有一個人向我們出示一星一點有說服力的例證。

愛爾: 沒有，沒有一個人能從事實前提推出毫不含糊的評價性結論，幫助解決一個實際問題。有這樣一種事實/價值推理:"所有希臘人都是人; 所以，如果你不應該吃人，你就不應該吃希臘人。"還有:"傑克恰好做了比爾所做的事，而他們的環境、個性等等，都是一樣的; 因此，如果你應該把比爾投進監獄，你也應該把傑克投進監獄。"

我自己也使用過這種推理。而我們所說的是從事實中根本無法推理出不帶"如果"之類的條件的、毫不含糊的實質性結論。

麥基: 在這個論題上，有哪些比較重要的哲學家不贊成你的意見?

愛爾: 我將提到某些很有名氣的人，儘管他們在事實／價值推斷的理論哲學中不是主要人物。以哈佛大學的羅爾斯(John Rawls, 1921－　)為例，他寫了一本叫做《正義論》(*A Theory of Justice*)的書，很受讚賞。我完全可以肯定，他屬於與我們爭論的論敵。也就是說，他的確認為，價值判斷能够從事實的敍述中推理出來。但是如果你看看這本書並問: "他是否用過任何有根據的推論，從事實演繹出價值，來表明某種屬於真理的道德結論? "回答將是否定的。他是求助於直覺，說了一些他希望我們會贊成的話; 而在這一點上，他是下了一個相當安全的賭注，因為由於我們的教養，我們很多人都有羅爾斯那種直覺和偏見。但作為一個論點，它是不能自圓其說的。

麥基: 你能舉出一個他這麼做的例子嗎?

愛爾: 我是不是能够放開一些講? 他主要談到公平分配; 而關於這個主題最近已經有了幾本重要的著作, 主要有羅爾斯的書, 還有勞錫克(Robert Nozick)的那本《無政府狀態、國家和烏托邦》(*Anarchy, State and Utopia*)。他也在哈佛工作, 很奇怪, 具有如此相似背景的兩個人撰述的書在政治觀上卻截然相反。這表明我們不能仰仗人們的直覺來求得一切。這兩個作者都求助於直覺, 希望藉此爭取讀者的支持。然而他們得到了彼此幾乎相反的、儘管不是完全相反的結論, 因爲與勞錫克的立場處於極端對立的是平均主義的結論, 而羅爾斯不完全是一個平均主義者。平均主義認爲, 社會產品應平均分配, 除非存在某種越出嚴格的平等之外的絕對必要。勞錫克完全不同意。他認爲, 作爲自由人, 我們有權彼此交換我們的產品(如果獲得產品和交換產品是公正的話), 除非由於公平交換的累積影響產生了極大的不平等。羅爾斯處於這兩種觀點之間, 他認爲, 一個公正的經濟制度是一個對條件最壞的人作出最好安排的制度。只要最不利者的情況能够得到最大程度的改善, 羅爾斯似乎並不介意其他人處境如何。這樣, 我們就有了三種立場(我可以説我自己不贊成其中任何一種); 奇怪的是, 在羅爾斯和勞錫克的書中似乎並未提出任何解決這一問題的論點，因為他們所能做的一切就是求助於他們自己和他們的讀者的直覺，而直覺是根據你在政治上站在哪一邊而決定的。

麥基: 這就把我們引向了最重要的一個問題: 一個人怎樣在上述那種完全不同的方法之間作出判斷?

愛爾: 為了對羅爾斯公正，要是他願意而不是每時每刻都依靠直覺的話，他有一個可以回答你問題的道德思考方法。正如巴里(Brian Barry)在他論羅爾斯的書中說的，羅爾斯的這一方法以其邏輯特性來說是非常類似於我自己的方法的; 要是羅爾斯能夠運用邏輯方法並公開放棄直覺，他就會做得好得多。他不運用這一方法的理由是，如果他那樣做，他就會變成一個功利主義者，而他認為那是比死更糟的命運。他的直覺告訴他，他絕不能成為功利主義者，於是，他不依賴邏輯，他依賴於直覺。

麥基: 你已經透徹地講明了，用直覺來解決道德問題是行不通的，因為不同的人有不同的直覺——但是不是意味着你否定直覺? 你認為我們應當把直覺扔到一邊去嗎?

愛爾: 不, 絕不是這個意思。直覺是很重要的, 但它們不是唯一的東西。它們的重要在於, 對於大部分道德難題, 我們沒時間去思考, 而有時思考是危險的, 正如莎翁筆下的哈姆雷特(Hamlet)所發現的那樣。因此, 教育我們的那些人非常聰

直覺的重要性在於, 當我們沒有時間去考慮大部分的道德難題時, 就以直觀感覺去判斷。

明地把一些形成我們大部分人的性格傾向的東西灌輸給了我們, 例如, 力戒說謊; 如果有人說了謊, 我們馬上就會說他做錯了。殘暴也一樣。如果今天你在這個國家發現有人殘暴地抽打一條狗——更不用說打人了——你立即會說他做錯了。我們曾受過教育, 那就是說, 帶有一種甚麼是對和甚麼是錯的直觀感覺; 我們受到教育是非常可貴的。如果我們沒有接受教育, 我們的行為舉止就會糟得多。所以, 我當然贊成直覺。但問題是:"甚麼樣的直覺?"當你教育你的孩子時, 你問問自己, "教育他們產生一種、留長髮的人

是壞人，留短髮的人是好人'這樣一種直覺對嗎？"或者更嚴肅一點："教育他們去認爲婚外性關係是不對的，這正確嗎？"你怎麼決定呢？如果你想知道你自己的直覺是不是最好的直覺，如果你的孩子或其他人對你認爲的最好直覺提出異議，那麼怎麼辦？**直覺主義——一種認爲道德判斷由直覺確認是無可非議的觀點——是無法回答這個問題的。我們需要使道德思考達到一個更高的水平，一個能够批評直覺的水平——批判的水平**——在這個水準上，我們就能考察各式各樣相互對立的直覺，或者是同一個人的直覺，或者是不同人的直覺，並且評價它們，看看哪些是最好的。

麥基: 這種更高水平的思考怎麼進行呢？更確切說，如果你否認直覺可以作爲兩種矛盾論點之間的一個決定方式，你也不相信道德評價能從事實中推論出來，那麼，在具體的道德問題上，推理和理性討論還有甚麼作用呢？

愛爾: 如果可以的話，我想分階段來談談這一點。我認爲，討論在這裏能幫上忙——它能提供的幫助比它到目前爲止所提供的多得多——但是讓我們從第一個階段講起。正如我早先說過的，這是一個邏輯被用來澄清爭議中所涉及的各種概念，如"公平"、"正義"概念的階段，用來闡明這些概念的邏輯性質的階段。第二階段：一旦你澄清了概念，你就可以把一種問題同另一種問題區分出來。政治問題和道德問題都是一些不同種類的問題的混合物。首先，有關於我們的處境或可供我們選擇的行動和方針的後果的問題，它們都是一些極爲普通的問題。其次，有我剛才談到的所用概念的性質、詞彙的意義這些邏輯問題——人們時常因爲把一些不屬於事實的問題看作事實問題，交談起來常常文不對題。例如，在關於墮胎問題的爭論中，人們認爲，這是胎兒發育到哪個階段算作人的事實問題。但事實上，這裏有三個問題(或三類問題)，而不只是一個問題。這裏有狹義上的事實問題——主要是關於胎兒和母親的狀況，及如果不流產，胎兒與母親的未來等醫學問題；還有我們如何使用"人"這個詞的問題；最後，還有的第三類問題，即像"在用詞的紛紜複雜的意義上，應當怎麼去對待胎兒或人"這樣一類價值問題。混淆了問題的類型，人們便總在圈子裏團團轉，並永遠不能進展到抓住第三類問題，而這是有決定性的問題。哲學家的第二個貢獻是將所有這些不同的問題區分開來，然後我們就會

看到，事實問題可以通過經驗的方法加以解決;
邏輯的和概念的問題可在必要時借助哲學——邏
輯學家的幫助來確定所用詞語的意思是甚麼，或
者，如果我們想要改變用詞的意義，我們想改成
甚麼樣子，可以用甚麼辦法來對它們進行分類。
最後剩下的就是評價問題。當我們解決了其他問
題之後，這類問題就可能比較容易回答了，因爲
最後我們能够看清這些問題，並把它們與其他種
類的問題區分開來。

先用邏輯來澄淸爭議中所涉及的各種概
念。隨着概念的澄淸，各種問題可區分
開來，然後是評價問題。

麥基: 邏輯怎麼能被應用於純粹的價值問題呢?

愛爾: 這也就是目前在道德哲學中最重要的論題，
一如它一向總是最重要的論題。是的，在價值問
題已經從其他問題中被清理出來以後，邏輯怎麼
能幫助解決決定性的價值問題? 我一生一直試圖
作出這種區分。人們之所以兜了圈子，是因爲他
們認爲這兒只存在一條死路; 但是我認爲柳暗花
明又一村。我的觀點有點近似於康德的觀點——

儘管我對表明這一點躊躇不決，因為我從不能清楚明瞭康德的說話；他是一個如此晦澀的作者。但我想談談關於道德哲學概念所具有的兩種性質，它們加在一起就可以為道德哲學提供一種邏輯。第一種是哲學家所稱的**"普遍適用性"**（universalizability）的性質。這大致是說，我關於某一事件的任何道德判斷，也必然適用於其他恰好相似的事件。第二種性質叫作**"規定性"**（prescriptivity）。這意味着，中心道德判斷（這當然是相對於其他不具備這種性質的、不居中心地位的道德判斷而言的）將對我們的行動產生影響。如果我們相信這種道德判斷，那我們就會盡力按照它們行動。總之我是說，這兩種規範性質本身就足以產生出真正有助於道德爭論的邏輯。

麥基: 聽你這麼一說，仿佛道德哲學，至少它的一個方面，是邏輯的一個分支。

愛爾: 我想是這樣。例如，"應該"就是一個概念模型，正像"必須"（must）和"能够"（can）那樣。邏輯學家有一類他們稱之為邏輯模型（modal logics）的東西，也就是必然性、可能性這一類概念；還有一種叫作義務邏輯（deontic logic）的邏輯模型，即關於義務性和許可性的邏輯（也就是説，有關那些以"我應該"和"你可以"開頭的句子的邏輯）。道德哲學的形式部分，亦即它的所有其他部分的基礎部分，就是義務邏輯。我不是邏輯專家，但我覺得自己作爲業餘愛好者，對這一課題間接地起了一份作用。

麥基: 早些時候你自稱是某種功利主義者。聽你現在一説，你仿佛又成了康德主義者了。康德主義者和功利主義者通常不是相互對立的嗎?

愛爾: 那是當今他們各自營壘的追隨者時不時説的話。一般的看法是，康德和穆勒，或邊沁，站在道德哲學對立的兩極。這是相當錯誤的看法。康德是反對那種他認爲曾經在英哲休謨（David Hume, 1797－1837）思想裏發現的功利主義，即反對那種試圖將道德完全建立在人類感情的經驗主義研究上、並貶低康德稱爲"純粹理性部分"的功利主義。穆勒則認爲，他的功利原則與康德的"絕對命令"（Categorical Imperative）（由於穆勒對這一概念所作的解釋，這個概念才第一次產生了一點意義）是一致的。康德談的是道德思維的形式，功利主義談的則是它的內容，這都需要引進我們觀察到的事實。也許英國古典功利主義者中最偉大的西奇威克（Henry Sidgwick, 1838－

1900)，最接近於在康德和功利主義之間搞出某
種綜合。

麥基: 在這兩種方式中, 你認爲它們各自對在何處、
錯在何處?

愛爾: 我還是談談我向這兩種思想流派學到的東
西。從康德那裏, 我學到了道德思想中先驗成分
的重要性的觀點; 排除先驗成分我們就不能思
想, 因此我們必須研究邏輯。不過我不同意康德
說這一成分是綜合性的(Synthetic)。維特根斯
坦(Ludwig Wittgenstein, 1889 — 1951)的《邏
輯——哲學論》(*Tractatus*)一書使我確信, 綜合
性的先驗真理在我們的思想中既不存在, 也無必
要。就是說, 我們不能光靠推理而達到有關事實
的、或者價值的實質性結論。邏輯所確立的僅是
概念的形式特性。如果你想要事實, 你就必須觀
察; 如果你想要價值, 你就必須選擇(康德的"自
由意志"〔Autonomous Will〕在表達這個問題
方面是比穆勒的"感情"〔Passions〕好得多、正
確得多的概念)。但是在觀察或選擇中, 我們一
試圖說我們觀察和選擇了甚麼, 就受制於概念的
邏輯, 這就是一言以蔽之的康德主義, 更確切地
說, 這是鄙人對康德主義的說明。

> 你想要事實，就必須觀察；想要價值，
> 就必須選擇。要說明觀察和選擇了甚麼，
> 就受制於概念的邏輯。

從功利主義者那裏，我則汲取了這一思想：
我們必須在現世中進行道德思考。理解這一點十
分重要，因爲世界上人的狀況和他的生活環境是
客觀存在的。除了通過觀察在生活中貫徹這些原
則的後果以外，再無辦法去建立一套在實踐中切
實可行的道德原則。

麥基: 你怎麼回答對功利主義道德標準的反駁呢？
人們總是這樣反駁說：因爲它的尺度是"最大多
數人的最大幸福"，那麼以它的名義甚麼可怕的
事情都能做出來。另外，還有一種對功利主義的
挑戰也是十分著名的：如果在一家醫院裏有兩個
患腎病和一個患胃病的垂危病人，他們都能通過
移植手術被挽救過來；這時有一健康者到這家醫
院來探病，那麼，根據功利主義的立場，這個健
康者應當被肢解，把他的器官在三個病人中分配，
因爲這樣就只會死一個人，而三個人能活，反之，
三個人會死而只有一個人能活。

愛爾: 哲學家總能製造出這樣一些絕妙的例子，但是道德原則必須以現實世界爲依歸。你不妨設想一下，如果醫生和其他人認可上述原則，同意在醫院裏綁架探病者並勒索他們的器官，那這世界還成何體統?！這些荒誕不經的例子實際上與實際原則的選擇毫不相干。功利主義者對這種例子必須說: 我們所接受的那些在實踐中有用的原則，我們需要培養出的那種直覺，應當是那種具有可稱之爲"最高度可接受性"(the highest acceptance-utility)的東西。這就是說，應該是那些爲社會普遍接受並能最好地造福社會的原則。這既適用於那些所謂的規範功利主義(act-utilitarians)，也適用於行爲功利主義(rule-utilitarians)，因爲在我們的行爲中——在我們按照原則去實際生活的過程中——我們不斷產生出好的和壞的結果，而這些結果正是我們據以行事的原則的後果。具有或相信一個原則，就意味着從邏輯上和心理上同一種堅決按照這一原則行事的意向聯繫在一起。對於這些見解，我是贊成的。我想還是用我的理論中比較接近康德思想的一面來說吧。假定你不得不選擇某些原則，這些原則將爲社會所普遍採用——或者僅僅爲你自己所採用——卻不允許你在選擇過程中做出有利於你自己的偏向，而是要把自己與其他人等同起來——即作爲將按這些原則行事的人——進行選擇，那麼，你將選擇甚麼原則呢？我認爲，如果我們向自己提出了這個問題，我們就會知道去選擇甚麼直覺了——當然，這種選擇只能以從心理上改變個人根深蒂固的原則爲準。無論如何，我們至少知道應當把甚麼原則灌輸給我們的孩子，甚至灌輸給我們自己。

麥基：你的意思是説，在我們選擇自己的道德原則，選擇我們試圖灌輸給後代的道德直覺的時候，應該以這些原則和直覺一旦被接受之後所產生的實際後果爲依據，這就是現實世界與我們的道德原則選擇密不可分之處。

愛爾：對，你説的完全正確。最好的直覺就是最好應該具有的直覺，而最應該具有的直覺就是那些能夠幫助我們在社會上互相之間最好地生活的那些直覺。但我還得解釋一下我們應當怎樣進行選擇。如果道德判斷是普遍適用的，就是説，你應該對同樣的事物作出同樣的判斷，那麼，凡是適用於母鵝的就是適用於母鵝，而不一定適用於公鵝，因爲，雖然我們有反對性別歧視法，但公鵝與母鵝之間畢竟有差別(譬如公鵝不會下蛋)。然而, 凡是適用於這隻母鵝的東西, 在情況完全一樣時, 也應該適用於另一隻母鵝。所以, 我不得不對自己説:"如果我應該做這件事, 那麼其他人在恰好相似的情況下也應該對我做這件事。"所以, 我必須問自己:"我是否願意別人在同樣情況下也對我做這種事? 假如這種事要發生在我身上, 我還會贊同這種事嗎? "這在我看來是一個在道德爭論中存在的強有力槓桿, 而且常常產生良好的結果。確切些説, 我關於道德推理的全部觀點可以概括爲這樣一項金科玉律:"己所欲, 施於人。"

我們選擇自己的道德原則, 選擇灌輸給後代的道德直覺時, 應該以"實際後果"爲依據。

麥基: 你能舉一個實際例子嗎?

愛爾: 你是説舉一個把我主張的思維方式應用到某個具體問題的例子嗎? 當年促使我研究道德哲學的那件事就是一個很好的例子, 我指的是和平主義者和他們的反對派之間的論爭。贊成和平主義的主要論點是強調戰爭會給人們帶來苦難。例如，美國人反對越南戰爭的一個理由，就是它造成了駭人聽聞的苦難。如果美國政府或其他甚麼人必須按照自己的某種原則去進行戰爭，那麼，這場戰爭本身就迫使美國人放棄這種理由、這種原則。如果美國人當時曾經問過自己我剛剛說的這種問題——"我是否準備支持這樣的原則、無論我在執行這一原則的過程中扮演甚麼角色？"那麼，我認為他們就會放棄這種原則了。

在另外一些情況下，對方也許有對方的道理。例如，儘管第二次世界大戰招致了巨大的災難，但當年如果我們不參戰，那對包括德國人在內的幾乎每一個人來說，情況可能會更糟，這就是我主張參戰的理由。在今天，你要決定採取何種原則，仍然必須考察現實。我自己不會採取絕對刻板的和平主義原則，因為我認為，絕對的和平主義原則所招致的後果，比我的真實立場（即認為希特勒發動了一場侵略戰爭）可能引起的後果要嚴重得多，因為我的原則尚允許我參加某些戰爭。

麥基: 我們的討論真涉及了不少問題，如邏輯在道德爭論中的作用、事實考慮的作用、直覺的作用，以及這些東西的相互關係的複雜方式。我想這樣來結束討論: 從你本人的著作中抽取一個例子,用我們談到的各種見解來檢討它一番。例如,討論一開始你就談到過"公平的"薪酬問題。你能否談談你作為一個哲學家準備怎樣對這樣一種概念進行考察?

愛爾: 這真是一個最好的例子, 因為這個題目現在非常熱門, 非常重要。我們的社會也許會因為缺少哲學的認識而陷入崩潰; 我的確認為, 如果人們肯聽聽哲學家的話, 哲學家就能有助於解決這些問題。回到"公平的"薪酬問題看看, 例如(英國的)礦工認為, 他們幹着令人討厭的工作卻沒有拿到更多的工資, 這不公平; 領養老金的老人則認為, 如果自己因為燃料漲價而被凍死, 這不公平。怎麼解決這種爭端呢? 依我看, 人們首先應該這樣問: "何種正義原則、社會產品公平分配原則被社會接受後會對社會上下產生最好的結果?"如果我們能找到一套為社會普遍接受、並能以對社會上下最好的方式來分配產品的公平分配原則, 那我們就擺脫了麻煩。如果人們理解了這一點, 就不會再為了從同伴那裏或報刊雜誌上拾來的某些公平概念的牙慧, 只顧一點、不及其餘地搖旗吶喊了。但遺憾的是, 他們把注意力集中在那些不加任何批判的、直覺的權利和公平概念上，而這就是人們彼此攻擊的原因。如果人們能問自己：“在今日社會中我們該怎樣界定‘公平’？那種公平會爲今日的社會帶來好處？會被今日的人所接受？”那人們就有可能達到共識。

麥基：作爲哲學家，你會怎樣繼續探索、怎樣着手尋找你的問題的答案？

愛爾：這個問題必須通過一些學科的通力合作才能解決。我已經說過，這裏涉及的一些事實是相互關聯的，而我對於分別研究這類事實的那些學科卻沒有專門知識。哲學家只能闡明問題，並說：“這是你必須正視的問題。”我的貢獻也許就在於把問題提得比以前更清楚了。我解釋了人們必須去尋找甚麼，然後再由經濟學家或社會科學家去尋求可能的答案，即尋找能够滿足我所說的——在現實世界中必須滿足的——那些需要的原則。

哲學家的貢獻在於把問題提得更清楚，然後再由其他專家去尋求答案。

然而，即便是這些極有能力的人有時也找不到解決問題的方法，因爲他們並不十分清楚自己要尋

找的是甚麼，而正在這一點上哲學家也許能幫上忙。

麥基: 作爲哲學家，你是不是有時會覺得在其他領域從事工作的人——這裏我還想加上政治家——並不十分注意你和你的哲學界同僚能夠提供的有關概念、論點和問題的闡發？

愛爾: 有些人注意，有些人不注意。有一些在哲學上很成熟的政治家，你本人就是一位。在經濟學家中，也有一些很好的哲學家，如森（Amartya Sen）。哲學家（尤其是功利主義哲學家）可以從他那樣的經濟學家那裏學到很多東西。如果能有更多好的哲學家關注這些課題，更少壞的哲學家在胡言亂語，情況就會更好。在目前關於這些課題的討論中，你可以看到“公平”、“權利”、“正義”這類的詞滿天飛，甚至有些哲學家也用，好像甚麼是公平、甚麼是正當都是再清楚不過的似的，好像我們根本不需要懷疑我們自己對公平的直覺是否正確似的。而我認爲，如果人們能夠批評自己對公平、正當的直覺（或偏見），並試圖理解其他人的直覺和偏見，那就會有更多機會達致共識。

麥基: 你的中心觀點就是: 這種互相理解不僅要靠
同情或熱情, 而且要靠對道德問題的理性分析。

愛爾: 你概括得再好不過了。

當代哲學對話錄・下

目　錄

◆ 下冊 ◆

9

眞理與世界體系

與

奎因

(W. V. QUINE)

對談

引——言

麥基: 如果我們在專業哲學教師中舉行一次關於
"誰是當代最重要的哲學家"的民意測驗，結果我
看是很難預測的。但可以斷言，奎因、波普爾、
薩特（Jean-Paul Sartre, 1905－1980），或許
還有喬姆斯基（Noam Chomsky, 1928－　）
（儘管他在嚴格意義上不完全是一個哲學家）是最
有希望的人選。而奎因（W. V. Quine 1908－　）
在這些人中又是佼佼者。他是哈佛大學的哲學教
授，曾被著名哲學家漢普舍爾（Stuart Hamp-
shire）譽為"當今最傑出的系統哲學家"。他生於
1908年，現在仍然老當益壯，十分多產，出版了
不計其數的論文和十幾本專著，其中最有名的是
《從邏輯的觀點看》（*From a Logical Point of
View*, 1953）和《語詞與對象》（*Word and
Object*, 1960）。他首先是一個邏輯學家。使他
聲名藉然是他對邏輯學的原則性貢獻，其中大部
分技術性很強，外行人很難領教，儘管它們總是
根源自哲學上的基本問題。不過，在後半生，他

明顯地對含有某種更一般意義的哲學感興趣。我相信，請這位當今世界聲望愈隆的哲學家談談哲學，談談他自己活動的真正基礎，無疑具有獨到的價值。

討——論

麥基: 你認爲哲學的中心任務是甚麼?

奎因: 我認爲哲學主要涉及到我們對世界和世界的
本質的認識。我把哲學理解爲一種企圖歸納出
"世界體系"(system of the world)的工作, 就像
科學巨人牛頓當年所做的那樣。有些哲學家把哲
學理解爲從科學中獨立出來的學問, 爲科學提供
一種牢固的基礎, 但我認爲這是一種空想。大多
數科學都比哲學的學問"堅實", 甚至比"最堅實
的"哲學還要"堅實"。我認爲哲學與科學是同步
並進的, 甚至是科學的一部分。

哲學是一種企圖歸納出"世界體系"的工
作, 主要涉及到我們對世界和世界本質
的認識。

麥基: 既然哲學是與科學同步並進的, 甚至是科學
的一部分, 那它怎麼區別於其他科學呢?

奎因: 哲學處在科學的一端, 極富抽象力和理論性。從最廣義上說, 科學是包括從歷史學、工程學到哲學和純數學的一個幅員廣闊的連續體。哲學是針對最一般的存在(being)進行抽象化的鑽研。物理學家告訴我們某一類事件之間的因果關係; 生物學家告訴我們另一類事件之間的因果關係; 而哲學家則探究一般的因果關係——為甚麼一件事會引起另一件事? 物理學家和動物學家分別告訴我們存在電子、存在袋熊; 數學家告訴我們存在無窮的素數(prime number); 哲學家卻想要知道, 在更一般的層次上, 天地穹蒼究是何物。**哲學尋求整個世界體系的大輪廓**。

麥基: 你認為世界的誕生和生命的起源這兩個老掉大牙的問題, 包括不包括在哲學探索的領域內呢?

奎因: 不包括。宇宙怎麼開端是物理學家和天文學家的問題, 當然哲學家的確已有過一些推測。生命起源是生物學家的問題, 在這個問題上, 他們近年來已經取得了顯著的進展。至於說宇宙為甚麼開始, 或生命為甚麼出現, 我認為這是偽問題(pseudo questions), 因為回答這種問題是不可思議的。

麥基: 你真的因此而認爲它們是毫無意義的?

奎因: 是的。

麥基: 你認爲, 哲學家必須處理的最重要問題, 可以歸類在某些課題下嗎?

奎因: 可以。有兩類課題可以包容它們。**一類可稱之爲本體論問題**(ontological questions), 即存在一些甚麼種類的東西? 某物的存在本身又是甚麼含義這類問題? **另一類是論斷性問題**(predicative questions), 即爲了證實存在甚麼, 提出哪些問題是有意義的? 知識論就屬於後一類。

麥基: 既然你已作了這一區分, 爲明瞭起見, 我們就按照這一區分, 一次只探討一類問題。先談存在甚麼這一類問題。儘管關於這個問題的理論已不計其數, 但公允地説, 整個哲學史中基本上存在兩種關於本體的對立觀點。大致説來, 一種可以稱作**唯物主義**(materialist)的觀點, 一種則是**唯心主義**(idealist)的觀點, 儘管兩派之中又各有不計其數的派別分支。唯物主義認爲, 現實由按空間和時間關係排列的物質對象(material objects)組成, 獨立於人的經驗而存在; 唯心主義則認爲，現實歸根結蒂存在於我們的精神之中，或存在於我們的心靈之中，或存在上帝的靈中，或是由我們的心靈組合而成的。我想冒昧地問你一句，你是站在哪一邊的？

奎因：我站在唯物主義一邊。我認爲物體是實在的、永恒的和獨立於我們而存在的。我認爲不僅存在這些物體，而且存在一些抽象對象（abstract objects），如存在數學型客體來充填世界系統。但我並不承認心靈、思想實體存在，除非是指以下這層意義：即所謂心靈不過指物體、主要是人類的屬性和活動。

麥基：顯而易見，你反對唯心主義，而且也反對

奎因相信唯物主義，認爲物體是實在、永恒和獨立的；他也相信抽象對象的存在，但這不包括思想實體。

二元論（dualism）。二元論當然是一種訴諸於常識的觀點——過往的歷史上，許多人曾認爲現實是由心靈與肉體，或稱心與物這兩類不同的實體構成。

奎因: 不錯, 我是反對這種看法。由二元論提出或製造的問題, 既不是可解決的, 於我而言也不是必要的。因爲很清楚, 個人的決定會影響他的行動; 而在許多情況下, 他的行動本身又會制約其他物體的運動。此外, 自然科學家、物理學家都不約而同地倡議一個封閉的體系, 堅持物理事件原則上有其物理的原因和物理的解釋, 而根本不承認物理世界以外存在任何影響。既然如此, 個人的決定本身必然是附屬於某個物體之上的活動。物理學的一個基本原則是: 任何變化都是由分布於空間中的微觀物理特性的變化而引起的。我覺得駁倒這一原則是不容易的, 因爲自然科學的成就非凡, 我們必須非常認真地看待它的各種假定。

麥基: 你要説的是願望、情感、感覺、決定、思想等等, 統統都是發生在某種物體, 也就是人身上的一些過程, 或者説是人的某些特性; 而且, 這些東西不僅總是伴隨微觀物理的變化而變化——如我們的大腦和中樞神經系統的變化——而且它們本身就是微觀物理變化。

奎因: 很準確。

願望、情感、感覺、決定、思想等等，
統統都是發生在人身上的一些過程，是
微觀物理變化。

麥基: 在我提出這種觀點背後那些難以令人信服之
處以前，你能否解釋一下，爲甚麼不是所有人都
贊同、以至有人從未贊同過你的這一觀點？爲甚
麼人們通常採用二元論的現實觀？如果我向其他
人提出這一問題，他一般會說："這太簡單了，
因爲二元論直接符合於人們親身體驗的現實——
我們從體驗現實得到的就是這種感受。"而你卻認
爲我們不是這樣去體驗事物的。那麼，你的回答
是甚麼呢？

奎因: 我承認所謂心靈中發生的事件與可觀察、可
感覺到的外部物理事件有着深刻的區別，儘管對
這些精神事件作出解釋本身，就是發生在某個物
體身上的事件、狀態和活動。至於傳統上的二元
論，無疑可以追溯到盤古時代。我認爲它產生的
原因之一，或者説對它的部分解釋，也許是夢的
經驗以及在夢境裏精神與肉體仿佛相分離。萬物
有靈論肯定是先於科學而存在的。據説，古希臘

哲學的開山鼻祖泰勒斯（Thales，約公元前634－546）曾經說過，萬物皆有靈。原始人大部分是萬物有靈論者，他們相信無生命的物體可以由精神賦予生命。人們甚至能在科學自身的基本概念中發現萬物有靈論的痕跡。如因果概念，我猜想就可能始於努力或奮鬥的感覺；力量的概念則肯定與這種感覺有關。然而時代不斷前進，近幾個世紀內科學不斷發展了，這些概念與孕育它們的那種感覺活動彼此分離，似乎是有利於科學進步的。我認爲物理主義（physicalism）是一個起點，是擺脫蒙昧後的科學產物，是人類歷史上的罕見現象。

麥基：我認爲很多人之所以採取二元論的現實觀，其中的根本原因不能用夢或者你剛才提到的那些東西來解釋。我認爲它主要歸於這樣一個事實，即我們全都擁有思想、情感、反應、慾望、幻想、記憶等等內心活動的直接經驗，只要我們一日清醒，就不斷體驗到這些東西，而且這種體驗極其複雜：它可能是對本身就很複雜的事物的體驗，也可能是對幾種同時進行的不同活動的體驗。由於我們是直接感受到這種內心活動，無須通過可見的身體活動來證明它們的存在，自然會引導人

們去認爲這是我們的肉身以外存在的事物，因此
導致了二元論。

奎因: 我並不否認它們的存在，但我認爲這些東西
是發生在物體，也就是我們身上的活動。這些東
西從外部是看不到的，但這並未使它不符合物理
學家關於無生命物質内部的微觀和亞微觀結構的
假設。我們無法從外部進行觀察的事物實在是太
多了。我們只能對它們進行推測。把所有這種活
動解釋爲物體自身的活動，是爲了維護物理世界
體系的一元性。

麥基: 這是不是説，你根本否認有"是否存在自由
意志(free will)"這個傳統問題的存在意義?

奎因: 我們當然有自由意志。"是否存在自由意志"
這一問題是由混淆概念而引起的。意志自由是説
我們有按照自己的意願行事的自由，而不是説我
們的意志有自行其事的自由; 後一種説法完全是
一派胡言。我們的確能够按照自己的自由意願行
事，除非有人阻止我們，除非我們的意願超出了
我們的力量和才能。我們行動的自由僅是從我們
的意志可以引起行動這一意義上才可以理解的。
而意志也必然有某些使其產生的原因。誰也不會

無緣無故地產生意願。如果我們認爲意志不是被引起的，我們就不會想訓練我們的孩子，你也不會打算去拉選票，人們也不會盤算着去做買賣，或者——去犯罪。

意志自由是說我們有按照自己的意願行事的自由，而不是說我們的意志有自行其事的自由。

麥基：既然你持有這種觀點，你怎麼看待傳統的心與物問題呢？你能乾脆對它避而不談嗎？

奎因：二元論者面對的心與物的問題，是心靈與肉體如何互相作用的問題，以及這種相互作用又怎麼能與物理決定論相調協的問題。這個問題只能通過拋棄二元論和接受唯物主義來解決。但是這一進展遺留給我們另一種心與物的問題，就是說，既然我們現在不再談思想和精神，而只談肉體，那我們希望怎樣過日子呢？即便按照唯物主義的觀點，所有感覺、情感、思想都僅僅是與神經相關的問題，我們仍然不知道這一機制的有關細節。我們無法把心裏的話轉成神經病學的術語。所以，我們只能按以往的方式來談思想和精神的過程。一個初步的解決方法是，我們可以保持精神論者的傳統術語，但是今後應用於人時須謹記將人理解為軀體。人有感覺、感情、思想信仰，但是一個擁有這些事物的人是一個軀體，一個生物體，而不是甚麼叫作心靈或靈魂的東西。這樣，我們既為便利起見保持了傳統上精神論者習慣的表達方式，又同時皈依了唯物主義的信仰。

現在看來，這種辦法容易得驚人，太容易了，因為事實上精神論者的用語犯了一種我們還沒談及的嚴重缺失。它是主觀的；它是內省的；它轉述局外人沒法檢驗的事件。它缺少客觀性或交叉主觀性（intersubjectivity），而這正是唯物主義的力量所在，使物理科學獲得巨大成功的力量。如果我們採取保留整套精神論者的習慣語這種懶惰方法，並僅僅宣布它被應用於軀體，我們就完全喪失了客觀性檢驗和交叉主觀性證實的優越性。

於是，行為主義（behavourism）便應運而生了。就行為主義的精華而言，它堅持用外部的、交叉主觀性的標準來限制對精神論術語的使用。行為主義，至少我所主張的行為主義認為，心理狀況和心理事件不是由客觀的行為組成，也不由行為來解釋，而是由行為來表現的。最終的解釋應該由神經病學去做。但正是根據外顯行為我們才能確定想要解釋的是甚麼。

麥基: 而且包括口頭行為。

奎因: 是的，包括口頭行為，而且只要確立了這種標準，即使沒有神經病學的充分解釋，畢竟也能體現出唯物主義的優勢。因此，作為一個行為主義者，我是把行為主義作為指出精神論概念的客觀意義的一種方式。

行為主義堅持用外部的、交叉主觀性的標準來限制對精神論術語的使用。

麥基: 你是說，行為主義不是一種解決心理問題的方法，而是闡明這些問題的一種方式。它是一種模式: 先將問題表述出來，然後才去尋求答案。

奎因: 對。

麥基: 現在來小結一下我們的討論，好嗎? 關於哲學的中心任務是甚麼，你不僅談到你認為哲學家應該做甚麼，而且談到他們不應該做甚麼; 你還具體排除了一些問題。然後你把哲學家應該考慮的問題分為兩類，第一類是關於存在是甚麼的問

題，第二類是我們對存在的東西能夠知道甚麼
（或者能夠說甚麼、問甚麼）的問題。接着，我們
就開始討論兩類問題的第一類。你說，你關於存
在是甚麼的觀點是採取物理主義的立場，即你認
爲現實是由物理實體組成的；不存在獨立於物理
實體的心靈（精神）；心靈獨立論可以引起各種概
念混淆，你認爲行爲主義分析可以把我們從這些
混亂中解救出來。

奎因：總結得好，不過我想做一點修正。我並不是
　　認爲只存在物理對象，我也承認抽象對象的存在。

麥基：但是這些抽象體並不是精神的——這一區分
　　很重要，對嗎？

奎因：你是說它們不是精神的？對了。

麥基：換句話說，你認爲沒有甚麼獨立於物理事物
　　的心靈存在，但你卻認爲存在某些抽象的但並非
　　是心靈的實體。

奎因：不錯，而且數量還不小。

麥基：我認爲你需要多作一點解釋。如果你是個物
　　理主義者，那你又何以會相信有抽象實體的存在
　　呢？

奎因: 理由在於，抽象實體確實對自然科學作出了間接的貢獻。當我們談到動物學上的種(species)和屬(genera)時，抽象實體已經以某種方式對分類作出了貢獻；它們還以更複雜的方式作出貢獻。我們都知道數字對於自然科學的重要性，而數學的作用以及其他抽象的數學實體也是同樣重要的，世界上的科學系統若缺少它們就會崩潰。數學家在過去數百年中已經證明，類(classes)或集(sets)都足以擔當數字的、功能性的工作。而這就是為甚麼我接受集的存在；集正是滿足了自然界系統的數學需要。假定有類別與假定有分子、原子、電子、中子和其他東西是一樣的；所有這些東西——具體的和抽象的——都是由假說網絡設定的，我們藉以預測和解釋我們對自然的觀察。我認為自然科學同它所運用的數學是同步並進的，正如我認為所有這些都與哲學同步並

數字、數學及抽象的數學實體對自然科學是十分重要的，沒有它們世界上的科學系統就會崩潰。

進一樣。而以上這些加在一起，就形成了我們包羅萬象的世界體系。

麥基: 你説，它們是"一樣的"，但是依我看來，無法觀察亞原子（sub-atomic particles），同無法觀察數學是兩回事，二者之間存在非常根本的差別。亞原子是物質的微細結構，我們無法對它們進行觀察，很可能出於偶然，也就是説我們的視覺器官目前還不能看見它們，但如果我們有極高倍的顯微鏡，也許就能看見了；而且如果我們有特殊的"手指"，也許能捕捉住它們。而在另一方面，數學卻絕對與物質無關。它們是徹頭徹尾的抽象物。它們除了抽象一無所有。

奎因: 不錯。這種區別是存在的。不過，即便是基本粒子與可觀察的物體之間的聯繫，也遠比我們猜想的弱小得多，因爲基本粒子實在太小，甚至不能被光所反應，因爲它小於任何波長。此外，基本粒子的行爲根本不像物體的行爲。其間差別之大，即便把它們叫作物質，也無非是出於客氣。兩條電子通道是一個電子軌道的分支，還是兩個不同電子的軌道，當中便有不確定性；在光的解釋上，波動説與粒子説之間的對立；以及其他一些異常現象，通稱博斯——愛因斯坦統計現象（Bose-Einstein Statistics）。它們都表明，談物體間的類似僅僅是對有一定範圍限制的推斷有用。隨着試驗和反證的不斷發展，假說不斷發生演變，最後終於使我們看到，物體間的聯繫性不再是那麼明顯的了。

麥基: 如果可以的話，我想再回到你剛才談的地方。你說如果對現實採取物理主義的方法，並用行爲主義的方法提出問題，就能使我們從某些觀察問題的陳舊方式中解放出來。你說儘管那些方式看似符合常識，然而卻是錯誤的。你能說說這些固有的觀念是甚麼嗎？

奎因: 好——解放只是行爲主義的一個方面。另一方面，行爲主義是一門比較嚴謹的學科。一個主要的例子是意義的概念。按照常識，詞是一種承載意義的工具。若問，我們怎麼知道同樣的詞彙對兩個不同的談話者傳達的是同樣的意義呢？答案是我們能看到談話者以同樣的方式反應。所有這些都能以行爲進行描述，但如果行爲相同而所表達的意義不一樣呢？行爲主義又將如何解答這一問題呢？行爲主義迄今並未對此做出解釋，至少沒有做出充分的解釋。其他一些概念也會產生問題：如翻譯。一旦意義的概念被質詢，翻譯的概念就變得更爲複雜了。我們再不能說翻譯無非是把一句話的意思翻成另一句話了。還有，連必然性這個概念，也成了問題。

從談話者的反應可以看出同樣的詞彙是
否傳達同一意義，但如果行爲相同但所
表達的意義不一樣呢？

麥基: 必然性有兩種，邏輯的必然和因果的必然，
是吧？

奎因: 是的。有些被稱作必然的真理據說是由所使
用的詞義造成的。如此這種必然與意義概念一道
變得不那麼必然了。其他被稱作必然的真理者還
有自然法則。這種必然也是一個可疑的概念——
這倒不是因爲行爲主義者的刁難，而是由於某些
類似的顧忌。對這一點的鑒別可追溯到兩個世紀
前英哲休謨的時代。那時人們就認爲，必然的概
念是可以成立的，因爲副詞"必要地"在用語上被
廣泛地使用。但是，如果你認真檢驗這一副詞的
一般用法，你就發現當中並沒有嚴格區分必然的
陳述和偶然的陳述這兩範疇。如果有人談話時用
了"必要地"這個副詞，他僅僅是在預期另一個談
話者接下的陳述可能會贊成他的意見而已。但是
必然和可能是相互限定的："必然"意指"不可能

不", 反過來也一樣。所以, 拋棄必然的概念也就是拋棄可能的概念。今日正流行一種關於世界虛幻飄渺的哲學,但它在我的哲學中卻沾不上邊。

麥基: 你談的東西提供了對於自然法則的解釋。但我們怎麼才能知道這些法則呢?

奎因: 我認為自然法則與其他有關世界的正確陳述原則上沒有分別。至於我們發掘這些法則的方法,可以用一個雙拼詞來概括: 假設——推理(hypothetico-deductive)。我們首先想出一個理論、一套假設(實際上, 這些東西大都由我們的前輩傳給我們; 我們也許僅僅是改變了一個假設, 或增加了一個假設)。根據這個理論, 我們就能在各種可觀察的條件下推斷出預期的觀察結果。如果預期的現象沒有發生, 我們再回過頭來看看有關的理論是否需要作出修正。如果不需要, 我們就繼續相信它。

麥基: 你已經把我們思想中的一些基本要素, 如因果的必然、邏輯的必然、法則的概念、意義的概念等等統統掃進了可懷疑之列, 堅實的大地正在我們腳下崩塌。你到底從中得出的是一種甚麼世界觀呢?

奎因: 我的本體論包括廣義上的物理實體。空間和
時間關係中的任何內容，不管多分散，在我看都
是物理實體。此外，我的本體論像我說過的，

我們思想中的基本要素，如因果的必然、
邏輯的必然、法則和意義的概念等等統
統被掃進了可懷疑之列。

還包括基於那些物體之上的抽象化等級類別。但
是，由於行爲主義對意義採取懷疑的態度，我不
能接納常識所肯定的其他抽象實體，如屬性
（property）和命題。問題出在驗證上。不妨設想
出兩種表述，兩種論斷，假定它們對同一對象來
說是正確的。也許它們之中一個說"等邊三角形"，
而另一個說"等角三角形"；假定它們中一個說
"有心"，而另一個說"有腎"。這兩種論斷只是對
同一個人來說是正確的，但我們能說它們指的是
同樣的屬性嗎？我們如何決斷？有人說，只有當
它們不僅對同樣的東西來說是正確的，而且在意
思上也是相似的，它們才能歸於同樣的屬性。我
們對於意義既然採取懷疑的態度，那麼對於屬性
的概念也自然而然併入懷疑之列了。命題陷入了
同樣的麻煩，因爲兩個句子如果在意思上是相似

的，它們就被認爲是表述了同樣的命題。所以，我否定命題也否定屬性，卻堅持分類的必要。

關於本體論的僅僅這麼些。關於論斷性的問題，我的觀點是相當否定的。我不能接受那些沒有交叉主觀性觀察標準的論斷，除非他們能夠大力促成一個可以有助預測的嚴密的世界體系，從而補償這點不足。我所堅持的不是說論斷必須擁有必要的和充分的觀察條件，而是說論斷應該有相當可靠的觀察標準、應用符號，或者能在理論假說中起到相當的作用。

麥基: 我們討論中使我感到滿意的一點是，討論幾乎沒有涉及語言或詞彙的運用。我說這個，因爲許多對哲學有興趣又聰明的外行人以爲，現代哲學家除了談論詞彙、分析句子之外別無所長，所以頓時興味索然。而你卻完全不以那種方式交談。很清楚，你所關心的問題不是語言問題。然而，任何打開你的書或去哈佛大學當你學生的人都會發現，你處理這些問題的許多技術，都牽涉概念分析(conceptual analysis)，因此就必然非常注意詞彙，注意句子、陳述的解釋，等等。爲甚麼你和其他當代哲學家對這些本質上是非語言的問題採取了語言分析這種處理方式呢?

奎因：一個原因是我稱之為"語義學追究"（seman-
	tic ascent）的策略。哲學問題經常向我們的世界
	體系的基本結構發出挑戰。當這種情況發生時，
	我們不容易使自己脫離舊有的體系，而去認真考
	慮對手的設想。我們體系的基本結構是深深植根
	於我們的思維方式中的。因此，討論就有可能蛻
	變成狡辯，每一方都會頑固地重申自己的基本原
	則，然而有待裁決的就是這些原則。但是，我們
	能透過檢討我們的理論，亦即句子的系統，來擺
	脫這種困境，檢討這些句子而不僅僅是頑固地維
	護它們。我們可以從結構簡練的角度，比較對方
	的句子系統。我們可以通過觀察一個句子是否能
	靠術語意義的重新界定變成另一個句子，找出它
	們隱藏着的同義。我們可以找到一個共同的基礎，
	在此之上來融通問題，而不是各執一端，強詞奪
	理。這是哲學家談及語言的一個原因。還有其他
	原因。為了深入瞭解我們的概念系統，我們的世
	界體系，我們應該努力去瞭解它的來歷：個人怎
	麼學習懂得它，整個民族又是怎麼發展了它。個
	人主要是在學習語言的過程中對體系有所瞭解。
	同理，基本的概念體系的發展同語言的演變有密
	切的關係。哲學家因此有充分的理由去深入研究

語言的適用情況。

透過檢討句子的系統，我們擺脫舊有思
想體系的束縛，從而認真考慮對手的設
想。

麥基: 我們的討論快要結束了。在結束之前，我想
請你按照目前為止我們所說的，談談你現在正在
從事一些甚麼樣的原創性工作呢?

奎因: 自從我那本《指稱的根源》(*The Roots of Re-
ference*)出版後的幾年中，我寫了許多短文，目
的是澄清、捍衛或改進我的哲學。這裏我僅想談
談三個方面的問題，以便讓自己或他人在那裏尋
找突破點。一個是語義學(semantics)，或意義
的理論。既然我們不能再容忍未經批判的舊概念，
我們就需要去設計某些翻譯的和詞典學的系統理
論，這些理論都需要符合行為的標準。這聽起來
像是語言學家的事情，而且在相當大的範圍內的
確是如此。但它又和哲學的興趣和原理有密切的
關係。無論如何，我不大顧忌哲學和其他科學之
間的分界。第二個方面是所謂表態重句(propo-
sitional attitudes)理論，亦即由帶有從句(su-

bordinate sentense）的複合句表達態度：如甲相信……，乙希望，丙擔心……，丁高興……。這些結構涉及到一些邏輯上的微妙困難，還會給行爲主義的標準帶來棘手的問題。我希望爲科學起見，能够找到一種邏輯上和行爲學説上都比較直截了當的新穎的概念系統，以此去重新表述由表態重句的慣用語所傳遞的心理信息。

綜上所述，我所想到的三個方面，第一個與語言學交界；第二個與心理學交界；第三個則與數學交界。以抽象體爲本體的純數學之所以能够成立，因爲它是作爲自然科學的一個分支，發揮着不可或缺的作用。我希望把純數學的體系一層層剝開，一直剝到它最虛弱、最原始，但仍足以作爲科學應用的基礎的那些假定露出爲止。這種還其本原的作法有一個可望的效果，就是找到一個比我們現在的集合論（set theory）的悖論方法更加自然、更加確定的方法。毫無疑問，聽我們這場討論的人中一定有人熟悉"羅素弔詭"（Russell's paradox）中的那些二律背反理論的一種，但另外一些人可能聞所未聞。所以，我還是就此打住爲妙。

10

語言哲學

與
西爾勒
(JOHN SEARLE)
對談

引——言

麥基: 英哲羅素(Bertrand Russell, 1872－1970)曾經說過，一直到本世紀的第二個十年(到那時他正好四十歲，並已完成了使他聲名鵲起的哲學著作)，他認爲語言是透明的，就是說，它是一個無需給予任何特殊注意就能簡單地運用的媒介。我想不僅其他哲學家，而且每一種作家：小說家、詩人、劇作家等等，大概基本上都持這種看法吧。僅僅是在本世紀，才發展出(我們現在認爲是不成問題的)關於語言的運用的自覺性，它的確成爲我們時代智慧的突出特徵之一。它不僅牽涉到對語詞的興趣，而且涉及到有關基本問題的信念。例如，人們已經普遍認爲，由語言產生的人類的抽象思維能力，比任何其他東西都更使我們能夠去以概念掌握和處理所有那些沒有呈現在我們面前的現實，並且因此以我們獨有的方式把我們自己與世界聯繫起來。許多人認爲，這正是那種使我們和動物相區別的特點。由於這些原因，許多人現在相信，自我是通過語言習得的。如果這些想法都是正確的，那麼語言就以前人無法想像的方式，成爲我們的人性和個性的基礎。我認爲，這就可以解釋爲甚麼哲學家逐步對語言產生那麼強烈而熱切的興趣。

美國的西爾勒（John Searle, 1932－　）是一位在大西洋兩岸都負有盛名的語言哲學家。他先是在牛津學習哲學——五十年代初他得到了一筆獎學金而去了牛津深造；回美之前，他在牛津任教數年。他的書《言語行爲》（Speech Acts）出版於1969年，成了近代的經典。他現在是美國加州大學伯克萊分校的哲學教授。

討——論

麥基: 有一件事是我們一開始就應該搞清楚的。我剛才一直用的是"語言哲學"(the philosophy of language)；但是還有另一種說法，即"語言分析哲學"(linguistic philosophy)(也叫語言分析)，這也是常用的說法，但含義不同。除非我們清楚區分二者，否則必然會引起混亂。因此，我想請你首先澄清一下這個問題，好嗎？

西爾勒: 區分它們非常簡單。"語言分析哲學"或"語言分析"是解決哲學問題的技術或方法的名稱。"語言哲學"則不是一種技術名稱，而是一項研究主題的名稱，一個哲學分支的名稱。我可以舉兩個例子。語言學哲學家認為，可以通過檢驗我們用於討論(以懷疑論爲例)疑惑、確定性、知識等等普通用語的邏輯，達到解決某些傳統的哲學問題(如懷疑論的問題)的目的。語言分析哲學要分析諸如"知道"、"疑惑"、"相信"、"猜想"、"肯定"等等詞的普通用法，作爲一種試圖搞清楚"知識"

和"肯定"究竟是甚麼的方式。而"語言哲學"是哲學中一個研究課題的名稱。它所關心的問題諸如"語言與現實的關係如何？""甚麼是意義的性質？""甚麼是真理、參照因素、邏輯必然性？""甚麼是言語行爲？"這些都是語言哲學研究課題中的典型問題。

麥基：語言哲學家，正如你自己，是把語言看作人類生活和思想的基礎。剛才在引言中，我試圖解釋其理由，但聽聽你自己的解釋，一定是很有趣的。

西爾勒：我認爲，首先，語言的研究幾乎是註定成爲哲學中心的。在一個重要的意義上，哲學是一種概念性探索。但除哲學外，由於你剛才說的那些理由，語言也是決定性的：它對瞭解人和人的生活具有決定性的意義。在進行理論探討之前，我們往往認爲（如你所引用羅素的話）語言是透明的，而且我們只需把它應用於現實就行了：只要給我們的經驗、我們的社會關係，以及我們碰見的物體命名就行了。但是，事實上，當我們開始研究語言和世界之間的關係時，我們發現：被我們看作人類特有的那些經驗形式，和那些社會關係形式，不能離開語言而存在；與其他形式相較，語言才是真正使我們與其他動物相區別的方式。表面看來，我們的經驗似乎是獨立於任何語言而來的。但是，英國哲學怪傑維特根斯坦（Ludwig Wittgenstein, 1889－1951）提出了一個非常簡單的例子，去說明經驗對於語言的依賴：他畫了一個三角形，並說，"看，這裏是頂點，那裏是基點"；然後又說："再看，那裏是頂點，這裏是基點"；你發現你會因此產生不同的經驗。你立刻意識到兩種不同的經驗，即使視覺的條件完全不同。但是，如果不知道一點幾何用語，就不可能有這些不同的經驗。例如我家的狗不會有這些經驗，不是因為它缺乏視覺器官，而是因為它缺乏概念裝置。人們認為詞是視覺經驗的一部分。這看起來是一個小例子，但人們能給出許多大例

與其他形式相較，語言才是真正使我們與其他動物相區別的方式。

子。法國作家拉·羅什福科爾（Francois La Rochefoucauld, 1613－1680）曾說過，如果人們不曾讀過愛情的字眼的話，就沒有人會墮入情網。我認為這個說法有其深刻的道理，這正像"愛"和"恨"那樣的詞語範疇，它幫助人們形成了他們所

命名的經驗；這些概念是經驗的一部分；在許多
情況下，如果完全沒有掌握適當的詞彙，我們也
不能獲得經驗。

麥基：你所說的是，世界並不是由人所貼的標籤、
名稱的實體組成的；經驗的對象不是脫離我們所
擁有的概念獨立存在的。按這種方式去理解，詞
彙是進入了我們經驗本身的結構的。這甚至適用
於最尋常的東西。例如，我把這杯水直接舉到我
的面前，隔幾英寸去看它。這樣我就有了看到一
杯水的簡單經驗。然而，光有視覺資料還不足以
使我產生這種經驗，我還需要有"玻璃杯"的概念
和"水"的概念，此外，我還必須具備能力，從複
雜的視覺材料中辨別出屬於這些概念的成分。因
此，沒有語言的技能，我甚至不可能有看一杯水
的經驗。因此，語言幫助我們創造真正的範疇，
從中我們可以體驗世界萬象。

西爾勒：是的，這就是我要說的；但是，最關鍵的
是要有精確的理解。我並不是說，語言創造了現
實。絕不是這麼一回事。我是說，我們所說的現
實——例如一杯水、一本書、一張桌子，或同一
個玻璃杯、另一本書、兩張桌子——這些都是我
們對世界加以規定的範疇。而這些範疇在很大程

度上就是語言的範疇。此外，當我們體驗世界時，我們是通過語言的範疇來體驗世界的，而語言又幫助我們形成經驗。當世界展現在我們面前時，它本身並未分割成物體和經驗之類，所謂的物體已經是我們的反映系統（system of representation）作用的結果，我們怎樣去領悟我們所經驗的世界，是受到我們的反映系統影響的。錯誤在於，認為把語言用於世界就是把標籤貼到那些所謂自我辨別的物體上去。根據我的觀點，世界是按照我們劃分它的方式而劃分的，而我們把事物劃分開的主要方式是運用語言。我們對現實的概念就是語言範疇的問題。

麥基：另一個極為重要之點是，當我們研究語言時，我們實際上是在研究經驗的結構，更確切些說，我們是在研究組成世界的不同方式，亦即生活的不同方式，甚至可以說是存在的不同方式。

西爾勒：順便說一說，這是維特根斯坦後期著作中的一大主題——即語言是生命的一種形式的觀念。在他的早期著作中，他曾主張一種比較超脫的語言觀，認為句子的作用只是刻劃世界上獨立存在的事實。他的後期著作則認為，我們應當把語言看作是在每一點上與我們的生活和我們的活動互相滲透的東西; 詞語的作用就像工具, 打個比方說, 我們應當把詞語看作像與我們所有其他行為相嚙合的齒輪。

麥基: 我對這場討論的介紹的另一點, 是說語言運用的自覺性尤其突顯我們這個世紀的特色。另外頗爲相似的情況也體現在藝術方面。在本世紀, 大量的詩歌都是談寫詩是多麼困難的。電影制片人生產了許多關於生產電影的電影——戲劇也一樣。繪畫也以相應的方式開始展示它自己的技巧。甚至音樂作曲現在也開始展示它自己的技巧了。簡言之, 藝術已經變成它自己的主題, 即藝術的手段已經變成藝術本身注意的對象。顯然, 這裏存在一種與在哲學中已經發生的情況——語言的作用極爲相似的發展, 你認爲這些發展是互相關聯的, 還是一種巧合呢?

西爾勒: 當然, 這絕不是純粹的巧合。二十世紀感覺方式的某些特徵, 使我們覺得語言成了大問題。但我們不贊成你似乎正在暗示的一件事。哲學家並不是在二十世紀才突然發現了語言的問題。早在英國思想家洛克 (John Locke, 1632－1704) 那裏, 就討論過有關於語言的許多東西——他把一整本 《人類理智論》 (*Essay Con-*

cerning Human Understanding）獻給了語言。蘇格蘭哲學家休謨（David Hume, 1711－1776）也提出了一套語言的理論；而的確，回溯到柏拉圖（Plato, 公元前429－347）那麼遠，在《提亞梯蒂斯》（*Theaetetus*）中，也找到語言哲學的理論。因此，語言不是我們最近發現的某種東西。我認為你的真正意思是說——我完全贊成——在知識生活中語言已經變成一個普遍性的問題了。語言似乎已經漸漸變得不再是（再用你引自羅素的話來說）一個透明的東西了。我們不能一眼看透它與世界的關係了。語言本身就是一個問題。我認為，這種情況至少同自十九世紀末以來人類對知識喪失自信心，以及對理性的信仰的衰退有些關係。人們不知怎麼去確定現代主義(Modernism)崛起的日期，但是針對表達媒介的那份敏銳的自覺性，無疑是現代主義藝術中的一種表現。肯定地，哲學中也日漸發現語言的複雜性和充滿問題，這不可能僅僅是一種巧合。比較一下穆勒（John Stuart Mill, 1806－1873）的語言哲學與後期維特根斯坦的理論，我想你是可以看出我所說的這種轉變的。

> 語言本身就是一個問題，它不再是一個
> 透明的東西，讓我們一眼看透它與世界
> 的關係。

麥基: 然而，哲學史上有哪些具體因素促使哲學家
對語言的自覺性在本世紀發展到如此的高峯呢？

西爾勒: 這是一個複雜得近乎微妙的問題。我只能
試着剔出一兩點主要線索來說說。首先，存在一
個長期的歷史發展: 遠在三個世紀以前，法儒笛
卡爾（Réne Descartes, 1596－1650）提出了一
個基本的哲學問題: "甚麼是知識？""知識如何
獲得的？"我想，如果你非常認真地看待這一問
題（我們在哲學中已經這樣做了──它是笛卡爾
以後三個世紀的中心問題），最終，幾乎不可避
免地，它將使你遇到一個似乎更基本的問題，
即:"我們的心靈如何反映世界？""意義是甚麼？"
這個問題似乎漸漸優先於"甚麼是知識"這個問
題了。

第二，近期的歷史發展，直接導致語言哲學
處於哲學的真正中心。當代的語言哲學家確實是
從德國哲學家和數學家弗雷格（Gottlob Frege,

1848—1925)在十九世紀末以及羅素在二十世紀
初的工作起步的。他們兩人對數學的基礎和數學
知識的性質大加研究。爲了發展他們對於數學知
識的叙述，他們被引導到邏輯的性質和語言反映
的性質的研究。在剛起步時，當代語言哲學是數
學哲學的一個旁系，儘管今天的狀況已大不相同。

麥基: 數學知識——它大部分是純粹抽象的、並以
　　　代數符號的方式被編碼的東西——與哲學家現在
　　　分析的日常陳述之間有甚麼關聯？

西爾勒: 兩者存在許多關聯，但是一個基本的關聯
　　　牽涉到"甚麼是數學真理的性質"的問題。弗雷格
　　　和羅素都認爲，數學實際上是邏輯的延伸，在一
　　　種意義上，數學陳述的真確性在於它的定義; 而
　　　爲了發展這一理論，他們需要有一套真理的理論
　　　和一套邏輯的理論——從這裏我們就開始進入語
　　　言哲學的領域了——我們的任務就是發展這一理
　　　論。

麥基: 換言之，對"真理"的研究發展成了對"意義"
的研究，亦即對於陳述的分析?

西爾勒: 歷史上，先是出現了數學真理的性質的問
題，繼而出現了關於真理和意義的一般問題。弗
雷格由"甚麼是數學真理的性質"的問題被引導到
語言哲學的理論。但是，當你掌握了那些理論後，
那麼，關於意義性質的問題就似乎變得先於關於
知識性質的問題了。

麥基: 既然本世紀的語言哲學是以弗雷格和羅素從
事的數學研究為發端，爾後又通過早期維特根斯
坦一脈相承，那麼有沒有一條由早期貫穿至今的
發展線索呢?

西爾勒: 不，肯定不存在。如果我僅僅說它是由數
學哲學發展而來的，那就過分簡單化了。那只是
複雜的歷史網絡中的一條線索，此外，還有某些
語言理論本身就成為語言哲學中的主題，並大大
影響了哲學進程。許多哲學家(這可以追溯到休
謨和康德)曾經採用、並且今天仍然非常嚴肅地
採用關於語言的兩個區分。一個區分是: 經由定
義假設為正確的，或根據意義是正確的——那些
經常被稱為"分析的"命題(analytic proposi-

tions)的陳述——和事實上正確的——那些被稱爲"綜合的"命題（synthetic propositions）的陳述——二者之間的區分。於是，我們就有了在被界定爲正確的陳述——邏輯的和數學的，以及諸如"所有單身漢都是未婚的"那樣簡單的同義反覆——與那些作爲經驗的事實是正確的——科學的和日常生活的——陳述之間的基本區分。

這個在分析的和綜合的命題之間的區分，與另一同等基本的語言區分密切相關。許多哲學家曾經認爲——現在一些人仍然認爲——在所謂事實的或描述的論述（factual and descriptive discourse）（這將包括分析的和綜合的命題）和所謂規範的或評價的論述（normative or evaluative discourse）（就像我們在倫理學和美學中所發現的那樣）之間存在一道邏輯的鴻溝。相信這一區分的人認爲，當我們說偷竊是錯的、或莎士比亞（William Shakespeare, 1564－1616）是一個傑出的詩人時，我們不是在陳述那種能夠嚴格判定正確或錯誤的問題；我們是在表達我們的感覺和情感；實際上某些哲學家，如邏輯實證主義者（Logical Positivists），曾經將此稱作情感性論述（emotive discourse），把它與事實的或 "認知的" 論述（factual or cognitive discourse）相對照。

　　請注意這兩種區分——在分析性和綜合性論述之間以及在描述性和評價性論述之間的區分——實際上都是語言哲學中的理論。如果你認真地看待它們，它們將決定你的整個哲學觀。從歷史上看，它們的確決定了不止一代哲學家對哲學的看法。既然哲學家的任務是去陳述真理，他就不專門從事於評價。作爲一個哲學家，沒有義務告訴人們應該做甚麼，因爲這樣的論述是評價性的，因此也是不能完全嚴格地區別真實與虛假的。既然哲學家的任務不是去發現偶然的、經驗的真理——他根本不是那類穿上白大衣走進實驗室的人——他也就不專門作任何綜合性經驗的陳述。他的任務根本不同於道德家或科學家的任務。通過這兩類區分，他的專職任務被確定爲去分析那些概念之間邏輯關係的真理。**哲學本質上是概念分析**。以這種方式，語言哲學中的一個理論便直接變成了一個完整的哲學理論。

　　過去二十年，這兩個方面的區分都受到了有力的挑戰，我不相信有多少哲學家仍以我剛剛描述的那種僵硬的、天真的方式全盤接受它們。但是哲學的概念，即哲學主要作爲先驗的概念分析，已經幸免於這些區分的挑戰；確切地說，語言是比相信這些區分的人所認爲的複雜得多這一事實，已經使語言研究對哲學家來說變得更迷人了。甚至在分析/綜合和判斷/描述二分法的挑戰已成過去後，語言哲學仍然處於哲學的中心位置。

哲學家沒有義務告訴人們應該做甚麼，哲學家的專職只在於分析概念之間邏輯關係的眞理。

麥基: 人們很容易看到爲甚麼在事實和價值之間的傳統區分被破壞之後會造成問題，也看到爲甚麼在定義是真實還是虛假的陳述與根據世界的模樣判斷真實還是虛假的陳述之間的傳統區分破除後同樣會造成問題。但是我認爲我們還沒有說清楚，爲甚麼破除這些人類思想上既定的區分會重新引起對語言的興趣。

西爾勒: 不，那不是我所說的。對於這種區分的信念並沒有引起對於語言的明顯興趣——確切說是對語言的着迷——因爲這些二分法把哲學的主題在某種意義上定義爲語言研究的一種類型。但是，當區分開始打破時，哲學家對語言的興趣並不減退；這種興趣反而日益高漲，因爲這些簡單的區分已經無法解釋語言的實際複雜性和微妙性，所以必須對語言運用和語言結構的各種形式和各種變異進行研究，這些部分我們過去沒有在哲學中給予充分注意。

麥基：語言哲學家現在正在從事這方面的研究嗎？

西爾勒：是的。

麥基：這樣，我們不是談論已成過去的事物嗎？

西爾勒：不，完全不。

麥基：那麼，你們是怎樣從世紀初的羅素發展到了今天呢？

西爾勒：爲了回答這個問題，讓我們先回到你剛才提出的有關發展線索的問題。我認爲，我們可以找出幾條發展線索，而且非常奇怪，維特根斯坦似乎在不止一條線上起了關鍵的作用。其中一條從早期維特根斯坦起，通過像卡爾納普（Rudolf Carnap, 1891－1970）那樣的德國邏輯實證主義者（我認爲，在這條線索上，人們也會包括羅素的著作）到達現代，出現在像奎因（W. V. Quine, 1908－　）和戴維森（D. H. Davidson, 1917－　）

那樣的美國哲學家著作中的發展線索。這條線索主要是關於意義和真理之間的關係的。在這一傳統中，關鍵的問題是："發語(Utterance)的真理條件是甚麼？"屬於這種傳統的哲學家一般都致力確立或決定句子真確的條件，顯而易見，這條線索與科學哲學緊密相聯。另一條線索，由後期維特根斯坦闡發，還有奧斯汀(J. L. Austin, 1911－1960)和格雷塞(H. P. Grice)的作品(我把自己包括在這一線索中)，隨着語言被看作人類行爲的一部分，更多地注意語言的使用問題。這條線的關鍵問題不是"意義和真理之間的關係是甚麼？"而是，"說話者的發語在意義和運用，或意義和意圖之間的關係是甚麼？"這是我看到的兩條發展線索。但是我不想留下一個它們是完全獨立的印象: 它們以各種方式重疊、纏繞並相互影響。近年來還明顯地出現了第三條線索，那就是語言科學。喬姆斯基(Noam Chomsky, 1928－　)是在哲學上有影響的語言學家中最傑出的一員，而語言學直到1957年以後才以前所未有的方式與哲學發生了相互作用。

麥基: 你一下提出了許多重要的問題，我認爲，有必要在我們深入討論之前把它們梳理清楚。當運用語言時，這一過程有兩個目的——主體目的和客體目的——即語言和語言使用者之間的關係，以及語言和說話者正在談論的東西之間的關係。關於前者，我們考慮的是語言使用者的意圖。他們要表達的是甚麼？在說他們所說時，他們的目的是甚麼？關於後者，我們考慮的是語言對客體的關係，也就是語言對世界的關係。這兩個研究領域各自都幾乎變成了一門獨立的研究，從而構成了語言哲學的兩個主要分支，各自都有自己的發展。在前者即言語行為的研究中，卓越的人物有後期的維特根斯坦、奧斯汀、賴爾（Gilbert Ryle, 1900－1976），還應當加上的格雷塞和斯特勞遜（Peter Strawson, 1919－　）。在後者即語言對世界的關係的研究中，首要的人物有羅素、早期的維特根斯坦、卡爾納普、奎因和戴維森。這就是在語言哲學發展中的兩條主線。然後，作為第三種，就是你插進來的喬姆斯基和現代語言學派了。

西爾勒：不是插進來的——是破門而入的！

麥基：而且一進來就完成了我們非常粗略地勾勒的這個領域的圖畫。為了明瞭起見，讓我們逐個地討論這三條發展線索。讓我們從研究語言和世界的關係的一派開始。

語言哲學主要可分爲三條發展線索：第
一條爲語言行爲的研究；第二條是語言
對世界關係的研究；第三條則是“現代
語言學派”。

西爾勒: 我想通過向你介紹一些中心人物來解釋
它。這個領域中的一本劃時代著作，是維特根斯
坦的《邏輯──哲學論》（*Tractatus Logico-
Philosophicus*）。他在這本書中表明，句子是以
一種相似於圖畫的方式表現事實的──不是說句
子看起來像它們表現的事實，而是說，正像在一
幅畫的元素和它所描繪的風景的元素存在着一種
一對一的對應那樣，在一個句子中（如果被徹底
分析過），就存在着句子裏的名稱和它在事實中
表現的客體之間一對一的對應關係；名稱在句子
中的安排是描述常規客體在事實中的安排的常
規方式。一個句子是一種完全按傳統方式構成
的圖畫。後來，這個意義──圖畫理論（picture
theory of meanig），如它漸漸被稱呼的，被後
期維特根斯坦摒棄了。但與此同時，《邏輯──

哲學論》對一個完整的哲學運動，即邏輯實證主義產生了非常巨大的影響。邏輯實證主義崛起於兩次大戰之間的維也納，他們——我認爲至少是部分地通過對維特根斯坦的一種誤解——把驗證的問題，即"我們怎樣驗證一個命題，我們怎樣發現它是真實的還是虛假的"的問題作爲理解意義的關鍵。他們提出了所謂的"一個命題的意義在於它的驗證方法"的驗證原則；他們這一原則的意思是，**爲了理解一個命題意思是甚麼，我們需要知道我們應該去做甚麼才能辨別它的眞僞。**他們接受了我早些時候提到的那兩個區分，即他們承認所有有實在意義的命題若不是分析的就是綜合的；倫理學中的命題只具有次等意義，即情感的意義，因爲它們不是真正地可以驗證的，既不能用邏輯去驗證，也不能用經驗去驗證，而僅僅用於表達感情和情緒。這一派的領袖人物是卡爾納普，確切說，他也許是邏輯實證主義整個發展史上的領袖。他的觀點多年來不斷改變，但他主要是以他對實證主義運動的貢獻而聞名的。

說到現代，那些曾受實證主義傳統重大影響的後實證主義哲學家，奎因是最傑出的一個。在我看來，奎因的哲學仿佛有點像與卡爾納普作一系列爭論。他的名著是對分析和綜合命題之間的區分加以抨擊: 他抨擊那種認爲我們能在因意義而正確和因事實而正確的命題之間弄清區別的觀念。他提出了與此不同的觀點, 認爲我們不應該把句子孤立起來看, 而應該從系統的角度, 從理論系統和信仰系統的整體角度看待句子。而在他更成熟的著作中（成熟期從大約1960年開始）, 這種觀點導致了我認爲是摒棄了（傳統上）意義的概念, 而採用了語言的行爲主義式概念(behaviouristic concept of language)。他把我們看作是一種不斷受到刺激的存在, 包括語言的和其他形式的刺激, 而由於我們自身的條件反射, 必然會對這些刺激做出語言上的反應。對於奎因來説, 除了刺激物和我們必然以某種方式對它們作出反應的傾向之外, 不存在一套貫穿於我們頭腦的意義。奎因的行爲主義是與他的經驗主義緊密相聯的: 他認爲像"意義"和"分析"這樣的概念不完全是經驗主義的。具有諷刺意味的是, 他的經驗主義把他引向摒棄那個在上一代人看來是經驗主義基石的概念, 即分析和綜合命題的區分的概念。他在這個問題上最著名的論文叫作"經驗主義的兩個教義"。

奎因的弟子中影響最大的是戴維森。順便説説, 雖然他是美國人, 但他在英國的影響很大,甚至超過了他在本國的影響。他認爲，在意義和真理之間存在着比先前的哲學家已經認識到的關係更密切的關係。在他看來，意義和真理的聯結方式是這樣的：意義的理論要適用於一種語言，它必須是一整套原理，除非能夠使我們從這一語言的任一句子中推斷出使這一句子成爲真實的條件。因此，戴維森認爲，**界定一種語言的任何句子的眞實性**，已經相當於構成意義的理論；在真理的理論和意義的理論之間不存在任何區別：一旦你有了一種弄清句子的真理性條件的理論，你就有了意義的理論來分析組成這些句子的語言。

麥基：現在我們進一步談談兩條主要發展線索的第二條，即語言的運用者的意圖。這裏的中心概念是"言語行爲"（speech acts），也正是你自己最負盛名的著作的書名。這個概念是説，句子並不是某種獨立存在的東西，而是由人創造的，並總是在實際的情況下，爲了某一目的而產生的。因此，只有當你理解語言運用者使用語言的意圖時，你才能真正理解它們的意義。

西爾勒：這第二個傳統並不排斥"甚麼是語言和世界之間的關係"的問題，而是把這個問題放進一個更廣闊的範圍中去考察。它現在變成了"言語

> 句子是由人在實際的情況下，為了某一
> 目的而創造的，因此只有理解語言運用
> 者的意圖，才能真正理解它們的意義。

行為究竟是一種甚麼行為"的問題，並試圖去以
這樣一種方式回答這個問題，以便解釋說話者的
意圖、其受支配的有意識行為怎樣將語言與世界
聯繫起來。因此，"語言怎樣與現實相關聯"的問
題——我認為這是基本的問題之一，也許更是語
言哲學中最根本的問題——被併入了我認為是更
大的一個問題中，那就是："人類身上究竟是甚
麼東西能使他們去製造這些有着如此非凡作用的
聲音和符號？這些作用之中有一點是這些聲音和
符號的確與現實相關聯。"在我看來，在這一傳統
中的根本問題是："我們怎樣從出自我們嘴巴的
聲響，或我們在紙上劃出的符號達成所有那些語
義學的性質？"畢竟，從物理的觀點來看，從我
們嘴巴裏發出聲音，相當平常，嘴巴一張，聲音
就出來了。但是雖然在物理上它可能是平常的，
但卻在語義上發生了最值得注意的事情。人們
說，我作了一個陳述，或問了一個問題，或提出
一個要求，或發出一道命令或解釋；我所說的是

真實或虛假的、是有趣的還是乏味的等等。我們把所有這些值得注意的屬性歸因於聲音和符號；而其中有一種將聲響和符號與世界相聯結的性質。

在第二種方法背後的基本觀念是，**語言聯結世界的方式是人們怎樣聯結的問題。**而這方面的基本術語（至少在我自己那裏是如此），也就是你說的"言語行爲"的概念。當人們互相之間進行交際時，無論是談話還是寫作，人們作出了這樣一些行爲，如進行叙述，詢問問題，發出命令、道歉、感謝、祝賀和解釋，等等。奧斯汀聲稱，英語中大約有一千個動詞和動詞短語可以用來爲言語行爲命名。但對我個人而言，語言哲學中最令人着迷的問題一直是這些言語行爲的性質及其内部的邏輯結構。它們是意義和人們溝通的最基本單位；對它們進行研究，必然會涉及其他許多領域，如虛構論述（fictional discourse）的性質，以及字面論述（literal discourse）和喻義論述（metaphorical discourse）的區别等。

那麼，相對於我早些時候提到的規範語義學的傳統，這是一個另類的傳統。我們必須強調後期維特根斯坦在這一傳統的發展中的作用，因爲它是隨着後期維特根斯坦以研究語言的實際作用爲任務的後期著作拓展出來的。但是，如果我造成了他會贊同我的所有意見的印象，那將會是個誤解。儘管他在這一傳統後面提供了大量推動力——例如他強調研究語言作爲人類行爲和生命的一種形式——但他並沒有建立語言的一般理論。他認爲，任何一種關於語言的一般哲學理論幾乎都必然會導致曲解和謬誤。我自己至少部分地受維特根斯坦的影響，但是我認爲他不會贊同我的著作(也包括奧斯汀的著作)在語言哲學上的理論偏向。

麥基: 你是奧斯汀的學生，是嗎?

西爾勒: 是的，的確是的。

麥基: 是他發明了"言語行爲"這一術語嗎?

西爾勒: 這一術語是某些結構語言學家所用的，如二十世紀三十年代的布隆菲爾德(Robert Bloomfield, 1887－1949)。但是在現代意義上，它是奧斯汀的創造物。他研究言語行爲的概念的道路是十分有趣的。在奧斯汀之前，語言哲學家主要關心的是語言究竟是真實還是虛假的問題，確切些説，正如我剛才講的，驗證的問題在他們的討論中十分突出。他們當中許多人忙於研究不可驗證的命題能否嚴格地被看作是有意義的這樣一些問題——邏輯實證主義者認爲不能這樣看。奧斯汀則說，有許多陳述性的句子和話語根本不涉及真僞的問題。他舉了下述例子。在一個婚禮上，牧師說"你願娶這個女人做你合法的妻子嗎？"新郎回答"我願意"的時候，根據奧斯汀的觀點，他不是在描述婚姻，而是沉浸在婚禮的儀式之中。他的表白並不是對任何事物作真僞的描述。他說這句話，是在做出一個行動，在這個例子下是在從事結婚這個總行爲中的一個部分。奧斯汀接着指出，**有一整類表達形式與其說是在說話，不如說是在做**。當我說"我保證"、"我打賭"、"我道歉"、"我感謝"以及"我祝賀你"的時候，在每個場合我都正在執行一個行爲，而在每個場合，它都是以我表達的動詞命名的動作。我說"我保證"，實際上就是做出了一個承諾。奧斯汀把這種表達稱爲"行爲話語"（performatives），他

在一個婚禮上，牧師說："你願娶這個女人做你合法的妻子嗎？"新郎回答"我願意"的時候，他不是在描述婚姻，而是沉浸在婚禮的儀式之中。

把它們同他所假定那一類本身不是行為、而嚴格地說是或真或假的東西對照起來，如陳述或描述性的句子。他稱這些為"陳述話語"（constatives），以把它們從"行為話語"中區別出來。

　　但隨後這一理論經歷了顯著的變化。奧斯汀發現他不能以任何精確的方式去區分行為話語和陳述話語。陳述話語類型被設想為言語，而行為話語類型被設想為行動，但是當他探究這一區分的細節時，發現進行陳述或描述猶如允諾或感謝一樣，都是執行一個行為。行為話語原來被假設為一個特殊的例子，結果吞容了所有的情況，而在奧斯汀的一般理論之中認為，每一個發語都被當作一類或另一類言語行為。在他的一般理論中，他區分了我們可以認為是狹義的言語行為，包括進行陳述、發佈命令、警告、道歉、解釋等等；以及我們的發語對人們產生的各種各樣的效果，如說服性的、勸解性的、使人們愉快或煩惱的。前一種類型他稱為"言語形式行為"（illocutionary acts）；後一種即產生各種效果的行為，他叫作"言語效果行為"（perlocutionary acts）。在言語形式行為中，我們又必須區別一下內容，即命題的內容（propositional content）和奧斯汀所說的"言語形式力"（illocutionary

force），即言語形式行爲的類型。例如，在下面
這三種説法之間，即我"預言你將要離開房間"；
"我命令你離開房間"；"我問你是否將要離開房
間"之間，清楚地存在着某種共同的東西。我把
這種共同的内容叫作言語行爲的命題内容。上述
三種言語形式行爲，具有相同的命題内容，但每
一種行爲的類型都是不同的。一個是預言，一個
是命令，另一個是問題。這種陳述的内容和言語
形式力在奧斯汀那裏没有搞得很清楚，但是我使
它有了某種形式，許多專家也這麽做了。在我自
己的著作中，我已作出這一結論：**懸義的基本單
位，即人類反映世界上事物的狀態，並彼此交流
的最小單位就是言語形式行爲。**因此，當我們聽
到有人説："説話者説那句話是甚麽意思？"我們
問的首先是"那句話的言語形式力是甚麽？它是
哪一類言語行爲？"其次："它的内容是甚麽？説
話者用那種言語形式力表現的是甚麽命題？"

　　如果我們要研究言語形式行爲的性質（奧斯
汀四十歲就死了，在這方面壯志未酬），我們就
會碰到這樣的問題：言語形式行爲有多少基本類
型？在每種類型中各種成份的内部邏輯結構是甚
麽？關於最後一點，我們發現我更早些時候提出
的問題，即我們怎樣從物理學到達語義學的問題，

現在變成了："我們怎樣從發語行爲到達言語形式行爲；從我嘴裏發出的聲音，變成我提出的某個問題或陳述的某件事情，這中間還需要補充甚麼才能完成這一過程？"對這個問題的回答，牽涉到談話者的意圖、他所使用的語言的規則和習慣，以及他發語的條件之間一套複雜的、然而驚人地前後一致的關係。歷史上，這一傳統的發

從我嘴裏發出的聲音，變成我提出的某個問題或陳述的某件事情，這是一個怎樣的過程呢？

展線索從奧斯汀在二十世紀五十年代關於行爲發語（performative utterances）的早期討論，延伸到討論言語行爲的當代著作。但是，我想再強調一下，儘管維特根斯坦的確激起了大量關於語言的實際使用的深入調查，他卻對言語行爲的一般理論這個題目沒有好感。他認爲這整個企圖必然會歪曲語言的複雜性和微妙性。

麥基：奧斯汀的著作對法律哲學也產生了巨大的影響，法律哲學，用你剛才的話來表示，受他的哲學影響，經歷了顯著的改變。如果你能就此談談，

哪怕只是附帶地說一下，也會是非常有趣的。

西爾勒: 我認爲這種影響是相互的。奧斯汀認爲，
語言哲學家能夠從研究法律中學到很多東西。我
是贊同這一點的。例如，通過研究合約法(law
of coutract)，你能學到許多有關承諾的東西。同
時，奧斯汀創造的某種區分和他主張的某些理論
在法律哲學上也產生了影響。哈特(Herbert
Hart, 1907－)的著作(他從前是牛津大學的法
學教授)是一個受奧斯汀影響的例子: 哈特在他
的名著《法律的概念》(*The Concept of law*)中分
析法律系統的某些重要特點，處處流露出奧斯汀
的影響。但我認爲，奧斯汀對法律哲學最重要的
影響與其說是他的某些具體論斷，不如說是他進
行哲學思辨的風格。奧斯汀進行極其仔細和精確
的區分，總是穩紮穩打，步步爲營。例如，他認
爲，在討論行爲的時候應該區分偶然的行爲
(doing something accidentally)、失誤的行爲
(doing something by mistake)和漫不經心的行
爲(doing something inadvertently)。他還非常
認真地區分行爲的效果(effects)、結果(results)、
後果(consequences)和結局(upshots)。事實上，
這些區分對於法律哲學家討論像法律責任(legal

responsibility）這種問題是非常重要的。因此，奧斯汀教給法律哲學家的、像他試圖教導一般哲學家的，就是對於區分，特別是那些在普通用語中用不同詞語所標明的區分，應該特別地謹慎。

麥基：你的書《言語行為》出版已經有幾年了。現在你從事甚麼研究？

西爾勒：我正試圖將這項研究推進到下一個階段。如果你認真地對待"語言怎樣反映現實"的問題，那你最終就會回到"任何東西怎樣反映任何東西"的問題上來，而且這會把你引向思維哲學和思維與語言的關係上去。我認為，語言哲學是思維哲學的一個分支，而思維哲學的關鍵問題是："我們的思想狀態怎麼反映世上事物的狀態？"我們的思想狀態有些是直接指向或關於外部事物的，有些則不是。例如，如果我有一個信念、一種懼怕、一個希望或一種願望，它們肯定都是關於某件事物的：我必然是相信甚麼甚麼，害怕甚麼會發生，或者希望它不要發生，或企望別的甚麼東西發生。但是我的疼痛或發癢在那種意義上都不是直指的；它們不是"關於"任何東西的。現在，哲學家為這個直指性或"相干性"定了一個名稱——"意向性"（intentionality）（順便說說，這一術語是由奧地利神甫布倫坦諾(Franz Bren-tano, 1838－1917)引進現代哲學的，他則是取自中世紀的。這一概念只是偶然地與日常英語動詞"意圖"(intend)相關："意圖"在一般意義上是意向性的一種，但不是唯一的一種)。觀察我們在早些時候在語言哲學中談論的某些問題的一種方式，就是通過研究意向性來看。思想狀態的意向性與言語行為的意向性是甚麼關係？如果我們認真地對待語言是行為的一種形式的觀念，我們就會問：這確切地是指甚麼意義上的"行為"？言語行為又究竟怎樣將行為的其他特徵與語言結合起來？我們的行動似乎可以把這種反映特性，這種意向性傳達給本來毫無意義的一大堆聲音和符號，這究竟是怎麼發生的？

我們早些時候討論意義問題時提出的許多問題能夠被重新改變一下，使其變成思維和語言之間的關係，特別是關於意向性的問題。在哲學中，如你所知，能做到正確地闡釋問題，事情就已成功了一半。例如，關於意義的問題，可以用這樣的方式提出："即使我們的意圖是內在地具有意向性的(因而必須直接指向客體、世界的狀態)，然而思想是怎樣把意向性強加於並非內在地具有意向性的物體和事物呢？發自我嘴裏的聲音，如我早些時候一直說的，從某種意義上說僅僅是些聲音而已。我在紙上作的符號，和掛在博物館牆上的圖畫，也僅僅是些物體——帶有沾在上面的墨水的幾張紙，帶有沾在上面的顏料的幾張畫布。這些本身毫無意義、不大不小的物質現象，是怎樣獲得了表現世界這種令人驚訝的能力，並能以各種不同的言語形式表達無限多的命題內容呢？它們怎樣成為陳述、問題、要求，或者變成你麥基的畫像、林斯汀戰役(Battle of Hastings, 1066年)的圖畫呢？我認為，正是在這一點上，即在意向性問題上，語言哲學和思維哲學走到一起來了。我相信我知道那個問題的答案(儘管這裏不是在細節上詳細說明它的地方)，它就是：**思維通過有意圖地把那些使意向狀況獲得滿足的條件轉移給相應的對象，而達到把自己的意向性強加給本身並無任何意向性的對象。**

發自嘴裏的聲音，紙上的符號，僅是聲音和物體而已，究竟它們是怎樣獲得了表現世界的能力，並能以各種言語形式表達無限多的內容呢？

例如，思考一下"看到(seeing)正在下雨"、

"認爲（believing）正在下雨"和"陳述（stating）正在下雨"三者之間的關係。它們肯定有某種共同的東西，因爲它們都有同樣的命題內容，即正在下雨。但是"看到"、"認爲"已經帶有意向性了，只有在確實下雨的情況下，"看到"才是客觀的；"認爲"才是正確的。"滿足的條件"（conditions of satisfaction）是內在於意向狀況的：如果它不是直接指向事物的那種狀況，它就不可能是那種意向狀況。當我們開始考慮剛才的陳述時，它也有滿足的條件——它只有在正在下雨時才是真實的——但是有一個關鍵的區別：這些滿足條件不是以某種方式內在於聲音中的。所以，我們必須解釋我們怎樣把意向性強加於聲音之中。回答是，在施行言語行爲時，我們有意圖地把已經強加給"信念"的同一套"滿足條件"強加到了"發語"上面。經由語言習慣和講話者的意圖，我們把信念的滿足條件轉移給發語，這就使得言語行爲得以用一種公開的、常規的和可以傳授的方式去表現事物的狀況。無論如何，這正是迄今爲止我正在做的，也正是我的下一本書將要論及的東西。

以上所述引起了哲學中其他一些問題。我認爲，意向性的問題把當代哲學中的兩個最中心的問題集合在一起了：第一，"語言怎樣與現實相聯繫"(這是所有語言哲學家都以這種那種方式探索的問題)? 第二, "甚麼是人類行動的本質? 甚麼是解釋一個行動? 為甚麼自然科學的方法不可能在研究人類行為方面取得令人矚目的結果?"這兩類常見的問題都彙集到意向性的難題上來了。我們已經看到了意向性與語言哲學的關聯, 但仔細想來, 行動也有意向性。意向性無論在一般意義還是技術意義上都是像吃一頓飯, 寫一本書, 或投某政黨一票, 是人類行為的一個基本的部分。但是如果是這樣的話, 那麼在我看來, 對人類行為的因果關係的解釋, 就很可能不同於其他種類現象的因果關係的解釋。對意向狀況諸如意圖和願望的解釋是相當不同於其他種類的因果關係的解釋的。既然想做某事的願望正是想做此事的人的意圖的一種表現, 那麼, 從願望的角度解釋行動的因果關係將是相當不同於休謨式的因果關係解釋。從意向性來解釋, 在原因和結果之間, 肯定有一種邏輯關聯, 一種"必然的"關聯。而休謨則指出: 原因和結果是不可能必然聯結的。從諸如合乎願望與否來解釋行動的因果關係, 不失為一種有力的解釋——願望確實可以引發行動——但是這種因果關係與大部分哲學家所採納的因果關係不同。說了大堆話, 我並不想讓你覺得我又要唱機器中的幽靈(ghost in machine)這個老調。我認爲，意向狀況並不是在某種玄秘的精神媒介中的奇異的、不可思議的實體。我不想回到笛卡爾那裏去。我認爲，假設關於思維的問題總是應當被看作關於心靈是甚麼的問題，是一個大錯誤。事實正相反，當我們談到思想狀況時，我們所感興趣的是它們具有甚麼樣的邏輯屬性，而不是它們怎樣在大腦中，在思維中，或在行爲上被實現的。無論如何，行爲是一個意向性概念。我們有一種錯覺，認爲行爲是某種我們只需要觀察就可以發現的東西，但是每當我們描述行爲——例如我們說這傢伙正在喝啤酒，那個人正在開車——這些描述絕對是思維的東西。說這傢伙正在喝他的啤酒，或開他的車，就是說他有一整套信念、願望和意圖。我目前的工作就是試圖找出言語行爲背後的東西，找出心靈的這些特徵，這些思想狀況，是解開言語行爲(和任何其他類型的行爲)之謎的重要線索。

每當我們描述行爲，這些描述絕對是思維的東西。說這傢伙正在喝他的啤酒，就是說他有一整套信念、願望和意圖。

麥基: 我們這次討論的話題似乎鬆散了些，我想在我們結束之前歸納一下。當你概要地介紹語言哲學的近期歷史時，你說一共有三條主要的發展線索，我們現在已經討論了其中的兩條。第三條線索是喬姆斯基和現代語言學。在我們總結之前，我想請你談談喬姆斯基。

西爾勒: 我想，說喬姆斯基在語言方面引起了一場革命，是毫不誇張的。他關於語言的中心思想，是他對句法(syntax)的論述。對於喬姆斯基來說，為自然生成的人類語言制定出句法的理論，就是找到一套數量有限的規則，這些規則能衍生出無限的句子。他表明，如果我們能對一種自然語言如此行事，規則就必然具有某種特殊的邏輯性質，例如它們會在結構上與構成邏輯體系或數學體系的規則完全不同。他努力澄清英語和其他自然語言的句法規律，已經對哲學產生了一些有趣的結果。首先，喬姆斯基提供一套新的句法工具，有助我們對實際的語言進行研究。就我自己來說，例如，我運用喬姆斯基的方法去表明不同的言語行為在實際的語言中是怎樣被表述的。但是，一個更重要的結果是，喬姆斯基的工作對於人類思維中存在固有的觀念(innate ideas)這一傳統哲學問題有一定影響。喬姆斯基提出的句法是極其抽象、複雜的，這就產生了一個問題："語言既然如此複雜，小孩子怎麼能學會它呢？"你當然不能教小孩子學公理的集合論，然而喬姆斯基表明，英語在結構上比公理的集合論要複雜得多。那麼，小孩子究竟是怎麼學會它的呢？他的回答是，在某種意義上，孩子們早已知道它了；那種認爲心靈是一塊"白板"的假設是錯誤的。事實情況是，所有自然語言的形式從兒童出生那天起就已編入了他們的頭腦中。喬姆斯基最有力的論據是**兒童生來就對通用語法**（universal grammer）**有完整知識，接觸語言僅僅是觸發先前存在的知識**。總之，兒童獲得了某種自然人類語言，是因爲所有人類語言已經以一種通用語法的形式編制在他的頭腦之中了。

所有自然語言的形式從我們出生那天起就已編入了頭腦中，我們的心靈並不是一塊"白板"。

對於通用語法的觀念，過去有一種傳統的異議。人們會說："但是語言是那樣不相同，例如英語就和漢語那樣不同。"喬姆斯基的回答是，儘

管它們表面上是不同的，但它們有一種共同的深層結構，編入兒童頭腦中的正是這種深層結構。我認爲，這一點是喬姆斯基的積極貢獻，它實在是一種很有分量的觀點。但是，我認爲喬姆斯基的方法也有一定的局限性，而這些局限性已經在語言學中導致了一些混亂。喬姆斯基把人視爲本質上是一種句法的動物(syntactical animal)，卻從來沒有顧及以下一些問題："這些句法形式被用來表示甚麼？"他的句法概念只是："理論上語言的句法必須以純粹的句法原詞(synctactical primatives)來叙述"；這就是說，不允許我們從理論上去闡釋這些形式的意思，也不能説明人們應該怎樣去運用這些形式。喬姆斯基實際上是否定了我認爲是千真萬確的想法，即語言旨在於溝通(communication)。

麥基：他認爲語言旨在於表述(expression)。

西爾勒：是的，他認爲語言的本質是句法，而且我們擁有那種被編制進自己頭腦中的句法的形式，所以我們是句法的動物。這種觀點導致一種特殊局限性。我認爲，關於句法的最有趣問題，是形式和功能如何相互作用的問題，也就是問"這些句法形式表示的是甚麼？"在我看來，語言是用

於交談、用於寫作的，因此，如果我們不去研究
語言的用處，句法的研究也就不可能完善。我和
喬姆斯基之間的分歧，是在事實的問題上。未來
的研究可能會表明他是正確的，而我是錯誤的。
但我的強烈感覺是，**如果放棄人類運用語言做甚**
麼的概念，我們就不可能理解語言句法，也不可
能知道史前人類的語言是怎樣演化的。這就使我
們又回到言語行爲問題上來了。

麥基: 你對語言哲學的最新情況及其演化線索作了
精闢的介紹。你願意冒冒風險推測一下未來情形，
以此來總結我們的討論嗎？

西爾勒: 好的，我試試看。我的水晶球留在伯克萊，
看看沒有它我能說些甚麼。首先，我認爲語言學
今日這般熱門，必然會繼續使哲學家感興趣，而
且語言學家和哲學家會繼續發現他們可以相互補
益。在相互影響方面，我們已經比過去做得要
多: 我參加語言學家的討論會，也邀請他們參加
我們的哲學討論會。我認爲，儘管喬姆斯基的範
式(paradigm)已被打破，語言學不再存在那種
我們在喬姆斯基全盛時期曾經期望的一體化發
展，然而它將會茁壯成長，並成爲對語言哲學家
有極大用處的一個泉源。請你注意，語言學家和

哲學家具有不同的方向和興趣，語言學家的興趣是事實性的和經驗性的，即他們想要知道的是自然語言的事實。而哲學家的興趣是概念性的，他們想知道的是"意義和溝通是如何進行的"；他們的問題，用過了時的行話來說，是超驗的（transcendental），而不僅僅是經驗的。

在英國和美國某些地方，奎因和戴維森的著作掀起另一個熱潮，尤其是戴維森這一觀念的影響——可以經由真理的理論得到意義的理論。它之所以如此有感染力，是因為它宣稱可以提出被精確界定的問題，包括了運用現代數理邏輯來清楚表述問題。這些問題為奧斯汀所喜歡，因為它們是可以通過協作而做出成果的問題。我認為奧斯汀一脈沒有過時，我們將會看到，在戴維森影響下會完成大量有趣的工作。最後我想要說，我認為我感興趣的那類材料將會繼續吸引其他人，例如歐洲大陸對這些問題作出了越來越多的研究。長期以來，英美哲學和歐陸哲學之間似乎矗立着一道鐵幕，但現在歐洲大陸上的大量研究工作，所研究的正是我們關心的語言哲學問題。

11

喬姆斯基和
現代語言學

與

喬姆斯基

(NOAM CHOMSKY)

對談

麥基: 喬姆斯基(1928—)在兩個毫不相干的領域
中已經贏取了國際聲譽。影響最廣泛的是作爲美
國人反對越南戰爭的全國性領袖之一; 影響最深
刻的是作爲一位語言學教授, 在他四十歲之前,
卻已經一手改變了他所屬學科的性質。就哲學而
言, 他就像牌中的"百搭", 可以任意充當角色。
許多專業哲學家一定會相當認眞地堅持說, 他根
本不是哲學家——語言學根本是一個不同的學
科, 儘管是一個相鄰的學科。我這裏就不去爭論
它了: 不管怎麼說這決不是一個單純的定義問
題。事實是, 他原來是讀哲學的, 他的著作對哲
學有極大的影響; 在哲學家的作品中, 他的名字
大概出現得像任何活着的哲學家一樣頻繁。

　　關鍵的問題是這樣的。如果說有某個問題比
其它問題更加支配了二十世紀的大部分哲學的
話, 這個問題就是語言和世界之間的關係。維特
根斯坦——再舉一個例子——爲這個問題用了他
畢生的精力。後來, 語言學家喬姆斯基冒起, 說,

我們實際所知有關怎樣運用語言的方式，因而也是語言運用與經驗的關係、與世界的關係，與英美哲學的傳統一向堅持的東西有着根本的不同。

　　他在五十年代後期開始提出自己的觀念，部分作爲行爲心理學（behavioural psychology）的一種批判。我們可以比較公平地說，行爲心理學家的觀點往往給人一種印象：仿佛人類個體是作爲可被環境（即通過刺激和反應、懲罰和獎賞、加強對獎賞的反應、加強觀念的聯想過程，個體得到發展並學得包括語言在內的知識）所澆鑄和塑造的一堆可塑性材料來到世上的，個體之間差別全無。喬姆斯基則認爲，這種觀點不可能解釋爲甚麼幾乎所有人，不管其智力如何，都能够完成像掌握一種語言這樣既複雜又困難的工作——甚至當他們不是故意去學，並在非常稚嫩的年齡和如此短促的時期內也能辦到。他認爲，我們肯定是在遺傳上就被事先安排好去做這件事；在這種情況下，所有的人類語言肯定都有與這一安排相應的一個共同的基本結構。這一點也有某種重要的負面含義，其中主要的是，凡是不能適應於這一結構的東西（任何似乎不能適應的東西，都被鈎在這一特殊網絡的網眼上）在人類語言的任何框架內都是無法表達或者無法理解的。這樣一來，所有語言所共有的一般原則，對我們理解世界、相互溝通的能力橫加了不可避免的限制。

這樣一說，聽起來像是把康德的基本思想搬到語言學裏去了——而我必須表明，我一直就持有這種看法。但是即使如此，這是喬姆斯基一手締造出來的，可說前無古人，而且業已證明這是一件具有建設性並富有成效的工作。

討——論

麥基: 人們認爲你的理論之所以難於歸類, 是因爲
它顯然是一種綜合性理論: 它們部分是哲學的、
部分是語言學的、部分是生物學的。説它們是生
物學的, 是因爲它們涉及到人類機體的某些遺傳
特徵和人體某些官能的發展。我個人認爲要討論
你的觀念, 最清楚的方式是從生物學開始——這
畢竟是你對行爲主義進行抨擊所用的進路。你爲
甚麼選擇從生物學入手呢?

喬姆斯基: 原因是行爲主義者對語言性質的描述以
及對習得語言的方式的描述大行其道, 在不同的
思想領域廣泛傳播, 不僅包括心理學中的主要流
派, 而且在哲學和語言學中也是這樣。當我還是
個學生的時候——大約在二十五到三十年前——
對語言問題的主流解釋是: 它本質上是個習慣系
統, 或技巧系統, 或行爲傾向系統; 它是通過廣
泛的訓練——明確的訓練獲得的: 通過重複, 也
許還有歸納、概括或聯想的步驟獲得的。這種觀

念是，習慣系統完全是積習而成的，因為經驗都
要經過概括和類推。這一描述雖然是一種事實的
假定，但它的表達方式卻使人覺得它是一個先驗
的(apriori)真理。語言並不一定是這樣一個系統，
也不一定非得通過這種方式來獲得。

麥基: 你要強調的是: 大部分人不是在有系統的意
　　義上被教會使用語言的，這一點一經點破便格外
　　明顯。也就是說，大部分父母並不是有計劃地指
　　導子女學習語言的。當人們想到世界上大部分地
　　區的人民仍然缺乏教育時，這一點就更是不言而
　　喻的。但是孩子仍然學會了語言。

喬姆斯基: 我的意見還不只這些。語言學習的作用
　　是微乎其微的，而且語言教學也不是掌握語言的
　　最重要的途徑。我想我們甚至可以說，語言根本
　　不是學得的——至少不是靠我們所瞭解的那種方
　　法，那種具有我剛才提到的那些特點的學習過程
　　學得的。如果我們想找一個合理的比喻，我們也
　　許應談到“生長”(growth): 語言在我看來，是心
　　靈裏生長的東西，就像我們熟悉的生理系統的生
　　長一樣。我們同世界交通之初，心靈的狀態是由
　　遺傳決定的，以後隨着同環境、經驗的相互作用，
　　這種狀況不斷變化，直到出現一種相當穩定的成

熟狀況，在這種狀況下，我們就具備了所謂的語言知識。心靈的結構，在這種成熟的狀況中（包括半成熟的狀況），包括一個由心理表象組成的複雜系統及這些心理表象的運算原則。這種由遺傳規定的初步階段發展到最後的穩定狀況的變化，在我看來，在許多方面相似於人體器官的生長。事實上我認爲，**把心靈看作爲精神器官組合成的一個系統——語言能力是其中之一——每個器官都有一種結構，受制於天賦的生物因素是頗恰當的**。這些精神器官與環境之間相互作用的性質和方式，一般也是由我們天賦的生物因素決定的。這些器官由於經驗的刺激而生生不息；經驗還在人生命的各個階段不斷塑造和引導這些器官的成長。所以我說，不僅關於語言是從教授而來的這個看法是錯誤的，而且認爲語言經學習而來的說法也是不正確的，特別是我們從習慣意義上去理解"學習"的話。

麥基: 你的意思是說，我們是按照預先已編好的程序學會語言，就像我們按照預定的程序長出手腳，或像我們十幾歲時開始踏入青春期一樣。

喬姆斯基: 是的。踏入青春期是一個極好的例子，因爲這是一種生物性發展，一種代表成熟的結構性變化，它明顯是預先編制了程序，在人出生後發生的。事實上，我們甚至可以說死亡也是由遺傳因素決定的——生物構造促使我們的生命進展到某段規定時期的一點上，一定會終止。換句話

我們是按照預先已編好的程序學會語言，就像我們按照預定的程序長出手腳或其他的器官一樣。

說，在有機體開始以一種獨立的形態存在世上，這個有機體身上產生某種發展這一事實，並不能說明這種發展是不是受遺傳所決定的。

麥基: 即便如此，假若我生長在一個荒蕪的小島上，我仍然生長手腳，步入青春期並最終死去，但是我不會發展出運用語言的能力。因此，在語言運用和你剛才與之比較的東西之間，仍然明顯地存在着某些基本的區別。

喬姆斯基: 我認爲這種區別不是根本性的。對任何生物系統而言，環境制約並刺激它生長。這個過程無論對於胚胎的生長或後天的成長都是適用的。細胞分裂並形成身體的個別器官，是由遺傳因素決定的，而且僅僅在適當的環境刺激底下發

生，而環境的刺激又必將影響整個發展的過程。我認爲青春期的來臨和它的特徵，極依賴於如營養水平等等許多因素。甚至有證據表明，在哺乳類動物中，視力的正常發展受制於許多因素，包括母親與不足月嬰兒的接觸，儘管動物並沒有通過這種接觸而"教曉去看"。

以哺乳類動物的視覺系統爲例——關於這一點過去二十年中已有了相當多的新知識，我們可以用它來作個比喻。例如，雙目視力的一般特性，是遺傳因素事先決定了的，但是對刺激物的精確對焦需要視覺經驗的配合。這是一種只有通過與環境的相互作用才能解決的"技術問題"。如果小猫的一隻眼睛在限定的時期内被遮蔽着，不能接觸到適量的規律性刺激，就有可能出現神經系統的退化，用來分析視覺經驗的複雜系統也不再起作用；那隻眼睛將不"知道怎麽去看"，而導致永久性的損害。視覺皮層的某些細胞具有感應特定方向的線條的功能。已經有一些證據表明，專門分析方向的細胞的分布情況，可能是由動物幼年所處的視覺環境中的水平線和垂直線的分布情況所決定的。

總的來說，生物系統的特徵，其一般性質是在遺傳上被決定了的，但遺傳程序的展現在每一階段上，都部分地取決於生物系統和它的內部、外部的環境之間的相互作用。據我所知，語言能力的發展也具有這種一般的性質。正是因爲這個原因，我把"生長"視爲比"學習"更爲恰當的比喻，幫助我們思考語言能力怎樣從初步階段發展到成熟階段，在這一成熟狀況中，一種語言的知識脫穎而出。我認爲，成熟狀況的一般性質可以作較精細的說明。如果在適當的生長時期沒有得到適當的刺激，語言能力也許就不能起作用，這或許是因爲神經系統的退化，或許是因爲（由遺傳決定的但爲環境刺激的）神經系統沒有得到發展的緣故。所謂"適當的時期"是甚麼，仍然是不清楚的。據說有了某些證據（仍未公布）證明早在嬰兒初生期，語言刺激就可以影響語言能力的正常生長；據廣泛認爲，語言的生長存在一個"關鍵時期"，不過由於無法就此進行試驗，證據仍然不充分。只要在生命的適當階段受到了適當的刺激，先天遺傳的語言能力就能最終轉化成成熟的語言能力。有限的經驗數據已經足以使我們能夠開始實際規劃一套過程，這一過程將幫助我們建構一個包括規則和原理的系統，這個系統可以制訂一套完整的人類語言，一個（用德國博物學家洪堡爾Friedrich Humboldt, 1769－1859的話來說）最終能使我們以有限手段做無限妙用的系統。在我們平常的生活裏，我們自然地對大千世界中流通的語言的豐富多彩感到驚異，以致它們之間的共同規律卻被我們所忽略。我猜想，如果一個具有更高智慧而無須發展出人類語言的外星人觀察者，像我們觀察貓狗一樣觀察我們，當它察覺人類能將他異常複雜的心靈的內在結構運用於外在環境提供給它的有限材料，創造出驚人相似的語言時，必定大感驚奇。

如果一個外星人觀察者察覺人類能將心靈的內在結構運用於外在環境提供給它的有限材料，創造出驚人相似的語言時，必定大感驚奇。

麥基: 從你的觀點看來，如果我們打算去考察人類的語言能力——就像你在你的專業生涯中所做的那樣——那麼我們的考察涉及生物系統的程度，涉及具體存在的物質、器官、人體組織的程度，決不亞於對人類的視力、消化和血液循環的考察。

喬姆斯基: 我想這種說法原則上是對的。但是在針對高級認知過程的神經基礎作研究時，我們尚未達到能夠準確描述所涉及的生理結構的特性那個階段。同樣，語言器官的實際研究也仍然處在一種抽象的水平上。我們能夠嘗試去探究語言能力的組織結構以及語言系統據以發生作用的原理，但目前爲止我們對這些結構和原理在大腦結構中具體運作的方式所知甚少。但是，同樣地，我們可以像過去長期研究視覺系統那樣來研究語言能力的問題，過去我們對視覺系統的結構和原理——就說我們當時認定的視覺分析機制吧——如何在神經系統中具體運作的情況也是一無所知的。我認爲，完全可以把對語言的研究看作是類似於過去對視覺系統的研究一樣的東西，過去當我們由於知識和技術的限制而無法確定視覺系統究竟具有哪些具體物理元素的時候，對這一問題也僅僅停留在抽象研究的階段。

麥基: 這裏有一個難題。我們接受了這一事實，即我不能靠內省去觀察自己的肝臟的活動，無論我多麼艱苦地去觀察都是如此。我無法確定它甚麼時候分泌膽汁。這同樣可以適用於幾乎任何其他的內部活動。因此，在接受我不能靠內省觀察我的語言器官的活動這一事實上，我沒有困難。但若以分析肝臟的活動爲例，如果我作爲一個研究者去觀察其他人的肝臟，我是能够觀察到的。我可以進行不同的輸入試驗，並觀察它們輸出的結果有甚麼不同。我能從活人身上切除部分肝臟，也可以從死人身上解剖整個肝臟。但對其他人的語言官能做同樣分析卻是不可能的。同樣地，如果我正在進行肝臟的研究，我可以從事各種各樣的動物實驗，但是如果我正在研究語言官能，我就不能這樣做——因爲你說動物沒有語言官能。因此，我們無法按照正常的研究方法對語言官能進行研究。

喬姆斯基: 基於倫理的原因，我們不能用人體進行侵入性實驗，這確實非常明確地排除了某些應用於自然的研究方式。這些方式一下子就可以想出幾個來。例如，假定我認爲語言具有某種一般的性質，而且每一種人類語言，作爲一種生物的必然性，都必須具備這種性質。如果我們採用研究猴子和貓的方式去研究任憑處置的生物機體，我們所要做的是使用伴隨性變換方法（method of concomitant variation）: 我們可以設計一種人爲的環境，破壞伴隨性變換原則，然後觀察這一機體能否得到正常的發展。不過，我們對人類卻不能這樣做——我們不能設計人爲的、不自然的環境，然後去觀察一個嬰兒在這種環境下會發生甚麼情況(正如我們不能用人體進行部分切除的試驗一樣)。認識到這種限制並不能構成任何哲學問題是重要的。它單單意味着，我們不得不在我們所做的工作中更聰明些，因爲一些研究方式被排除在外了——就我們所知，在其他有機體的例子中，不存在相似於人類語言官能的任何值得注意的東西。但是，這並不意味着我們不能研究這個問題。我們需要用比較間接的方法研究它。不過我們不妨想想我提出的模式，一個器官的模式，它以一種受遺傳規定的初步狀態開始，然後生長至一種成熟的狀態(即一種知識的狀態)。顯然，知識的成熟狀況將由兩個因素決定: 第一，最初的遺傳天賦; 第二，後天的經驗。就語言知識的最終狀況而論，所謂語言的語法——即決定一個句子是甚麼，它意味着甚麼，它是怎樣表達等等的規則和原理的系統——我們已取得極其大量的證明。事實上，每次發言都是一次實驗。每個人對發言的反應也是一種實驗。關於知識的成熟狀態的資料可謂多不勝數，不虞匱乏。如果我們能在知識的成熟狀態中分辨出那些不存在於後天經驗中的原理和特質，那麼這些原理和特質就很可能是屬於初步狀態的了。事實上，把那些從知識的初步狀態過渡到成熟狀態所必需的（也是我們所設定的）解釋經驗的原則、結構或方式歸結於初步狀態，是完全合理的。至少作爲一種初步的構想，我們可以把心靈的初步狀態看作是把語言的語法當作"輸出"、把經驗數據作爲"輸入"的功能，就像平方根的求法，更確切說是平方根的某種具體求法一樣，把數字 3 作爲"輸出"，把 9 作爲"輸入"之類。

我們可以把心靈的初步狀態看作是把語言的語法當作"輸出"、把經驗數據作爲"輸入"的功能，就像平方根的求法。

麥基：你曾經說過，任何一種屬於輸出的特性，在輸入中查察不到的，肯定是由於中介手段引起的。

喬姆斯基：上帝所爲者例外。既然作出了這樣的假設，我們可以立刻測試它。我們可以通過分析不同的系統來測試它。例如，假設我正在研究英語規則系統的子部分，並且我發現了一個抽象的原理，如果以這個原理爲前提，我就能解釋有關英國語言這一部分的許多現象。那麼，接下來我可以問，這個原理對英語的其他部分是否適用；或者推而廣之，我可以問，同樣的原理是否適用於其他人類語言。**既然遺傳天賦是共同的，那麼如果一個不是學來的原理適用於英語，那它也應該適用於每一種語言，這是生物條件使然。**用這個間接的方式，我們可以找到大量構成語言系統的遺傳天賦、生物的必然性質。

讓我來做一點詳細說明。假設我又發現了一個原理，把它稱為P原理，我以P原理適用於英語的某個部分為前提，那麼我就能依次解釋這一部分英語的許多現象，並以一種有趣又富啟發性的作用的方式這麼做。然後作為一種經驗的假說我又提出：P原理適用於英語的這個部分。接着產生的一個問題是：一個說英語的人是怎樣逐步把P原理發展為他的語法系統的部分的；這一原理是怎樣逐步成為他成熟的語言機能的一部分的？一種可能性是，P原理原本就是語言機能結構的組成部分，就如同雙目視覺是人類視覺系統的一種性質一樣。另一種可能是，P原理是經驗和本質上屬於我們的生物天賦的其他原理相互作用下的產物。根據第一種可能，我們問P原理是否適用於英語的其他部分，或更廣泛地，它是否適用於所有人類語言。如果事實上P原理原本就是語言機能結構的一部分，那麼——十分自然地，在把人類共同遺傳天賦作爲一個十分接近的初步推斷的情況下——對其他語言的探究就不可能導致發現那種與P原理發生矛盾的規則系統（儘管我們可能會發現某些語言中根本找不到P原理的存在）。如果我們發現P原理的確是一個普遍存在的原理，或至少沒有發現違背這一原理的現象，我們就可以合理地提出，P原理作爲語言機能的一種性質的確是我們的生物天賦的一部分（可以想像，它甚至反映出頭腦的某些更爲一般的性質）。如果我們在某些語言中或英語的某些其他部分中發現了與假設的P原理相矛盾的證據，那麼我們或者放棄P原理適用於英語（或英語的某一部分）的假設，或者可以按照上述方式繼續研究下去，看能否找到一個更抽象的Q原理，看某個以Q原理爲基礎的語言系統和已知的英語資料的相互作用能否產生出一種帶有P原理的語言（語言的部分）。如果我們找到了這樣一個Q原理，我們就可以用同樣的方式問，它是否是一種"語言通則"（linguistic universal），即一種由遺傳決定、組成語言官能的部分，等等。這種研究的基本邏輯是非常明白的，而且我認爲這種研究方法在許多有趣的案例中也取得了一定的成功。

麥基: 我們討論的主要目的是探究你的工作對哲學的影響，所以我不想過多地談論你工作中的技術性問題，因爲它會越來越顯得複雜難明。然而，你能作一些關於你所運用的探究技術的具體說明嗎?

喬姆斯基: 我認爲最容易的方法是舉例說明。讓我舉一些比較簡單的例子吧。我們不妨考慮一下英語中提問的方式。粗略地講，如果一個句子有名字的話，你都可以以那個名字開始發問。如果我說，"我看見了約翰。"(I saw John.)那相應的問題就是: "我看見了誰? "(who did I see?)陳述句也一樣: "他說他看見了約翰。"(He thinks that he saw John.)那問的是"他說他看見了誰? "(who does he think that he saw?)等等。因此，作爲一種初步的概算，英語的一個合理的規則就成了: "問句的構成形式是，先對準名字所在的位置代之以'誰'(who); '誰'(whom); '甚麼'(what)等疑問詞，將疑問詞前移至句首，然後按語法略施調整即成。"當我們實際運用這一規則時，我們很快就會發現，儘管這個規則能適用於大部分情況，但它在某些有趣的情況下卻並不適用。例如我說: "他想知道誰看見了約翰。"(He wonders who saw John.)而我要以"約翰"提問，按我剛才說的規則組成的問題就成了這副樣子："誰他想知道誰見到了？"（who does he wonder who saw？）我們立刻知道這不是一個句子。你可以說它不是一個句子，因爲它根本沒有意義，但是這個說法似乎是錯誤的。事實上，那個假句子完全是有意義的。假若我們接受它是個句子，我們不難準確地知道它會意味着甚麼："誰是那個他想知道看見了那個人的人？"（Who is such that he wonders who saw him？）這就是句子意味着的東西——但是我們不會這樣說。它根本不是一句正當的英語句子。所以，肯定存在某種原理，某個英語語法的部分，阻止我們去這樣說話。然而，說任何這樣的原理曾被施教於人，是匪夷所思的。

麥基: 肯定沒有人將它教給我！

喬姆斯基: 沒錯，事實上直到最近，沒人知道那個原理，甚至今天我們也不能確信是否理解它。事實上，直到不久前甚至還沒有清楚地認識到確實存在這樣一種原理。如果我們能發現這種原理是甚麼，或建立一個恰當的假設以說明它是甚麼，就能合理地把它歸結爲遺傳的天賦。當我們進一步觀察時，就會發現若干這樣的例子。例如這一句："他告訴班上的同學說這本書很難讀。"(He told the class that the book was difficult.)假設我現在要以"班上的同學"提問，我可以說："他告訴哪個班上的同學這本書很難讀？"(what class did he tell that the book was difficult？)這是一個完全正當的句子。假設我拿同樣的句子，並把它嵌入一個更複雜的結構，那就變成了："我要他去告訴班上同學，那本書是難讀的。"(I asked him to tell the class that the book was difficult.)又假設我詢問"班上"，我就會得到："我要他去告訴哪個班那本書是難讀的？"(What class did I ask him to tell that the book was difficult？)它又是一個完美的句子，儘管是更複雜的一個句子。

但是假設我基本上取了一個同樣的句子，並把它嵌入一個不同的結構——說這一句："那本書比他告訴班上它是難讀的還要難。"(The book is more difficult than he told the class that it was.)如果這時我詢問"班上"，我便得到："書比他告訴它是比難讀的更難的是哪個班？"(What class is the book more difficult than he told that it was？)這就不再是一個句子了。所以，這句被嵌入的句子中存在着某種阻止我們詢問"班上"的問題的某種東西。同樣，我們在一個相當大範圍內發現，在一些場合，提問是可能的；而在另外一些場合——這表面上看上去是類似的——提問是不可能的。

麥基: 這些不可能性不會是英語所特有的吧?

喬姆斯基: 也許是吧。如果是這樣，我們就必然會得出這樣的結論，即說英語的人從經驗中具體地學會了(或被教會了)這些事實，但這樣的情況似乎是不可能發生的。任何科學家在這一場合都會採取如下方式: 讓我們收集那些作爲可能的例子和不可能的例子，看看是否能設計一種能解釋其中區別的原理——換句話說，把這些例子適當地分類。這一原理會表明，爲甚麼有些句子不能以某種方式提問。我認爲存在一些解釋這個問題的理論，存在一些瞭解規則系統的一般性質的提法，根據這些提法，有些句子是必然不能以某種方式提問的。提出原理之後，我們就可以換一種形式來問一個你剛才提出的問題:"那原理適用於英語的各個系統嗎? "因爲如果它是一個普遍原理，它就必須是普遍適用的。如果回答是肯定的，那麼我們問: "它適用於德語嗎? 它適用於日語嗎?

它適用於澳洲土著語言嗎？"等等。這樣，它就成了一個非常困難的問題了，因爲根據這種工作的性質，只有當你已經對有關的各種語言進行了相當深入的研究之後，才能提出這一類問題。人類學家或人類語言學家從幾個月的田野考查中取得的那種筆記對於這一目標的幫助不大。但是我們知道怎麼去着手。**通過對多種語言的深入研究，我們可以試圖去測試、反駁、改進和修訂從某一具體語言的研究中得出的原理。**這是一種完全可行的研究方法。

假如我們是火星人，現在要研究人類，用人類對待猴子的方式來對待人類，我們就可以用更直接的方式來研究這個問題。在提出了某種我剛才說過的原理之後，我們就可以找來一些人類的嬰兒，教他們學某種類似英語的語言，卻是完全違反我們的原理。然後我們就觀察會出現一種甚麼情景。可以預言："他們不可能學會它"，或者："他們將不會像學英語那樣容易地學會它，因爲他們的大腦器官將不會按正常的方式生長。爲了應付違背他們的語言原理的這一現象，他們將不得不動用大腦的其他機能。"而如果我們發現這一點在一個人造環境中是正確的，那我們將會對假設進行一個直接測試。但正如我所說的，既然我們不能做侵入性試驗，我們就不得不僅僅限於對既有的系統進行自然的試驗。但要藉此強調的是，這些試驗確實能爲我們提供大量的論據。

如果我們教一些嬰兒，學某種類似英語，但又完全違反我們的語言原理的語言，我們可以預見他們很難甚至不可能學會它。

麥基: 換句話說，儘管你不能證明那個原理，但你確信同樣的不可能性存在於任何一種已知語言中，即它是一種任何語言都無法表述的同一性。

喬姆斯基: 不過，我現在這樣說是很不成熟的，因爲幾乎沒有幾種語言曾經被我們作出非常深入的剖析研究，哪怕只是爲了提供貼切的論據。直到幾年以前，論述英語的著作才產生了能對我剛才談到的問題——形成規則的簡單例子——發生影響的論據。我所能說的只是，這一問題只是在極少數情況下獲得了某種深度的研究，或換一種方式說，存在着一些有力支持那種"同一性"觀點的合理假設，它們提供了一種我認爲是令人信服的解釋。不錯，在這一堆爲數有限的例子裏，無論研究多深，的確存在一些問題，但那是年輕的科學、甚至成熟的科學都在所難免的。

麥基: 爲了討論的需要，我們不妨假定你的理論是對的並進一步考察其更廣泛的含義。你的結論之一是，作爲人，我們幾乎是由遺傳因素嚴格限定的；我們能理解一些東西，但凡是不屬於我們遺傳天賦範圍以內的東西，則都是不能被理解的。是這樣嗎?

喬姆斯基: 是的。但我們還需仔細思考原則上理解可達到的界限。

作爲人，我們幾乎是由遺傳因素嚴格限定的；但凡是不屬於我們遺傳天賦範圍以內的東西，都是不能被理解的。

麥基: 這是個令人震驚的學說，它一反人類思考自己的方式。

喬姆斯基: 這也許是一種初步的反應吧，但我認爲這不是一種正確的反應。事實上，我們的遺傳因素嚴格地限制了我們，這一點固然不假，但更重要的一點是，**遺傳因素還是我們的自由和創造力**

的基礎。在可探求的知識界限和知識不可逾越的
局限之間有着密切的聯繫。

麥基: 你是指, 正因爲我們被編制了遺傳程序, 我
們就能做我們所能做的事情?

喬姆斯基: 不錯。我的意思是說, 如果我們是可塑
性的機體, 在没有一種事先編制的廣泛程序的情
況下, 我們的頭腦就只能反映個人環境, 並因此
而容易枯竭。但我們很幸運, 作爲我們生物天資
部分, 已事先編制了程序, 提供豐富的遺傳資料。
而恰恰由於這一點, 少量退化的經驗允許我們去
實現一個大飛躍, 認識到一個豐富的認知系統,
這個系統對羣體與及全人類本質上都是相同的。

麥基: 而這一系統已經通過生物進化的過程, 歷經
無數個世代的演變。

喬姆斯基: 基本的系統在長時期的演變進化中得到
了發展。我們不知道它是怎樣進行具體演化的,
但每個個體都具有這種基本系統。於是, 個人能
够以非常有限的經驗去建構極其豐富的認知系
統, 該系統允許他以人類正常的自由和創造力去
行動。尤其是人類固有的語言機能, 由於其極大
的約束力和相當特殊的性質, 使我們頭腦中生長

出一種成熟語法(稱之爲"語言學習")。在一個人頭腦中發展起來的系統，與另一個人頭腦中同樣在很有限經驗基礎上發展起來的系統，是類似的。因此我們可以自由表達，不用設下甚麼界限。他人完全可以理解我們所說的東西，儘管他們以往並沒有聽說過這類東西。這種結果之成爲可能，就是由於我們具有内設的程序; 沒有這一點，我們就不可能具有這種能力。

麥基: 對於創造力你能談些甚麼? 如果我們像你說的那種被事先編好了程序，那創新是怎麼可能的呢?

喬姆斯基: 我認爲在這個問題上我們須加小心。我們能說出大量有關已習得的系統的性質、已達到的知識的狀況和思想成熟的狀況之類的東西。再進一步，我們也能說出很多有關習得這一系統的生物基礎，即大腦的初步狀態。但是，當我們再進一步追問:"這一系統是怎樣運用的? 我們怎樣才能作出創造性行動? 我們怎樣才能說出新的、但不是任意的内容; 在恰當的情勢下說出恰當的話，而不受刺激物的控制?"當我們問這些問題時，就踏入了一個神秘的領域，在那裏人類至今還未、甚至在原則上都未理出些頭緒。我們能理解的只限於那些令我們進行日常的創造性行動的原理，但一旦遇到了意志、決策、理性和行動的抉擇等問題，人類科學幾乎就束手無策了。這些問題自遠古以來就籠罩在一片朦朧之中。

人類很幸運，因為作為我們生物天資部分的遺傳因素已事先編制了程序，提供豐富的遺傳資料，使我們實現認知能力的飛躍；然而也因為遺傳因素的限制，我們在某些領域的發展總是裹足不前。

麥基：但是我們既然以自己的方式到達了目前的境地，作為數百萬年進化的一個結果，我們肯定已經走過了創新、適應、發展新能力、新氣質、新器官等等的漫長過程。我們在極限附近還能不能發展、進化？我們在極限前不是還有一點可塑性嗎？

喬姆斯基：在一種模糊意義上，說我們現在擁有的系統已經通過進化、自然選擇而發展了，這是正確的。但是，承認我們所知是多麼不夠，也很重要。例如，我們總不能說我們所具有的每一種特性都必然是物競天擇的結果，是自然選擇而產生的東西。因為相反的例子是顯而易見的：我們處理數字系統的抽象能力是一種人類獨有的能力，就像語言能力一樣。任何正常人，只要沒有毛病，都能理解數字系統的特性，能夠在理解它的深層特性中走得很遠。但是很難把這種能力說成是物競天擇的結果，就像很難相信長於數學的人往往子女較多一樣。事實上，在人類的進化史上，大部分時候都不容易察覺這種能力的存在。允許這種能力去實行的機緣從未發生過。然而這種特性存在着，這種能力存在着——精神器官，如果可以這樣叫的話，也發展了。也許它是與大腦內某些被選擇了的性質並肩發展的。我們可以推測說，腦量的增加是造成繁殖能力差異的一個因素。也許是由於我們目前還不知道的自然法則，腦量的增加在人類進化的具體條件下造成了一個具有處理數字系統特性的能力體系。既然如此，進化了的思維，進化了的大腦具有這種能力，並不是因爲思維、大腦成功地通過了這種特性的特有選擇。經過人類語言機能的進化，毫無疑問地會大大有助於人類生物進化方面的成功。但如果說語言的特有結構本身就是某種特有的選擇的結果，那未免跳得太遠、太不合理了。我們既信奉科學的自然主義(scientific naturalism)，就不會輕信這種假定。

麥基: 你談到事先編制好的程序對我們强加了某種限制，引起我這樣一個想法: 我們已經習慣於一種觀念，即在社會生活中，我們每一個人都傾向於圍繞自己的經驗來構造自己的世界觀——我們必然會這樣做，因爲我們沒有其他選擇——但是這的確意味着每個人對自己的社會環境都會形成被系統扭曲的見解，因爲那種世界觀主要是根據個人局部的、偶然的經驗建構起來的。那麼，你是否認爲人類對自己的自然環境即宇宙也有同樣的曲解呢? 你是否認爲人們對自然界的認識，由於理解工具的獨特性質而帶有局限性和歪曲性?

喬姆斯基: 我認爲不妨可以作出這種假定。但我對"局限性"這個詞的用法仍有疑問，它含有使人誤解的暗示。假定我們的機能之一——如果你願意的話，就說我們的精神器官之一吧——是我們應該稱之爲一種形成科學能力的東西，一種在各種領域內創造出理論作明白無誤的解釋的能力。看看科學史就會發現，每當一些具體問題在一定理解水平上提出來的時候，人類的想像就會發生創造性的飛躍，就會產生出豐富的解釋性理論，對宇宙的某個領域描繪出明白的圖畫。這些理論常常在後來被發現是錯誤的，但這也是人類必循的道路，而這一點之成為可能，是因為人類具有這種形成科學的能力，它既限制着我們，但同時也為我們提供可能性，創造出遠遠超過任何既得根據之外的解釋性理論。認識這一點是重要的。當一種新理論被創造的時候，科學家所做的典型工作是值得注意的——我不一定是指牛頓（Issac Newton, 1642－1727），就連局限性較大的理論也應該注意。首先，科學家的根據是非常有限的，理論通常大大超出了證據的支持。其次，大部分可以獲得的根據受到漠視，也就是說，它們被棄之一旁，期待着另一些人會注意。科學史上的每一個階段，甚至包括常規科學，在選擇根據的問題上，都存在着高度的理想化甚至歪曲化的現象。新理論的創造、證實、反駁、修正以及進一步理想化等等，都是些很奇特的步驟。然而，我們經常能創造出新的理論，並且是以其他人可以理解的方式來構成它們。這當然不是甚麼想當然的胡思亂想。每當我們發展出可以理解的理論，我們就增進了對世界某一方面的瞭解。這一點之所以是可能的，因為我們是被事先嚴格地輸入了程序的，因為我們通過進化或其他甚麼方式形成了可以創造十分具體的理論的特有機能。當然，由此而生的是——或者至少可以這樣假設——這種特殊機能，使我們在某些領域內構造豐富和有效的理論，在別的領域卻可以把我們引入歧途或令我們一事無成。假如有一個來自火星的科學家從高於人類智慧的角度觀察和分析我們的成就和錯失，他一定會驚訝地發現，我們雖然在某些領域中能取得可觀的科學進步，但在另外一些領域卻似乎總是四面碰壁。也許這是因為我們的頭腦就是如此建構的，它致使我們無法實現必需的智力飛躍——我們不能系統闡釋有關的概念；我們不擁有洞察那個領域所必需的知識範疇。

麥基: 如果我們對人類形成語言的能力和認識能力的研究能够大大增進對人類智能本身的理解，你認為這是否會使我們有力量去改變甚至打破那些強加於我們的思想和理解力之上的限制呢？

喬姆斯基: 這一點是非常不可能的，因為這些機能是一種由生物構造決定的東西。我們可以研究心臟的結構，但我們這樣做的目的不是要用另外一種也許更有效的啟動裝置來取代心臟。同理，如果我們日後的確能够獲得對人體精神器官的真正瞭解，這也許對病理研究會有些幫助，但這不過是附帶的東西，換句話說，我看不到這種了解對改造我們的智能會有甚麼幫助。我們所能做的，是發現某種關於人類形成科學的能力的局限性。
例如我們也許會發現：某些類型的問題是超出了
我們構造解釋性理論的能力之外的。我們甚至

我們研究心臟的結構，目的不是要用別
的裝置來取代心臟，同理，如果我們日
後能夠真正瞭解人體的精神器官，不過
是發現某種人類能力的局限性。

約略得知人類智力能及的那些概念理論同那些由
於人類智慧有限而無法創造出概念理論的領域之
間的界線。我們前邊討論過的例子也許就是這樣
一個界限。我們如果考察一下人類早期的科學思
想，會發現古人早已提出關於天體的問題和關於
人類行為的源泉的問題，而今天我們仍在對人類
行為的源泉問題苦苦思索。在這方面談不上取得
了任何科學進步。我們不知道如何在科學的框架
內探討這些問題。我們能將這些問題寫成小說，
但是我們不能建構出任何有趣味的科學理論，哪
怕是錯誤的理論；我們簡直是無話好說。當我們
問：“為甚麼某人在不受約束的情形下會決定了這
樣做而不是那樣做？”科學的框架也幫不上忙。
另一方面，比如說，物理學的歷史展示了科學的

巨大成就。我們在某些領域確實取得了令人眩目的進步，但在另一些領域卻停滯不前，這很可能是反映了我們形成科學能力方面的一些具體性質。將來我們或許甚至可以證明這一點——如果它是真實的話。

麥基: 從我們已經討論過的東西來看，仿佛所有有條理的思維都是用語言來進行的。但是實際情況不是這樣，對嗎？連語言必然加入所有高度發展的思維形式之中的說法，也不容易說得通。例如一個作曲家撰寫一部在音樂發展中構成革命性創見的大型作品——就說俄國大作曲家斯特拉文斯基（Igor Stravinsky, 1882－1971）的舞劇《春之祭》（*The Rite of Spring*）吧——被譽為兼具獨創的、複雜的、深刻的思想。但更重要的是，他的思想表達得清楚有力，是以一種為他人所理解的方式表現出來的，儘管它是人類可理解的表達結構之中最複雜的。但是這些都不涉及語言的運用。這樣的事實是否威脅到你的論點呢？

喬姆斯基: 恰恰相反。我的假定是，心智不是一個統一的系統，而是一個高度變異的系統。心智基本上是由機能或器官組成的系統，而語言僅僅是其中之一。我們不必抬出斯特拉文斯基去尋找不用語言作思維的例子。我確信每一個人稍爲深思一下都會立即意識到他的大部分思想不涉及語言。比如說，你想到一隻貓，那明顯是不牽涉語言的。很清楚，思想的其他方式、其他機能是存在的，而音樂機能是特別有趣的一種。在音樂的

心智基本上是由機能或器官組成的系統，而語言僅僅是其中之一，甚至，可以說我們大部分的思想根本不涉及語言。

領域裏，就像在數學和物理學那裏一樣，獲得了迅速和豐富的發展。在音樂方面，二十世紀的一個顯著特色是，音樂創作往往不能獲得像過去時代的作品那樣的即時的或短期的反應。人們往往會做一種試驗來證實這一點，如果我們分出兩組兒童，使一組受莫扎特（ Wolfgang Mozart ）、海頓(Melissa Haydn)和貝多芬(Ludwig Beethoven)的影響，使另一組受施溫堡（Arnold Schoenberg）、威本（Anton Webern）和博格（Alan Berg)的影響，那我能猜到，在他們理解和處理音樂的能力中，會存在着一種實質性的區別。如果這一點是正確的，那就是說有某種天生

的音樂能力。關於這一本性的討論，已經持續了一段時間。我想大概是德國音樂理論家欣德米斯（Paul Hindemith，1895—1963）吧，他大約在二十五年前說過，音樂違背了調性原則，就像一個物理客體違反了萬有引力原則一樣。

麥基：音樂的比擬到此爲止，儘管我承認它很迷人。我只是運用它作爲一種具體例子。我想，它所表明的最重要之點是，第一，**我們的一些最重要、最有水平的思想沒有運用語言就產生了，並表達得異常清楚**。所以我們不可落入這樣的圈套，即創造出一些關於思想或表達的解釋性理論，當它們一旦運用到非語言形式中便即告崩潰。又或是錯誤地假定非語言形式是較低級、較單純的東西，因而可以置諸不理。第二，**它表明了你的理論，即除了語言系統之外，我們被事先輸入了程序，發展出能進行理解或表達的系統**，例如"閱讀"人類面孔的能力、用手勢交際的能力，以及一種從常識建立的世界觀，相信宇宙是由空間內的物體所構成。

喬姆斯基：我認爲，只有當豐富和複雜的結構在其中以一種或多或少相統一的方式得到發展時，人類的某些領域才是值得研究的。而那些地方恰恰是我們有希望發現事先編制好的程序，以致能產生偉大成果之處。

麥基: 你認爲人類所有的構思，如我們的典章制度、藝術、科學、飲食習慣、服飾、遊戲等每一件事，都展現了事先編制好的程序?

喬姆斯基: 在這兒，我再次認爲有必要謹慎處理這個問題。例如，以遊戲爲例。在我看來，遊戲在**某種意義上是在我們的認知能力的極限上。我們**不會設計出像語言的日常使用那樣熟練的遊戲來。否則那就不是一種有趣的遊戲，每個人可做的未免太多了! 我們所做的是編造像下棋那樣的遊戲，這是一種異常簡單的遊戲——其規則系統完全是平常的。然而，甚至這樣我們也不是非常擅長。在運用語言中，我們都非凡地熟練，而且人與人之間在使用語言方面基本上沒有大的區別，但說到下棋——我剛才說過這是處在我們認知能力的邊緣上的一種東西——心智構造非常相似的人在處理棋局時卻會表現出相當不同的能力。這正是下棋之所以有趣的原因。還有一些任務雖然可爲，但確實超出了我們的認知能力。事實上，存在一個被專用於發展這種任務的領域，即**實驗心理學**(experimental psychology)。大部分現代心理學主要牽涉到去發現會產生物種統一法則(species-uniform laws)的任務(也就是說基本上適用幾種不同物種的法則), 或者去建立那些有時被稱爲"好實驗"的事情(那就是產生順利的、規律性增長的學習曲線等等的實驗), 並存在着如迷津測驗那樣的任務: 在這方面, 老鼠幾乎接近於人類, 而兩者都很糟糕。這些任務被設計成沒有任何有趣答案, 或者被設計成超出我們的基本認知能力, 這樣, 我們只能通過嘗試、犯錯、歸納等方法取得進展。

麥基: 當你運用"嘗試"、"犯錯"和"歸納"等短語時, 你明顯地涉及到傳統經驗主義者(empiricist)對常規學習過程的分析。顯而易見, 你認爲這些不適用於常規的學習——只是當我們試圖如你所說, 對付那些超乎我們認知能力以外的東西時才管用。換句話說, 你對常規學習過程的分析使你反對哲學中經驗主義傳統的論點。你肯定經驗主義者關於我們怎麼學習的觀點是錯誤的, 也就肯定了他們關於知識的本質的觀點也是錯誤的。而知識的本質一直是哲學中整個經驗主義傳統所關注的核心問題。

喬姆斯基: 古典的經驗主義傳統——休謨代表了它

的最高形式——在我看來是極其重要的一種傳統,因為它試圖為知識的起源提出一種科學理論。事實上, 它企圖去建立(用休謨的話說)一套關於人性的科學。休謨把自己的理論看作一種經驗主義理論。但是當我們探究它時, 我認為它完全是錯誤的。他所提出的機制看起來不像是心靈據以到達知識狀態的結構。而人已達到的知識狀態是根本上不同於他所提出的類型。對於休謨, 心靈是一個場所, 觀念在其中招搖過市, 因此, 我們能通過內省徹底研究我們心智的內容。如果一種觀念不是在"場所"中, 它就不是在心靈內。事實上, 他繼續說, 甚至不存在一個"場所", 只有觀念以他討論過的各種方式聯結起來。這是一種訴諸人們想像力的表達手法。作為一種理論, 它牢牢地支配了西方思想史。

古典的理性主義傳統也假定人們通過仔細觀察能徹底研究心靈的內裏乾坤, 即認為人們能夠真正地辨別那些"清楚的和明晰的觀念", 並使它們開花結果。即使你看一看奧地利心理學家弗洛伊德(Sigmund Freud , 1856－1939)的無意識理論和偶然提到的某些難以捉摸的精神過程的理論, 只要你仔細閱讀一下他的書, 就會發現原則上還是把無意識視作可以捉摸的東西, 只要各式各樣的障礙能够被克服的話。我認爲，從他的上下文看，當他談到不可捉摸的時候，他是表示"難以捉摸"的概念。如果我所認爲的是正確的，這一觀點則根本上是錯誤的，甚至作爲一個起點也不對。根本沒有任何理由相信那些無孔不入地滲透到我們的行動、滲透到我們與世界、與他人的相互關係，滲透到我們的理解能力和說話能力之中的心理反映和心理記憶原理，會比我們視力系統的分析機制或肝臟功能更加容易通過心靈內省來獲得解釋。

麥基: 你接二連三地回到這個老問題上來——哲學家(也有心理學家——你提過弗洛伊德)討論的許多問題和提出的許多理論，都是關於物理過程的問題和理論; 爲科學提供研究的課題，而我們發現那些理論是錯誤的。這樣一來，許多"已經站住腳的"理論，尤其是經驗主義理論，從根本上是站不住腳的。而你用以替換那些理論的東西，在我看來，在歷史上是起源於理性主義傳統的。在對這一討論的引子中我說過，你的著作總是使我想起康德(Immanuël Kant, 1724－1804)。在我看來，你在現代語言學方面所做的事情，實際上是在重拾康德的工作，你認爲我這話對嗎?

喬姆斯基: 我不僅承認這是對的，而且已經以某種方式嘗試去說明這一點。不過我並不將康德常掛在嘴邊，而是常提**十七世紀歐洲大陸的笛卡爾主義者**（Cartesians）**和英國新柏拉圖主義者**（Nco-platonists）**的傳統**，他們發展了許多康德著作中爲人們所熟悉的觀念，例如，經驗要與我們的認知模式相一致的觀念。當然，還有那些論語言結構、論通用語法、論思維理論、甚至論自由和人權等非常重要的著作，都是在相同的土壤中萌芽的。有關這些問題，我已寫了若干東西。特別是在英國的新柏拉圖主義者那裏，有着對於心靈內構成經驗的組織原理的精闢見解，這是我所知最豐富的心理學理論之一。正是那種可以大加發揚的傳統，通過今天的各種經驗主義研究方法，變成了更明確、更完善和更先進的理論。當然，我也認爲我們必須在某些方面擺脫那個傳統；我已經提到過一點，即認爲"心智的內容原則上是對內省開放"的觀點，這個觀點十分普遍但並非一家獨尊。也沒有任何理由去接受那個傳統中普遍存在的形而上學，即心物相獨立的二元論信仰。人們可以理解笛卡爾主義者爲甚麼堅持這種信仰——這對於他們是順理成章的事，但並不是我們所必須遵循的；我們有探討同一問題的不同方式。

麥基: 我在引子中説過，你在國際上享有兩項榮譽，一項是作爲一個語言學家，另一項是作爲一個政治活動家。在表面上，這兩種活動看來並不相關，但在我看來，它們二者之間有一種真正的、有趣的聯繫。我想還是這樣跟你談吧: 在歐洲思想的歷史發展中，自由主義形成於與經驗主義哲學、科學方法二者的緊密聯繫之中。這三套思想有一個共同的口號，即"不要以既定權威的話爲憑證，而要觀察事實，作出自己的判斷。"這在政治、科學和哲學中都是革命性的。由於這個緣故，自由主義在西方傳統中總是被視爲反權威主義的先鋒。然而，**正像你在哲學和科學中反對經驗主義一樣，你在政治上反對自由主義**。你在自己的著作中説過，無論過去的情況如何，現在的自由主義已經變成權威的盟友。既然你的兩項活動在很大程度上基於摒棄經驗主義——自由主義方法，即英美文化傳統的中心，那麼，在你的語言學著作和(爲使問題更尖銳起見)你對越南戰爭的立場之間，一定存在着某種深刻的思想聯繫。

喬姆斯基: 這下子你等於提出了一大堆問題。至少有一點，笛卡爾(編按: 理性主義傳統的象徵)大概也接受過你引證的口號。但是讓我先說説自由主義，這是一個非常複雜的概念。有一點很正確: 經驗主義是自由主義的思想泉源——對權威的否定、對感覺經驗的信賴等等——中生長起來的。但是，年復一年，作爲一種社會哲學的自由主義已經經歷了非常複雜的演變。我們不妨回到自由主義的經典著作看看，例如德國自由主義者洪堡爾（Wihelm von Humboldt, 1767－1835）。那部對公民自由推崇備至的《國家行動的極限（*Limits of State Action*)》（它曾激勵了英國自由主義大師穆勒John Stuart Mill 1806－1873）。洪堡爾所思考的世界——局部地想像出來的世界——是一個後封建主義、前資本主義的世界。在這個世界上，個人之間就他們所享有的權利和掌握的財富而論，不存在(至少在理論上)很大的差距，但在個人和國家之間卻存在着巨大的力量懸殊。因此，關心人權、自由、人人平等，化解威脅個人自由的巨大的國家權力，是自由主義的任務。從這一理解出發，人們能够在洪堡爾理論的意義上發展一種經典的自由理論。當然，這是屬於前資本主義的。洪堡爾當然想像不到這樣一個時代的到來: 公司被看作法人，資源控制造就的差別，人的等級由生產決定。在我們這種社會中，狹義地採取洪堡爾的觀點，就等於是採納淺薄的自由主義。在私有權日益分散的今天，雖然國家權力仍然遭到反對是符合洪堡爾的結論的，但卻不再是為了他提出的理由。根據他的理由現在將會導致了一系列的不同結論，即我們必須消除對生產和資源的權威主義式控制，這種控制造成人與人之間的殊異並因此極大地限制了人類的自由。**人們可以在經典自由主義和一種高舉公民自由的社會主義之間劃一條分界線。我認為這就是轉化經典自由主義基本理論以迎合我們時代的需要。**在現代，"自由主義"這個詞已經被賦予非常特殊的意義，這你看看它的歷史就知道了。自由主義現在基本上是指國家資本主義（State capitalism），即由國家干預資本主義經濟的理論。這就與經典的自由主義幾乎無關。事實上，經典的自由主義已經變成了現代的"保守主義"（Conservatism）。但是這一新觀點是非常權威主義的，它是一種接受了許多權威和控制中心（一方面是國家，另一方面是私人集團）互相作用的理論，而個人只是這部高度壓迫的機器中的小齒輪。這部機器也許被稱為民主，但考慮到權力的實際分配情況，可以說它離開真正的民主還十分遙遠，而且不可能是民主的。我一直覺得，經典的自由主義已經變成了現代的"保守主義"。它是一種接受了許多權威和控制中心互相作用的理論，而個人只是這部高度壓迫的機器中的小齒輪。

要在一個嶄新的社會裏實現古典自由主義的理想，那我們就必須選擇完全不同的方向。僅僅接受爲通往一個不同的社會而提出的結論，而不去考慮導致那些結論的根據是甚麼，是膚淺的和荒謬的。我認爲這些根據在今日仍然非常重要——也許在這一點上我是自由主義者——但是我認爲它現在引導我成爲一個無政府主義的社會主義者。

12

科學哲學

與

普特蘭

（HILARY PUTNAM）

對談

引——言

麥基: 哲學與數學之間一貫有着密切的關係。希臘
  哲人柏拉圖在自己門口寫過一句話: "不懂幾何
  學者勿進。"正是哲學家亞里士多德把基礎科學加
  以分類, 爲它們命名, 並沿用至今。一些最偉大
  的哲學家本身就是偉大的數學家或新的數學文派
  的創立者, 法國碩儒笛卡爾(René Descartes'
  1596－1680)就是一個範例, 德國數學家萊布尼
  茲(Gottfried von Leibniz, 1646－1716)和法國
  數學家帕斯卡爾(Blaise Pascal, 1623－1662)也
  是這樣。大多數偉大的哲學家——不是全部, 是
  大多數——都是從數學或其他科學轉到哲學領域
  來的, 這種趨勢一直保持到本世紀。羅素起初學
  的是數學; 維特根斯坦最初受的是工程師訓
  練; 波普爾成年後第一份職業是數學和物理教師;
  維也納學派幾乎所有的成員當初都是學科學或數
  學的; 甚至德國哲學大師海德格爾(Martin
  Heidegger, 1889－1976)的第一個成熟的研究項
  目也屬於自然科學領域。

形成哲學與科學這種堅固而持久聯繫的主要原因很簡單: 推動大部分偉大哲學家進行探索的基本動力, 在於加深我們對世界及其結構的瞭解, 而這也就是有創見的科學家所從事的事業。長期以來, 人們一直認爲數學是人類擁有的最不容置疑的知識, 是絕對準確、明確的知識。於是哲學家常常研究數學, 看它有甚麼特別之處, 是否可以用這種特別的東西去獲得別種知識。科學具有同樣的功效——它們也能產生出極其可靠、準確的知識。那麼, 是甚麼東西使自然科學成果那麼可靠? 能將其方法, 無論是甚麼樣的方法, 應用於其他領域嗎? 對於數學和科學所涉及的那些概念、方法、過程、模式的研究, 已經逐步通稱爲"數學哲學"和"科學哲學"。本部分, 我們正是要討論這個問題, 尤其是科學哲學。我們的主講人, 哈佛大學的普特蘭(Hilary Putnam)教授, 著有《理性、真理和歷史》(*Reason, Truth and History*), 他在這兩方面都是專家。

麥基: 我想先看一看許多同代人——即使不是大多數——所持的立場。自十七世紀以來，宗教信仰的熱情顯著下降，特別是在西方，以受過教育的人爲甚; 在數以百萬計的人的思想中，科學世界觀(或至少主要是以科學爲基礎的世界觀)已經取代了宗教世界觀。科學世界觀影響着我們所有的人。所以，我想請你先明確地對科學世界觀作一個概括。

普特蘭: 我想起了填字遊戲: 到頭來每個字母都各就各位; 除了少數遲早要碰壁的錯誤之外，事情是按部就班的向前發展。三百年來科學發展的進程也是如此。1900年，有些人認爲制定物理學基本定律的使命已接近完成。但正是在1900年，德國數學家錫爾伯特(David Hilbert, 1862－1943)提出了二十多個著名的數學難題, 爲首的就有"將物理學的基本原則建立在一個令人滿意的基礎上"這一"難題"。

麥基: 小事一樁! 我還注意到這一難題是對數學家而不是物理學家而言的。

普特蘭: 對。錫爾伯特認爲，牛頓和麥克斯韋爾（James Maxwell, 1831－1879）已經提供了情節，現在只留待數學家來理清邏輯。在我們的一次談話中，你將此稱爲"百寶箱"觀點: 把科學的發展看成是不斷的積累，不斷向箱子裏填東西。我聽過另一個比喻，是將此比方成修建一座金字塔: 雖然偶爾有人會犯些小錯誤，但整體結構基本上是一層一層往上搭着的。我認爲，傳統的科學知識觀可分爲兩種類型，一是認爲科學知識的增長靠積累來實現; 另一是認爲科學上的成功與所謂"科學方法"有着特殊的因果關係。後一種觀點有着悠久的歷史。牛頓深受英國哲學家培根（Francis Bacon, 1561－1626）的影響，稱自己的方法爲"歸納法"（induction）; 自牛頓以後，人們對後一種觀點作出了這樣的解釋: 存在着某種叫作"歸納邏輯"的東西，或曰歸納法; 科學的特點就在於自覺而審慎地運用這一方法。我認爲這兩種觀點——科學知識靠積累增長和科學知識靠運用一種特殊的方法即歸納法獲致增長——都是傳統觀念的關鍵成分。

> 傳統的科學知識觀有兩種：一、科學知識是累積而來的；二、科學上的成功與"科學方法"有着特殊的因果關係。

麥基：用略微不同的方式說就是，近二三百年來，受教育的西方人認爲宇宙萬物均由運動着的物質組成，上至銀河系，下至組成我們自身肌體的細胞，無不如此。科學就在於用一種稱作"科學方法"的特殊手段逐步發現這種物質、揭示它們的結構和運動規律。只要持之以恒，最終就能上窮碧落下黃泉。這種科學觀現在已被科學家拋棄了，但社會上的一般人似乎還沒有認識到這一點。

普特蘭：我認爲這種科學觀的衰敗是自愛因斯坦的出現而開始的。要是扯到哲學史，則康德所做的一些工作也同我們的討論有密切聯繫。康德向真理符合論（correspondence theory of truth）提出了質疑。在他以前，沒有一個哲學家懷疑過真理同現實是相應的，或"相符"的這一說法；知識就是對現實照鏡子似的反映，或者說是現實的翻版。但是康德指出："事情並非如此簡單，還有大腦思維的作用"。當然，知識不是由大腦虛構出來的——康德不是一個唯心主義者。知識不全是一種虛構，但也不僅僅是一種翻版。我們所說的"真理"既取決於現實（事物的存在方式），又取決於思考者的貢獻（心靈——我用了"心靈"一詞，但今天我們要從社會性的角度，而不是像康德那樣從個人主義的範疇認識這一點）。我認爲愛因斯坦也得出了類似的結論——我們所說的"真理"也包含着人的貢獻，觀念上的貢獻。科學理論不僅僅是讓事實規限我們的創造力。

"真理"既取決於現實，又取決於思考者的貢獻。

麥基：我想，有些人可能會對這種觀點感到困惑。他們要問，真確性怎麼可能不以事實作準，還要受人類思想的影響？

普特蘭：我來打個視覺上的比喻吧。我們一般認爲眼見爲實，但無論是科學家還是畫家，他們對視覺研究得越深，就越發現所謂"視覺"很大程度上取決於各人的觀感。在同一天的不同時段，我們看到的紅色，如果按波長分辨，並不是完全相同的顏色。所以，哪怕是我們自以爲同世界的最簡單的聯繫——僅僅用肉眼看，也存在着理解的問題。

麥基: 事實上，我們通常不自覺地給世界加上了成套的概念和範疇體系(conceptual and categorial scheme)，要瞭解真相我們不妨將注意力轉向內省並着手加以研究。

普特蘭: 完全正確。我想在中世紀那些引首觀天，以爲羣星在"上"、自己在下的人眼中，世界已經被看作是不同的。今天，當我們遙望天空時，又會有一種和帶有中世紀觀點的人不同的體驗。

麥基: 那麼，你說的是，我們看待世界、解釋經驗的範疇和我們綜合觀感的框架，也就是通常喜歡稱作"事實"的東西，正是我們自己造出來的; 這就是說，科學對世界的理解，部分是由外在事實、部分是由我們劃分事物的範疇組成的。

普特蘭: 是的。有一個雖然過於簡單化，但基本上並無歪曲的例子，就是現代物理學中的波粒二象性(wave/ particle duality)。有許多試驗可以同時作兩種解釋——既可把電子看作一種波，又可看作一種粒子，而兩種解釋又都十分真確，極其恰當，令人難以置信。

麥基: 這是解釋同一事物的不同方法, 但二者都可以是準確的。

普特蘭: 正是這樣。哲學家已經開始談論"等價描述"（equivalent description）——一個科學哲學的術語。

麥基: 在牛頓以後的兩百年中, 受過教育的西方人認為, 牛頓的科學是不可推翻的客觀事實體系。物質世界的運動完全受牛頓和其他科學家發現的定律支配, 這個就是物質世界的現實。但從十九世紀末起, 這種科學觀開始崩潰。人們開始認識到, 幾個世紀以來一直沿用的、曾經做出過準確預測的科學理論, 終歸也可能是錯誤的。換句話說, 科學是可以修正的。但這從根本上提出了令人困擾的問題。如果說科學定律不是對事物的客觀的、真實的解釋, 那它又是甚麼? 要是我們不能通過觀察事實, 也就是說不能通過它們所反映的事實獲取真理, 又有甚麼其他辦法呢?

普特蘭: 很明顯, 康德認為, 當中是有一些不屬於我們的東西——客觀存在的東西, 但是也有由我們做出貢獻的東西。但就算是康德, 他也認為牛頓科學多少可算是終極真理了: 他認為我們為它的明確性做出了貢獻。跨越康德的一步——二十世紀一些科學家和科學哲學家跨出的一步——就是認爲世上存在着不同的概念體系，並且進而認爲我們加在（或是力圖加在）世界頭上的概念並不一定是正確的，可能不得不作出修正——在我們貢獻的東西與被發現的事物之間有着一種相互作用。

麥基：人們是怎麼認識到"科學概念就是客觀真理"的看法是錯誤的呢？

普特蘭：我認爲舊有科學在人們意想不到的領域中犯了錯誤——不是細節上的錯誤，而是全局性的錯誤。譬如說，問題並不在於我們後來發現太陽並不是距離地球九千三百萬英里，而是只有兩千萬英里。科學有時的確會犯上這樣的疏忽，但當考慮到我們尚沒有弄清屋子裏是否真有一把椅子這樣的疏忽來說，上一種失策就不值一晒了。全盤懷疑科學數值的正確與否就像全盤懷疑任何事

世上存在着不同的概念體系，我們加在世界頭上的概念並不一定是正確的，可能不得不作出修正。

物一樣，是站不住腳的。但今日的理論較之牛頓時代的不同之處，並不在於牛頓理論數學所表達的近似準確性——它的大量計算仍是極其有理的——不同點在於宏觀認識。四度時空概念已取代了絕對時空概念。古希臘數學家歐幾里德（Euclide, 公元前305－205）的幾何學世界已經被人們意想不到的幾何世界所取代。我們甚至回到了宇宙本有個開端的觀點，實在令人震驚。一度為人駁斥的東西並非是永遠翻不了案的。

麥基: 所以現在我們只能把科學看作是一套不斷被更好的理論更新的理論。所謂更好指的是更準確、更豐富，也就是說能解釋的現象更多。甚至我們擁有的最成功、最尖端的理論，就像愛因斯坦和他最有天才的繼承人的那些理論，也遲早會被還未想到的理論，被還未出現的科學家取而代之。

科學是一套不斷被更好的理論更新的理論。所謂更好指的是更準確、更豐富。

普特蘭: 正是如此。事實上，科學家自己作出了這樣的預言: 二十世紀的主要理論——相對論和量

子力學——都將被某些其他理論取代。周而復始，
生生不息。

麥基: 這就提出了一個極其根本的問題:"甚麼是真
理?"面對這些新近發現的情況，當我們說這種
或那種科學論述是正確的時，我們指的是甚麼?

普特蘭: 自從康德以來一直有兩種觀點; 符合論仍
然有其擁護者，但越來越多的人則認爲真理和主
觀臆斷兩者無法截然分開。康德那種關於真理植
根於心靈的觀點，先認爲正確與謬誤部分地要受
習慣的影響，並不是說任何論述的正誤完全是由
習慣決定的，但也不是說任何論述都可以不涉及
習慣因素。

麥基: 你能就此多說一點兒嗎?

普特蘭: 與此有關的一個哲學難題在於，人們發現，
哪怕就同一條科學理論而言，所謂"事實"也可以
用不止一種方法來加以解釋。狹義相對論提出了
這個問題: 不同的旁觀者對時間順序會做出不同
的解釋。假設兩隊童子軍在不同星球上發射開賽
信號。一個觀察者會說:"A隊比B隊先開槍。"另
一位則會說:"不對，B隊比A隊先開槍。"當兩隊
之間的距離遠到信號若不能超越光速(任何物理

信號都不可能達到）就不能到達對方的星球時，
二者的解釋就都是對的，都可以接受。

麥基：這對理解某些現代科學理論造成了深刻的概
念性困難——反過來又激發起新思想：哪怕並未
爲人真正理解的科學理論都可以起作用、都可以
爲人所用。量子力學不就是這樣一例嗎?

普特蘭：的確是的；但我要補充說，人們不應走得
太遠，因爲我們並不想完全放棄可理解性(intel-
ligibility)的標準。我們要說：“量子力學是可以
成立的，可以成立就意味着它含有某種基本上正
確的東西。”而且，就其可理解性而論，我們願意
說，部分而言，我們的可理解性標準，或許是有
錯誤的，我們不得不改變我們的直覺。無論如何，
量子理論的確有其自相矛盾之處，我認爲就這些
矛盾找出令人滿意的解決辦法才是重要的。

麥基：那些一直聽我們的討論，但對這些觀點感到
陌生的人可能會問：“那麼科學究竟是怎麼起作
用的呢? 如果科學並不是一套可靠、客觀的知
識；如果每一條科學理論都有相當一部分因爲產
生自人類的心靈而成爲主觀產物——那麼我們怎
麼可能建築大橋，駕駛飛機，向月球發射火箭,

幹出種種業績來呢? 怎樣才能使這種模糊不清的、不斷變化的、帶有主觀色彩的理論體系爲我們所用呢? 雖然我們如此這般地說了一整套，但科學一定有基本符合這個世界的地方吧。

普特蘭: 我認爲，把"主觀"和"符合現實"對立起來是不對的。例如，日常生活中，我們說的話反映了由文化系統所決定的旨趣。要是沒有一個完整的社會制度的網絡，我們就不會說:"拐角上有個警察"。來自原始部落的人會說:"拐角上有個穿藍衣服的人。"但是，警察的概念反映了我們的文化旨趣這一事實，並不意味着角落上有一個警察不是客觀事實。我既不是說科學知識是主觀的，也不是說"科學皆有理"。我是說，我們所處的正是日常生活中常遇到的困難境地，雖然明知正確的推理與錯誤的推理之間有差別，卻沒有劃分標準。還有，正如佩爾徹很久以前就指出的，科學的準確性在於科學的"可變性"。科學探求真理，同以往尋求真理的辦法最大的不同之處在於，科學家願意驗證他們的觀點，因爲他們並不認爲這些觀點是永遠正確的。培根早已叫世人明白，人要向自然提問，而當觀點與事實不符，就應改變觀點。

麥基: 科學和宗教雖然長期對立，但雙方不也有些共同之處嗎？信教的人認為，他們對世界有一定的認識——例如，基督教認為世界是上帝創造的，他按自己的形象創造了人，賦予人類不朽的靈魂，肉身死而靈魂得永生。這些確實是一些十分本質的命題，而且信者自信，毫不置疑。而正是科學家堅持認為這種本質性是不為我們所知的: 世界是滿載神秘的地方，我們大概永遠無法徹底窮盡世界的奧秘，而且永遠存在一種可能性，即我們所學與我們所期望的會有驚人的出入。換句話說，所謂"必定無疑"現在僅僅是某些宗教才信奉的東西: 科學家甚至徹底否定"必定無疑"的說法。

普特蘭: 也許是。

麥基: 你說"也許是"……

普特蘭: 我不喜歡籠統地談"信教的人"。

麥基: 那好，我們就不要去糾纏宗教的問題了。我來向你提一個一般性的問題: 既然我們已經這麼徹底地改變了科學觀，這是不是說，已不能再像過去那樣去理解科學和非科學之間的差別？

普特蘭: 我想這是正確的，而且從文化上說非常重要。舊有的科學觀所造成的危害是: **如果存在一個絕對事實的王國，由科學家不斷積累的科學事實築成，那其他事物似乎就被打成非知識，成了某種不能用"正確"和"錯誤"進行衡量的東西**。例如，如果不提出"那是一個事實判斷還是一個價值判斷"這樣的問題——彷彿大獨裁者希特勒 (Adolf Hitler, 1889－1945) 是一個壞蛋不可能是個事實——就不能進行一場政治討論。

麥基: 你認爲希特勒是個壞蛋是事實嗎?

普特蘭: 是的，我認爲這是事實。

麥基: 我當然認爲希特勒是個壞蛋是事實。但如果是這樣，而我們又正在放棄許多過去的鮮明區別，爲何還要繼續使用"科學"一詞呢? 難道它還足以負起劃分人類以理智劃分事物的任務嗎?

普特蘭: 我認爲不能。既然傳統觀念上認爲確實存在"歸納法"這個東西，既然所謂科學就是因爲有意識地、有意地使用了歸納法，而非科學要麼是無意識地使用了歸納法，或者根本不使用歸納法，從這點意義出發，區別科學與非科學仍是有意義

的。但事實上似乎並不存在唯一的科學方法。當
然，經驗性研究的一般準則是有的——例如，我
們談及經驗的探究這一事實就反映了其中的一
條："不要試圖以一種純粹先驗的(a priori)方式
判斷自然的運轉。"培根對現代思想的貢獻就在於

科學是有意識地使用了歸納法，而非科
學則是無意識地使用了歸納法，或者不
使用歸納法。

他指出自然科學是後驗(a posteriori)的，而不
是先驗的，這是一個偉大的貢獻。剛才我提到過
這一思想方式的兩個必然的結果——"驗證你的
觀念"，和"記住你的觀念是可修正的。"但是，哪
些理論需要驗證；哪些理論又應看作是"過於荒
謬"因而無需驗證；一條理論甚麼時候才算是得
到了充分的驗證，可以暫且接受，甚麼時候算得
上是經受了足夠的驗證，至少在更好的理論尚
未出現前可以信得過呢？所有這些都是科學家
在實踐中部分根據傳統（即美國科學史家
庫恩（Thomas Kuhn, 1922－ ）稱爲"範式"
（paradigms）的東西，部分則根據直覺決定的問
題。看來並不存在任何一種能夠分析出人類心

理、人類對"有理"和"貌似有理"的直覺判斷的機械定理，不存在那種只要有足夠的時間和數據，科學原則上就可以由按定理操作的電腦來計算的機械定理。但過去一直認爲，就憑科學具備自己的研究方法——即"歸納邏輯"，並且自覺地運用這一方法，科學就是與普遍的實際知識不同的。一邊說科學與非科學之間是有一條明確的界綫；一邊又說目前劃分的方法含混不清，甚至事實上只能做最籠統的一般性描述，而這在我看來是愚蠢不過的說法。

順帶一提，使歸納法形式化的嘗試基本上已告失敗——"歸納邏輯"，即便存在這樣一種東西，也沒有成功地編成電腦程式。演繹邏輯一百年來的發展，以及電腦的發展，使我們鮮明地認識到，能夠用嚴格的規範驗證的數學科學，和只能用我上面提到的那些準則說說而已的歸納科學之間，存在着多麼大的差異。

麥基: 如你所說，這意味着過去認爲必有一種特殊的科學方法這個傳統觀念必須進行修正。長期以來，人們很清楚那種唯一的科學方法是甚麼。人們在嚴格控制下進行經過周密計劃的觀察，從中收集了大量可靠數據之後，進而就用歸納邏輯，制定出一般理論，解釋觀察到的現象；然後再設計一次決定性的試驗，來檢驗這條理論；要是這條理論經得住檢驗，就得到了證實。兩個多世紀以來，人們認爲這種辦法、而且只有這種辦法才可稱爲"科學的"辦法。但是如今，我們整個科學觀已發生了變化，這並不是說另有某種方法取代以上方法成爲"唯一的"方法，而是說人們現在不再認爲所有科學問題只存在有一種可行的辦法了。

普特蘭: 有一種"科學方法"的範式（我剛才説過，範式本身就是相當含糊的），人們不時會發現它很具示範性質，尤其是在物理學中。但就算在物理學中，也有很大一部分知識並不、也不可能符合這個範式。我不認爲在我們的文化中對甚麼是"科學"，甚麼不是科學存在一致意見。每一所大學的課程項目中都設有"社會科學"，認爲社會學和經濟學都是科學。但我敢打賭，只要問一問物理系任何一個人，社會學是不是一門科學，他準會説"不是"。

麥基: 不錯，但他説"不是"又有甚麼理由呢？

普特蘭: 我認爲真正的理由並不在於社會學家是一

些不運用歸納法的家伙——倒霉的是，他們大概用得比物理學家更自覺。我認爲原因在於他們不如物理學家那樣成功。

麥基: 那麼你是說應該僅僅以研究的成敗論"科學"囉?

普特蘭: 正是這樣。

麥基: 根據剛剛談到的整個科學背景，現在我們是否談談你和你的同僚、科學哲學家做了些甚麼?

普特蘭: 我們的工作中有一部分就是對具體科學理論進行技術性很强的調查，這在我們的討論中就不談了。我們密切關注量子力學。作爲哲學家既從中汲取教訓，又從哲學上幫助它澄清一些基本問題。我們也非常關注相對論的理論，極其密切地注視英國自然科學家達爾文(Charles Darwin, 1809-1882)的進化論，如此等等。這是科學哲學爲其他科學提供資料的部分。但大量科學哲學的工作已同一般哲學溶爲一體，我認爲描述科學哲學的最好辦法就是剛才談話中用的方式。我們剛才談到的每一個問題在科學哲學家中都有不同的看法。有些科學哲學家堅持真理符合論的觀點，他們力圖證明這種論點可以精確化，可以駁倒反對意見——換句話說，他們力圖證明：人們仍然能用舊有的方式看待科學；另一些科學哲學家則試圖概括另一種科學觀將是甚麼樣子。還有一些科學哲學家仍然認爲存在着一種可以嚴格陳述的歸納法，並繼續研究歸納邏輯。（順便説一句，我認爲，有這樣的人是很重要的，因爲要是沒有他們，歸納法範疇的調查就不會取得今日的進展。）我們有些人更多地從文化、歷史觀察科學的發展歷程；還有像我一樣持中間立場的哲學家，認爲"科學方法"的概念的確有其一定的道理，而且有明顯例證；但同時又認爲在科學知識和我們沒有授予"科學"稱號的非規範性知識之間或多或少有一定連貫性；認爲人們不應把科學方法想像爲一種機械規則，用來獲取科學知識。我認爲這些問題——**眞理的性質、科學方法的性質，以及科學中是否存在必然眞理**（任何永恒的、無須經過修正的概念）——都是今日科學哲學正在討論的中心問題。

麥基：你做這些工作主要是爲誰服務——爲科學家還是哲學家？我提這個問題，因爲我曾努力地把科學家和哲學家拉到一起來討論這些問題。這些努力常常歸於失敗，原因只有一個：科學家對那些問題缺乏足夠的興趣。但是在我看來，雖然一般科學家並不真正關心這些問題，但那些偉大的科學家卻是例外。許多本世紀科學革命的開路人

眞理的性質、科學方法的性質，以及科學中是否存在必然眞理——都是今日科學哲學正在討論的中心問題。

都寫下著述，展示對這些問題的哲學思考——愛因斯坦、鮑恩（Max Born, 1882－1970）、波爾（Niels Born, 1885－1962）、海森堡（Werner Heisenberg, 1901－1976）以及（我在這方面最喜愛的）施羅汀格爾（Erwin Schrödinger, 1887－1961），等等。然而，我已說過，大多數科學家似乎對此並不很感興趣。

普特蘭：我們寫書首先是爲對哲學有興趣的外行人、爲哲學的讀者服務的。我不認爲科學哲學家應向科學家提出直接的勸告，正如我認爲道德哲學家爲人們應該怎樣生活、議會應通過甚麼樣的議案提出直接有關的忠告是錯誤的一樣。另一方面，我的確認爲科學家往往只埋頭研究五十年前的科學哲學，也許這不是一件壞事；也許這種時

間差、文化差對篩去他們本不應關注的東西是有利的。當然，要是哲學家碰到一位固執地認爲根本不需聽取科學哲學的意見，然後又一字不改地提出1928年流行的科學哲學觀的科學家，總是一件令人惱火的事。

麥基: 經濟學宗師凱恩斯（John Keynes, 1883－1946)有句名言很適合你說的科學家: 那些頭腦固執、自認爲有實際經驗、不受抽象經濟理論影響的人，總是不自覺地成爲某位過氣的經濟學家的奴隸。還有一比，就好像那些日常語言的運用者使用語言的方式: 儘管他們母語說得極好，但在用語言描述自己方面總是顯得十分笨拙，甚至暴露出許多過時的觀念。

普特蘭: 要是認爲僅僅由於某人在從事某項活動就一定能提出有關的理論，那就錯了。

麥基: 但話又說回來，對科學哲學家常有的一個批評意見就是: 他們雖然大談"科學"，但腦子裏卻只是想着一門科學，即物理學。但過去二十年中進展最大、最令人振奮的並不是物理學，而是生物學。你認爲科學哲學家應該受到重物理學而輕生物學的指責嗎？

普特蘭: 可以用這種說法來爲我們自己辯護一下，雖然生物學理論的確有極大的科學意義——如生化學家克里克(Francis Crick, 1916－　)和華生(James Watson, 1928－　)關於細胞繁殖中脫氧核糖核酸(DNA)所起的作用；達爾文的進化論，等等——但總的來說，生物學並不構成物理科學中常會出現的那種方法論問題。不知道你是否同意我這種說法。

麥基: 我不同意。你提到"進化"。這是一個起源於生物學並在短期內滲透了我們整個文化的概念，它影響了我們每個人的思維方式——不僅就人的起源而言，而且就從藝術到社會制度的這一切而言。但嘗試去證實這一概念的任何企圖都會遇到巨大的方法論問題。

普特蘭: 也許是一直沒有對這一理論給予足夠的注意；令我覺得有趣的地方是，生物類型的解釋（即按功能而不是按物理學和化學的構成原理解釋）的可能性——即人是由甚麼構成的——由於電腦科學的進步，反而受到了更多的注意。

麥基: 這使我想到另一個問題: 雖然電腦最初是通過有意識的比擬人的大腦構造而成的，但隨着電腦科技飛躍發展，我們反而開始向電腦學習有關人類思維的東西了。因此，一方面是人研製電腦，另一方面是由電腦告訴我們關於自己的東西，於是一種相互作用的生長過程發展起來。還值得指出的一點是，這種相互作用不僅存在於哲學和科學之間，而且存在於哲學和技術之間。

普特蘭: 我同意。順便說說，這是哲學家與科學家保持密切接觸的一個領域。語言學、認知心理學、電腦科學和語言哲學的領域顯示出一種持續和健康的相互作用。人們互贈論文，而且沒有人要求他們這樣做；這些領域的專家有時還聚集在一起召開跨學科的會議，這也不是因爲某人決定應當進行"雜交受孕"。有關電腦最令人感興趣的東西是——人們可能會認爲，電腦的興起會導致

人一方面研製電腦，另一方面由電腦告訴我們關於自己的東西，這是一種相互作用的生長過程。

某種庸俗的唯物主義風氣，也就是說，人們可能會期望的結論是："說來說去，我們終究還是機器嘛；因此，有關我們的一切，都可以用物理學

和化學來解釋。"但實際情況卻是，電腦對心理學、對思維科學的影響，卻大大地限制了這種自我貶抑。例如，人們用電腦工作時，就極少會想到物理學和化學。再以耳熟能詳的電腦術語為例，人們區別了"軟件"（即電腦的程序、指令、處理指令的規則等等）和"硬件"；而一般來說，人們並不去管硬件的事，除非他是個工程師。電腦科學家談電腦總是談軟件，而實際上從硬件的角度解釋電腦的功能對任何人都是沒有用處的。這是一種"創新"，儘管不是一種神秘的"創新"，比方說，電腦並沒有違反物理定律。但是，就作出解釋的能力而言，任何組織的較高層次事實總有其一定自主性的。這就是說，**電腦是遵循着某種程序運作的事實**，說明了它為甚麼會做它所做的事情；人們不必去深究它是怎麼製成的，而只需知道用某種方式製造出遵循程序工作的機器是可能的就行了。如果你將這一點應用於心靈上，那就意味着回到亞里士多德的古老觀點上去。那種觀點認為我們不是"機器中的幽靈"，不是暫時寄居肉體中的靈魂；心與物的關係是功能與該功能的寄託物之間的關係。亞里士多德說："如果我們把'靈魂'這個詞用到斧頭身上，那麼斧頭的靈魂就是砍伐"（當然，他說我們不應該這麼用）。他還說：

"眼睛的靈魂就是看東西。"他認爲人是一種會思想的物件。（a thing that think）

麥基: 你剛才談到某種在唯物主義和宗教以外的觀點，這使我想到一個問題: 關於影響力最大的唯物主義哲學; 馬克思主義自稱是科學的，馬克思主義對科學哲學是否做出過重大的貢獻?

普特蘭: 我不認爲馬克思主義做出過重大貢獻，但我也不認爲馬克思主義完全錯了。我認爲與馬克思一同揭櫫共產主義的恩格斯（Friedrich Engels, 1820－1895）是他那個世紀內最有科學素養的人之一。他雖然作出了一些錯誤的結論，但他的科學知識是相當豐富的。他那本關於科學哲學的巨著《反杜林論》（Anti-Dühring）雖然包含了一些相當古怪的觀念——順便說說，有些觀點是他從黑格爾那裏承繼來的——但在許多方面（別的且不論）是一本有見地的科學哲學論著。但另一方面，這本書中明智的成分不是馬克思主義的東西。我認爲，恩格斯關於科學哲學的觀點在很大程度上受到了那個時代的科學哲學標準的影響。書中的論述是相當成熟的，與其他的大思想家如穆勒的論述沒有多大的不同，儘管恩格斯公開聲稱他不喜歡穆勒。

麥基: 後來的馬克思主義思想家又如何?

普特蘭: 我認為他們的水平參差不齊。

麥基: 馬克思主義對科學哲學的現狀有沒有做出貢獻呢?

科學是世界上獨立於人類經驗而存在的
物體? 科學是人類思維的一種產物?

普特蘭: 我認為馬克思主義預計到了一些東西。如果世人在意識形態方面沒有存在如此深刻的裂痕的話, 馬克思主義也許能夠拿出一份貢獻的, 因為我認為非馬克思主義者可以從馬克思主義那裏學到某些東西。馬克思主義者是第一批設法將一種實在論(realist)的觀點與強調可糾正性結合起來的人, 他們對所有先驗真理的概念採取十分敵視的姿態。今天一些主流科學哲學家也非常敵視那種類似先驗真理的觀念。事實上, 馬克思主義在科學哲學中所起的作用, 就像凱恩斯說它在經濟學中所起的作用一樣。凱恩斯把馬克思說成是他那些"沒露面的"前輩之一。

> 馬克思主義者將實在論的觀點與強調可
> 糾正性結合起來，對先驗眞理採取十分
> 敵視的姿態。

麥基: 在我介紹我們的討論時，我不僅提到了科學
哲學，而且提到了數學哲學。我想我們應該談一
談數學哲學的問題。**數學哲學是有與科學哲學相
類似的核心問題**，不是嗎？它最重要的問題是:
"數學知識是從哪裏來的？""數學與世界相配合
的情況是怎麼發生的？它以甚麼方式、在甚麼程
度上與世界相配合？

普特蘭: 這方面的哲學困難更大，因爲，如果一個
人試圖用經驗科學去捍衛某種複製觀或符合論，
他就可以通過說"因爲我們有感覺器官"來回答這
種世界觀是怎麼形成的問題。但這並不是一個真
正令人滿意的回答，因爲像我剛才提到的，即便
是視覺和聽覺這樣簡單的問題，也會引出一大堆
不同的解釋；但是，要是有人問我們"如果數學
知識僅僅是數字、集合以及其他數學對象的複製
品，那麼，是哪一種'感覺器官'使我能夠'看到'它
們是怎樣的呢？"對這個問題，我們該如何回答

呢?

麥基: 數學究竟是甚麼? 這本身就是一個非常深刻的問題。

普特蘭: 不錯。但另一方面, 我並不認為反符合論就那麼容易可以成立。在我看來, 數學知識真是一個令人百思不得其解的難題, 我認為哲學家應當更多地關心數學哲學, 因為在這個領域似乎沒有一套理論是管用的。

麥基: 這是數學和科學之間另一個重要的相似之處。通觀整部科學史, 反覆出現的衝突之一, 就是兩種截然不同觀點的鬥法。一種觀點認為科學是關於世界上獨立於人類經驗而存在的物體; 另一種觀點則認為科學是人類思維的一種產物(如你早些時候指出的, 真理幾乎肯定是屬於兩者的結合)。同樣地, 在數學史上也一直存在着長期的爭論。**一種觀點認為數學是內在於世界的結構的東西**(我們通過觀察和經驗就可以得出來); 另**一種觀點則認為數學是人類思維的創造物**(那麼我們就試着像把框子安在一幅風景畫上那樣強加於現實)。

普特蘭: 由於感覺器官方面的難題, 後一種觀點是頗爲吸引人的，但它也行不通，因爲我們似乎不能隨意地把某種數學和邏輯學強加給世界。幾乎所有人都會承認，至少我們必須注意前後的邏輯一致性；而甚麼是一致的，甚麼是不一致的，不是某種我們能夠創造或決定的事情。當我們打算提出傳統主義者的解釋或主觀的解釋時，我們便會遇到數學的客觀性問題，而當我們想要強調數學的客觀性時，我們又會遇到另一類問題。我認爲，若我們更深地涉足這一領域，定會學到比現有的關於人類和關於科學的知識多得多的東西。

麥基：你這一說，就使我聯想到了最後一個問題：你認爲在不久的將來，甚麼是數學哲學和科學哲學中最有潛力去大力發展的領域？

普特蘭：我想我只能談談不遠的將來，因爲我們知道，長期預測總是有錯……在不遠的將來，我想數學哲學和邏輯哲學將是有待發展的領域。物理學哲學在科學哲學中的中心地位可能會下降。但物理學哲學的一部分是同邏輯哲學接壤的。目前量子力學的發展已經提出了最重要的任務，即我們可能要改變邏輯，改變我們那種關於甚麼是正確的邏輯規律的觀點，這樣才能理解世界爲甚麼是量子力學觀描述的世界。量子力學哲學的這一方面將是一個重要的探索領域。總的來說，我認為科學哲學領域中將大加討論的問題，是那些我們認為幾乎與科學哲學完全無關的問題，那些完全叫以、甚至更加恰當地被看作是屬於思維哲學或語言哲學領域的問題，諸如模擬人腦的電腦模式的可能性和重要性問題；語言的電腦模式的重要性問題；關於真理的理論、真理的性質、驗證的性質的問題；以及即便不存在一種嚴格的科學方法，科學怎麼能夠保留客觀性等問題。

麥基：有一點我很擔心。從年方二十五歲的愛因斯坦創立了狹義相對論以來，現在已經很多年了，但大多數受過高等教育的人仍然不清楚這個理論是怎麼回事。相對論根本沒有對他們的世界觀產生任何影響。對於本世紀大部分令人難以置信的科學躍進，世人的反應也是差不多。當代科學競相發展為我們開闢的宇宙新天地，是不是因為來勢過猛而產生了外行人對它視而不見的危機呢？

普特蘭：這的確是一個危機，但卻是一個可以防範的。例如，現在有一本由泰勒（E. F. Taylor）和惠勒（J. A. Wheeler）合著的關於狹義相對論的教科書，叫做《時空物理學》（*Spacetime Physics*），是為大學新生的物理學課程編寫的；作者在序言中就說，他們期待有一天高中學校也能開設這門課。

麥基: 你認爲這一天會很快來臨嗎?

普特蘭: 確信無疑。

13

哲學與政治

與

德沃爾金

（RONALD DWORKIN）

對談

引——言

麥基: 第二次世界大戰期間，在西方同盟國中懷有
一種强烈的共識: 他們是爲個人自由而戰，而這
在實踐中則意味着保衞自由民主制度。這種情緒
充溢在英國思想巨擘波普爾（Karl Popper, 1902
— ）出版於1945年的《開放社會及其敵人》（*The
Open Society and its Enemies*）一書中。這是在
那場戰爭期間寫成的唯一比較重要的政治哲學作
品。而在戰後的二十年間，西方民主國家中出現
了一種自由主義的輿論，其勢之猛，使人們不禁
開始談論起"意識形態的終結"（end of ideology）
來，彷彿任何有關基本原則的政治爭論都不再存
在了。在英國，有一條在學術圈子裏逐步被廣泛
引用的口號: "政治哲學已死"。

　　也許形勢早晚要扭轉過來。果不其然，在六
十年代中期，"翻案"工作就從左翼和右翼兩個方
向開始了。保守主義者開始感到，在某些方面，
個人的自由太多了。例如性開放、色情電影和濫
用毒品。在掃蕩罪惡，特別是暴力犯罪方面的失

敗，則從反面證明了這一點。他們又感到，由於讓整個年輕的一代在沒有傳統紀律和懲戒約束的社會氣氛中成長；現在開始顯示出災難性的後果了。與此同時，左翼的批評也隨之而起，許多極左派分子自己就屬於所謂開放的一代。總之，自由民主政體因截然不同的理由而受到了抨擊。人們指責它不重視財富再分配和消除貧困；奉行自由民主政體的社會被認爲是充滿階級壓迫、種族歧視和性別歧視的社會；而它最大的一條罪狀，則是在越南打一場曠日持久的殘酷戰爭。

於是，有關政治的基本原則的爭論再次認認真真地開展起來了，而現在的爭論是關於從前一直被認爲是不成問題的"自由民主制度的有效性"問題。也許因爲這些爭論在美國最爲激烈，一批被政治思想的新浪潮抛上來的重要人物在這裏湧現了。由於我剛才粗略涉獵的原因，他們的工作表現爲對自由民主制重新辯護——更確切地說，重新作各式各樣的辯護，因爲他們內部的主要論點也是各不相同的。在當時學術界林林總總的著作中，最有影響的是哈佛大學教授羅爾斯（John Rawls, 1921－　）在1972年出版的《正義論》（*A Theory of Justice*）一書。名氣僅次於它的是另一位哈佛大學教授奴錫克（Robert Nozick, 1938

一 ）出版於1974年的《無政府狀態、國家和烏托邦》(*Anarchy, State and Utopia*)一書。如果還要舉出第三個人物來，那就是我們這次討論的主講人德沃爾金(Ronald Dworkin)。他也是美國人，耶魯大學前任教授。現在居於英國，任牛津大學法學教授。德沃爾金的著作《認真地看待權利》(*Taking Rights Seriously*)出版於1977年。這本書受到了最苛刻的學術批評，同時卻又獲得了美國《時代周刊》一篇特寫文章的喝彩——我認為這後者表明它不僅觸動了學術界，而且還觸動了廣大公衆的思想。

討——論

麥基: 在談你的著作和你同僚的著作之前，對於我剛才所說的，你還有甚麼要補充的嗎？作為一個引子，可否談談你那本書出版的歷史和社會背景？

德沃爾金: 這不是蠻有意思嗎？你剛才談到美國如此之多的社會問題，都是種族問題的一部分。當中許多問題首先與民權運動(Civil Rights Movement)有關。其次與像紐約那樣的城市中廣泛推行的福利計劃有關，這些計劃主要幫助了黑人和波多黎各人，卻日益犧牲了以往所謂工人階級——例如計程車司機的利益。自由主義霎時間在許多新生事物上引起了爭議。這些發展還有另一個方面。當新左派首先以越南問題發難，然後開始全面抨擊自由主義時，他們認為自己攻擊的不僅是某一個政治理論，而是攻擊整個以理性和邏輯為基礎的政治理論。因此，當羅爾斯執筆寫《正義論》時，不僅是捍衛傳統的自由主義價值，而且是捍衛運用哲學支持政治立場的整個觀念。

麥基: 這一新生的政治思想浪潮在學術上的先聲是甚麼?

德沃爾金: 其最重要的淵源在於經濟學中。經濟學家在一個長時期內一直關注共同選擇(collective choice)的觀念, 即認爲社會某些改變, 如果幫助了一些人, 而損害了另一些人, 整體來說仍有可能變得較好。戰後一段時期, 人們甚至開始從形式上實現這一目標, 搞了不少公式、數據、圖表之類, 以圖證明整個社會的確向好的方向轉化了。這一方面的突出人物有美國經濟學家厄勞(Kenneth Arrow, 1921-), 還有英國的卡爾多(Nicholas Kaldor, 1908-)和希克斯(John R. Hicks, 1904-)等人。理論福利經濟學的影響在羅爾斯的書中是明顯的。學術發展對於政治思想發展的影響, 在美國顯得尤其重要。在英國, 人們一般認爲, 法學院不是進行政治原則爭論的地方, 但在美國卻是這樣。原因之一當然是最高法院在決定重大的憲政原則問題上的重要性; 從戰後直到六十年代, 重大的原則性問題的確是由最高法院決定的。但是既然這些問題是由法院決定的, 難免便在各法學院引起了一系列關於有關原則問題的辯論。洛齊克的書無疑打上了這個時期對社會問題採用法律思維方式的印記。如此，這兩種發展——一方面是經濟學的、另一方面是法律的——遂形成政治哲學發展的學術先聲。

經濟學和法律的發展，是政治哲學發展的學術先聲。而學術發展，對政治思想影響之深，以美國爲甚。

麥基: 我認爲我們已經搞清楚了爲甚麼這一切主要發生在美國的原因。但我卻不明白，爲甚麼在大西洋的另一邊事情做得如此之少。以英國爲例。就在一代人或半代人以前，英國有一些卓越不凡的人物，如波普爾和哈特（H.L.A. Hart, 1907－　），在政治思想界從事着有獨創性的工作，然而儘管我們有如此堅實的基礎，近年來英國所做甚微，你認爲，這是爲甚麼？

德沃爾金: 當然，有些非常重要的工作是在英國完成的。伯林（Isaiah Berlin）、漢普舍爾（Stuart Hampshire）、普拉米那茨（John Plamenatz）、歐凱斯豪特（Michael Oakeshott）以及你剛提及的哈特，都是重要的政治哲學家。但是我贊成你的意見，近來沒有湧現出任何新穎的、引人注目的理論綱領。當然箇中原因是非常複雜的。在這些原因中較深的一種是兩個國家之間在實際政治爭論的性質上的差異。**就美國而言，政治爭論仍然被十八世紀強調個人權利、強調個人對社會的權利的觀念所支配，至少在政治辯論中是這樣。而在英國，政治辯論在我看來主要是圍繞一般福利而展開的，例如，甚麼策略能使每個人的處境變好；或與其有關的問題例如羣體或階級間關於其中哪方應當上升、哪方應當下降的鬥爭。我認爲，個人權利的問題更加適合於專題論文式的、條理化的綱要。政治哲學在美國的最新浪潮是由關於個人主義的新觀念產生出來的。但迄今並未出現任何可與之比擬的、關於集體福利的新哲學觀念。應當補充一點：英國傳統上最偉大的政治理論——洛克和霍布斯（Thomas Hobbes, 1588－1679）等人的理論——都是個人主義的理論，我還認爲，英國對個人主義已經發生新的興趣。例如，英國是否應當有一個人權法案的問題，已經爲政治辯論提供了彈藥。如果我的看法是正確的，那很快就會產生出一種哲學類型的政治理論。**

麥基：我覺得與美國相比，英國在政治哲學上有點薄弱的另一個原因是，在過去二、三十年中，英國在哲學上總的來說已經有了一種更加普遍的正統觀念，而這恰巧發生在語言分析（linguistic analysis）中，導致了用狹隘觀點來看待哲學任務。英國哲學家長期認爲，就政治而言，哲學能做的無非是澄清政治思想中那些典型的概念。這是一種工匠幹的活計：衆人都去寫一些關於平等一類概念的文章，很有趣，但多少帶點兒學究氣，就其性質而言，是不可能產生任何引人注目的大理論的。

德沃爾金：我認爲你說得非常對。但這種關於哲學功能的狹隘觀念，英國哲學的其他領域已經把它拋棄了，雖然在形而上學和知識論中曾有過類似的現象，但現在已經得到克服。

麥基：現在，部分由於美國人的影響，我們也正在開始在政治領域拋棄這種觀念。不過令人驚異的是，英國大學所關注重心竟是美國的政治理論，而最令人感到興趣、最有影響的新人物，我前面說過，就是羅爾斯。

德沃爾金：是的，這是毫無疑義的。你去讀一篇法律論文，不看到他的名字被提到兩、三次是不可能的。在英美，在學術上任何關於社會政策的討論都必然會提到羅爾斯。當中有些作品讀起來，真讓我覺得好像連作者本人也既不理解甚或没有讀過羅爾斯的書。但小叮見他的影響之大！

麥基: 在我們探討羅爾斯思想的實際內容之前，能不能解釋一下爲甚麼他有這種影響?

德沃爾金: 我認爲存在兩個原因。第一，我已經講過，他不僅代表某種具體的理論，而且是精彩地表明了論證在政治中的巨大力量。人們再次被這樣一種觀念所吸引: 即某種標榜其理性面貌的基本原理，居然可以產生實際作用，可以告訴我們怎樣對待民事侵權法(tort law); 又或怎樣在學生中分配牛奶。第二，他所達成的結論，雄辯滔滔之餘,對那些善意的人具有巨大的直覺感染力。他的結論本身是獨具魅力的。

麥基: 我知道這是强人所難，不過你能否概要地講述一下羅爾斯的理論，並說明爲甚麼它會具有如此巨大的影響力。

德沃爾金: 試試看吧。區別出羅爾斯提出並使用的方法和他所達到的結論這兩個方面,是很有用的。因爲有些人只是爲其中的一個或另一個方面而興奮不已。它的方法是引人入勝的。羅爾斯告訴我們，當我們思考"正義"（justice）的基本問題時，當我們希望發現構成一個正義社會的基本結構有那些規律時，我們應當以下述方式進行。我們不妨想像一個由目前尚不屬於任何社會的人組成的代表大會，他（她）們聚集在一起參加某種制憲會議，以便爲一個有待建立的社會確立基本的規則。這些人跟其他人一樣，有自己的特點，有自己的弱點，有自己的長處，有自己的志趣。但他們有一個致命的弱點，就是得了健忘症。他們不知道自己是誰。他們不知道自己是老還是小；是男還是女；是黑人還是白人；是聰明還是蠢笨。特別是——而這一點是非常重要的——他們不清楚自己生命中所信奉的價值。他們每個人實際上都有某種"他想要他的生活像甚麼"、"他在性道德等等中間的選擇是甚麼"的想法，但是没一個人知道事實上他在那些問題上的觀點是甚麼。於是，用羅爾斯的話來説，這仿佛是他們被愚昧所造成的屏障分隔了自己和自己的個性。然而現在這些健忘症患者必須對憲政大法達成一致意見。羅爾斯説，如果我們問自己，在這種奇怪的情形下，在每個人僅僅理性地根據他自身利益來行動的情況下，人們會商定出一部甚麼樣的憲法呢？正是由於這一原因，對於這個問題的回答將是有關公正的原則。假設這種會議已經發生或可能發生，當然是一種牽強附會的比喻。它只不過是以一種富戲劇性的方式要求人們去設想一下，如果他們單以自己的利益去進行選擇，而不知道區別個人的利益與他人的利益，他們會怎麼樣。

如果由一羣不屬於任何社會兼患有健忘症的人去確立以他們的利益為主的社會法則，這會是一部怎樣的憲法？

當然，這僅是一種突出政治決議中的平等觀念的方式。但是，目前我認為最好不要丟開這個故事，因為虛構的故事本身有着巨大的力量。問題是，人們在這種情況下會得出甚麼一致意見？

這就導致了那本書的第二個方面。這一方法得出了兩個結論，羅爾斯稱它們為"公平原則"（principles of justice）。當然，這些原則僅僅適用於經濟已經有了一定發展的社會，比如人人都已擺脫饑餓的社會。一旦實現了這一點，羅爾斯說，這些處於混沌狀況中的人，或按他的說法，處於奇怪狀況下的人就會對以下兩個原則達到一致。第一，人人得有基本的自由，羅爾斯列舉了在最大限度上每個人可以同等擁有的各種基本自由。這些基本自由包括傳統的政治自由——投票的自由、就政治問題發表意見的自由、思想自由；還包括擁有私人財產的自由，人身自由，不受突然無端逮捕的自由，等等。可以説，一切傳統的自由主義下的自由都受到了保護。第二，**絕不容忍任何財富方面的差別，除非這種差別是爲社會中處境最壞的人的利益服務的**。這第二項原則是一個非常激進的原則。假設經濟結構中的某種變化會使富者更富，使中間階級變窮，而社會作爲一個整體也變窮，只要這一變化有利於真正窮困的人，無論這些人數目上是多麼微不足道，都必須做出這種變革。

就是這兩個原則：第一個是説存在着某些自由的原則，這些原則必須受到保護，第二個原則則更多是平均主義的，它説："看看那些處境最糟的羣體的情況吧。社會結構中的每一個變化都應當有利於那﹒羣體。"這兩個原則又被羅爾斯所稱的"優先原則"(principle of priority)聯繫了起來。**第一個原則是統制第二個原則的**。例如，即使收緊政治自由是有利於社會中處境最糟的羣體的——如取消言論自由的權利——這也決不能做。只有當自由得到全面保護時，你才能考慮第二個原則所提出的經濟問題。當你考慮經濟問題時，你必須給處境最糟的階級創造利益，但如果每個人的自由得不到充分保護，經濟問題是根本談不上的。

羅爾斯提出兩個原則：一是存在着某些自由的原則，必須受到保護；二是平均主義，即爲處境最糟的階級創造利益。

麥基：處境最糟的人的福利必須具有優先考慮權的原則，在兩個方面都是奇怪的。第一，它是反歷史的。從來不存在一個社會、包括自由民主制中最民主的社會，是按照這一原則行事的。第二，它是反直覺的：它不是採用我們一般思考的方式。而且，它爲甚麼應被看作是一個公平原則，也十分不清楚。

德沃爾金：我們必須分辨兩個不同的問題。一個是，"羅爾斯是否證明了這一點？"他是否證明了處於混沌狀態的人們事實上會選擇第二個原則？第二，與他是否能够證明這個問題無關，這個原則對我們是否有吸引力？就第二個問題而論，它對我確實有很強的吸引力，而且肯定對許多人也如是。但這也可能會走向極端。顯而易見，你不難想像當大部分人追循這一原則時會出現如何瘋狂的狀況。這一原則可能要求處境較好的人們作出些犧牲，多給印度的饑民一碗米飯，但是，這在事實上對他們的生活不會造成任何的改善。但是，**同情作爲一個總的概念，即尊重同類，迫使你去注意那些最需要幫助的人們，我認爲這是無法抗拒的概念。**

但對我來說一個更加困難的問題是，這一無法抗拒的原則事實上是否真能按照羅爾斯的方法產生出來——也就是說他是否能證明處於他所描述的原始狀態的人會真正選擇這個原則。因爲他的論點是，這些人會從自身利益出發選擇這個原則，他的論據是，像這樣一些殘缺人——連自己是誰都不知道的人——會對他們自己說："看，如果我選擇文藝復興時期的弗羅倫斯的規矩，那我也許就會變成王子，或者變成賤奴。而如果我選擇羅爾斯的第二個原則，那我至少可以在我所能變得最糟的情況下留了一層保險。我的處境至少會像任何一個處在最底層的人那樣過得去。"**羅爾斯說，處在原始地位上的人會講求保險，選擇他的第二個原則。批評他的人卻說他無權假定那一點。有些人生性就是賭徒，一定會選擇弗羅倫**

斯。另一些人生性極端保守、非常膽怯，他們會選擇羅爾斯的第二個原則。如果我們對於他們的性情沒有作任何假定，我們就不能證明他們會選擇甚麼。

麥基: 我覺得原始地位(original position)這一說整個都有問題。當然，你已經講得很清楚，羅爾斯是把它作爲一種神話提出來的。但我還是覺得哪怕它作爲一個無聊的神話，仍然過於牽强。這使我想起一種紙牌戲，大家坐在桌子旁邊玩"大富翁"(Monopoly)之類的東西，開始前他們制定了這種規矩，因爲誰也不知道牌打到最後，他們會變成梅弗爾街或公園巷腰纏萬貫的大酒店老闆呢，還是一貧如洗，袋無分文。作爲遊戲規則，它必須對所有參加遊戲的人具有同樣的效力，或者對處於同一情勢下的遊戲者具有同樣效力。然而在我看來，所有這些同産生社會並從而形成社會特徵的歷史現實毫無關係，同個人生活中所處的社會現實，亦即政治哲學家必須關注的真正因素毫無關係。

德沃爾金: 我們今天不談歷史問題，也不談原則實際上是怎樣被選擇的。我們關心的是哪種原則是公正的。羅爾斯指出，他的原始地位後面的根本概念，是作爲公正、公平的正義概念。你剛才説當人們玩遊戲時，他們採取似乎是公平的規則，但並不知道遊戲的結果將會怎樣。如果玩遊戲的人堅持採取某種有利於他們將來可能佔據的位置的規則，這似乎是説不通的。羅爾斯認爲，這種直覺，儘管你在一種瑣碎的關係中求助於它，它在事實上是一種很深刻的直覺，而且適用於整個社會。公平的問題實際上就是這樣一個問題："如果人們不知道他們是不是富裕的、有熟練技術的或是有聰明的父母的，他們會贊成甚麼原則呢？"在我看來，這就是其觀點的一部分直覺吸引力。我應當補充説，我也同你一樣有某些不滿意的地方。我認爲，這個虛構的故事，這種策略，是在沒有足够背景的情况下提出的，而且人們會問下述問題："爲了表明這種架構和作爲公平的正義概念爲甚麼是有感染力的，先行作爲一種深刻的理論，人們必須假定甚麼是關於市民權利、有關政治公平的基本原則。"這就是羅爾斯使我們思考的問題。

麥基: 你剛才回答了我的一個含蓄的批評，並且捍衛了羅爾斯的觀點。現在，你能談談你認爲甚麼是他理論的主要缺點嗎？

德沃爾金: 原始地位的觀念雖然是强有力的和引人入勝的，但在這本書中所佔比重過大，有喧賓奪主之勢。我認爲，羅爾斯花了過多的時間去試圖表明，處在原始地位的人必然地不可避免地會選擇他的兩個原則，而他在闡述過程中找來了一些相當複雜的經濟論據，但結果並不理想。這樣就誇大了求證的重要性: 認爲原始地位是一種通則性的或不證自明的起點，一切事物都應以能否從這一起點上由不可逆轉的邏輯推出實質性結論爲基準。一些讀者因此認爲， 如果他們能在羅爾斯論證這一點的論點上挑出毛病(如說處於原始地位的某些人可能生性就是賭徒而造成的困難)，那麼，羅爾斯的整個學說就被擊潰了。當羅爾斯說，原始地位的一些特點是固定的，以至於它將產生他所喜愛的兩個原則時,讀者又感到困惑了,這聽上去大有作弊之嫌。

　　事實上，按我對這本書的理解，原始地位對於公平理論不是一個通則性的、自明的起點，而是一種處於中間的中途站。這一觀點可以給那具有獨立感染力的公平原則帶來即使不是邏輯的必然性，也是强而有力的支持，這一方法似乎也抓住了公平這個概念本身的一些重要特色。但是這些事實僅僅提出了另一種需要——即某種更深刻的理論，以解釋爲甚麼表現爲支持這些結論的原始地位，對於公平理論而言是一個那麼富感染力的模式。當更深刻的理論被搞得更清楚些的時候，那麼原始地位作爲一種方法的重要性將告削弱，因爲爭論的重要接合處將是直接地從更深刻的理論過渡到他們支持的公平原則。這些原則或許多少不同於羅爾斯所欲證明的那種原則——即處於原始地位的人據以對不同方案作取捨的原則。

所以，我的第一點意見是關於他的陳述方法。考慮到羅爾斯的哲學抱負，他似乎在論證原始立場方面論點轉換太多，尤其是對經濟論點的使用過於繁複。我的第二個意見是比較實質性的。**羅爾斯對第一個原則的論證——即自由優先原則——是非常脆弱的。**他說任何一個有理性的人一旦最低生活條件被滿足，都會寧願擁有更多他所列舉的自由，而不是追求物質財富方面的進一步改善。但根據經驗，這種假設看來理由並不充分。事實上，我認爲自由優先原則不能建基於原始地位的思考方法。羅爾斯應當表明的不是處在原始地位的人會選擇自由優先原則，而是這一優先原則對於構成原始地位的平等是必需的。而要做到這一點，他只能把人們會優先選擇自由的假定變成原始地位構想的一個部分。當然，這會使這一構想變得不那麼有吸引力了，因爲這種偏向就會變成整個原始地位固有的偏向。但是，正如我剛才提到，我認爲原始地位這個方法並不像一眼看上去那麼重要了。

任何一個有理性的人一旦最低生活條件被滿足後，是否都會放棄追求物質財富，而寧願擁有更多自由呢？

但是我剛才的抱怨卻也說明了那本書的一個最大優點；它的重要性並沒有被它所引起的特殊爭論磨掉光彩。這本書向讀者呈現了一部計劃，並邀請他們參加進去。它對讀者說："如果這些結論對你有感染力，如果必須通過思考公正來思考正義的觀念是正確的，那究竟原因何在？"事實上那本書提出了沿着它的線索思考的一個程序。羅爾斯肯定會第一個說，他自己的書不是定論。每一個讀了那本書的人將對這個程序產生不同的解釋。我作爲其中一員，亦有一種關於那本書的重要性的具體看法。對於任何將社會安排得公平的問題，有兩種總的探討方法。一種方式說，回答"甚麼是公平"倚仗於回答進一步的問題：

"人應當過甚麼類型的生活？人的品質中哪些是優秀的？""按照某種劃分優劣的理論，按照優秀的人的意願待人。"但自由主義者否定以這種方式看待公平。他們說，公平是獨立於任何一種關於甚麼是美好生活的概念，因此，堅持各種關於人類美德的理論的人，都能在"公平需要些甚麼"這個問題上取得一致的意見(這裏所説的自由主義，當然不是指英國的自由黨Liberal Party，而是指稱作自由主義的政治理論)。羅爾斯的著作是一個嘗試，從第二種自由主義方式出發，表明一種有感染力的，富人道精神的利他主義理論，是完全能够提出來的。

麥基: 不僅保守主義者，而且激進的左翼人士，都傾向於把個人看作主要是一種社會動物，並認爲政治理論通常要(也許是不得不)在自身中體現出個人應當怎樣生活的概念。但是自由主義者則認爲，個人怎麼生活，完全應該讓個人自己來決定。因此，自由主義者並不需要一種主張個人的某種特殊生活的政治理論，無論這種理論對人多麼富有吸引力(更不用説甚麼"理想"了)。他們反對任何社會形式試圖把這樣一種理論强加給人們。

德沃爾金: 這不是因爲自由主義者顧慮重重，也不是因爲他們認爲不存在對人類應當怎樣生活這類問題的答案，而是因爲他們鑒於各種各樣的考慮，堅持認爲每個人的生活應該由他自己決定，由社會越俎代庖簡直是對個體的一種最大的侮辱。

自由主義者認爲，個人怎樣生活，完全應讓個人自己來決定。

麥基: 的確，自由主義者批評保守主義者或左翼激進派設想千人一面，輿論一律。

德沃爾金: 是這樣。這不是説自由主義者認爲所有不同的看法、言論都是正確的——他們不是相對主義者（relativist）——而是因爲他們堅持: "大一統"非法剝奪了人的個性和尊嚴，應讓人們自己去回答，至於人們給出的答案正確與否，則是另外一碼事。

麥基: 因此，真正的自由主義者非但不相信其他人的回答必然是正確的，而且還會熱烈地相信: 其他人完全有權按照自由主義者自己不贊成的種種方式生活。

德沃爾金: 是的, 但是人們不應當不公正地生活, 不應當過自由主義者認爲不公正的那種生活。人們不應當做出任何否定其他人的獨立性的事情。依我對這本書的理解, 羅爾斯是表明, 由自由主義者發出要求停止某些過分行動的警告, 這是一個強有力的警告, 因爲它要求在其他事物中間採取公平的第二個原則。

麥基: 關於這本書的一個驚人事實是, 它出版後僅僅六年, 好幾本關於它的書已在書店出售, 並上了圖書館的書架, 這實在是很了不起的。我不記得甚麼時候還有過出自單獨一本書的一整套文獻以如此迅速的時間湧現。你已經談了對羅爾斯的一些批評意見, 還有其他重要的批評意見嗎?

德沃爾金: 如你所指出的, 大部分論述羅爾斯著作的作品都是批評性的。前邊我也提到了反對他的方法的一個最流行論點。這一論點認爲羅爾斯假定人們都是保守主義者, 而其中一些人還是賭棍。更爲有趣的一點是, 一部分文獻分別從左、右兩方面批評羅爾斯的結論。來自右派的批評說, 那種說法, 認爲人傾向於關心處境最壞的羣體, 是非常荒謬的。他們強調價值, 如文化價值, 認爲必須重視價值, 哪怕會引起某種程度的不公平也在所不惜。來自左派的批評則比較複雜。首先，它咬定羅爾斯的自由優先觀念，這一觀念似乎是說，當自由與平等發生衝突時，應優先選擇自由。激進主義者譴責這是資產階級——中產階級觀點。來自左派的第二個批評是關於羅爾斯的第二項原則的，這一原則不允許任何不平等，除非是爲了處境最糟的羣體的利益。一些激進主義者認爲，即使是確實有利於處境最糟的階級而存在不平等，也是壞的。因此，應當選擇完全平等的社會，這也比一個人人物質上生活過得好，但卻不那麼平等的社會要好。

麥基: 我突然想起了那種關於被虐狂的觀點，但我想人們不能不承認它是由一些認真的人提出來的。

德沃爾金: 是的。一些人認爲，當人看到他人在社會中處境較好而自慚形穢，對個性損害極大，以至於處在下層的人士不能真正從整體上改善處境，即使他們在物質方面處境改善了。我認爲，所有對羅爾斯的批評中，爭論得最激烈的便是這種似乎可以叫作"割掉你的鼻子以羞辱你的面子"的觀點。

麥基: 可以説，你言簡意賅地對羅爾斯舉了一個極好的例子。現在，我想進一步談談我在引子中列舉的第二本重要著作，即奴錫克寫的《無政府狀態、國家和烏托邦》。我想請你對奴錫克作一番評論，也許能比對羅爾斯的介紹更簡短些，行嗎？

德沃爾金: 我試試看。奴錫克以一個十分簡單的命題開始全書：個人除了在自己同意下，否則免受人身傷害、自由不被限制和財產不被剝奪。奴錫克認爲，這種關於人身和財產的權利是絕對的，而既然政府通常都在抑制自由和掠奪財產（通過税收和其他一些辦法），他實際上就相當於提出一個問題：是否存在着某種不會有計劃地侵犯公民權利的政府。於是，奴錫克把他的書的第一部分——也是令人印象最深的一部分——專門用來説明：儘管個人存在着一些他自認爲擁有的權利，某類國家仍然可以是公平的。他認爲最棘手的一個問題是：國家擁有使用武力的壟斷權，而禁止其公民自己使用武力，即便是去奪回被偷走的財產也不行。

麥基: 當然，任何國家都必須阻止其公民無法無天、自説自話。

德沃爾金: 是的。但是根據奴錫克的基本假定，人們有一種奪回自己的財產、保護自己的人身自由的權利。他卻又認爲，如果每一個人在感到自己的權利受到侵犯時都使用武力，那就會天下大亂。於是他提出了這樣一個問題: **國家爲了避免這種混亂而壟斷武力的使用是有道理的嗎？** 他證明**國家在一定環境下如此行事是有理由的。** 他的論證是既複雜而令人印象深刻，儘管我懷疑它是否真的成功。無論如何，論證的結論是: 奴錫克稱之爲"一種守夜人似的國家"（a night-watchman State），即一個專門保護財產和人身、代表一些人去懲罰另一些人的國家，是能夠合法地存在的。而這一來又引出了新的問題: **"國家還可以做比那更多的事嗎？"** 現代國家畢竟已經做了比那更多的事，如徵你我的稅，用我們的錢去幫助他人，或者去做一些符合大家共同利益的事情。奴錫克對這一問題的回答是斷然否定的: **不行！國家除了擔任守夜人之外，甚麼也不能做。** 它不可徵稅，除非是爲了支持警察以及類似的公共事務。毫無疑問，聽這麼一說許多人都會同情這一觀點；奴錫克的確在某些政治圈子裏很受歡迎，至少是他在這一方面的觀點。

那麼，他支持國家的最低限度的作用或所謂

是否存在着某種不會有計劃地侵犯公民
權利的政府。奴錫克的結論是："一種
守夜人似的國家"。

守夜人作用的論據是甚麼呢？他的論證既精明又
複雜，主要觀點是，他提出了一個資産公平分配
的理論，他稱之爲歷史理論。用奴錫克的話來説，
"旣有財産"（holdings）的某種分配方式是否公
平，完全取決於人們怎樣獲得他所擁有的財産。
在現代社會中，每個人擁有的財産的大部分，過
去都是別人擁有的財産。如果一個人擁有的財産
是從他人自願轉讓而獲得的（如通過饋贈禮物、
通過交換），那麼這個人擁有這些財産就是公平
的。如果是從他人那裏以偷竊等形式弄來的（或
者他人以往又是通過偷竊獲得的），那麼他擁有
這些財産就是不公平的。奴錫克的理論大概就是
這麼多了。按照這一理論，公平是一個歷史問題，
而不是格局（pattern）問題。也就是説，這不是
人們現在擁有的財産是否符合某項獨立於歷史的
規劃問題，它不涉及一個人擁有的財産與其他人
擁有的財産之間的關係，也不涉及財産所有與另
一個人的功過或其他類似因素之間的關係。所以，

一個比奴錫克那最低限度的國家更主動的國家，肯定是遵循某種格局性公平理論的。它根據這種理論向一些人徵稅去爲另一些人提供服務，這種公平要求沒有任何人受苦受貧，如果其他人擁有比自己所需的多得多的財產的話。它並不滿足於奴錫克所主張的，把分配交給歷史處理的做法。

於是，奴錫克通過反對一切格局式的公平理論來爲他自己的最低限度國家理論提供論證。

奴錫克反對一切格局式的公平理論，認爲它是一種爲最系統的專制形式所作的辯解。

他說，假設你能夠徵收每一個人的財產，然後根據你最喜歡的公平模式重新分配它，如果你又是個嚴格的平均主義者，你就會把收集來的所有財產分成同等份額再分給每人一份。但只要你一轉身，奴錫克說，公民就將忙於商業和交易，以至於你強加的模式又一再遭打破。假設你的公民之一是張伯倫（Wilt Chamberlain，一個美國著名籃球運動員），成千上萬的公民將會願意每人付給他二十五先令，請他表演籃球技術，那麼他將變得比他們中的任何人富得多。爲了阻止這種情

況發生，你將不得不禁止人們做他們願意做的買賣。你將不得不建立一種暴政，不斷地干涉公民的自由。所以，格局的理論——如果我們是認真的話——實際上就會成爲一種爲最系統的專制形式所作的辯解。因此，奴錫克的歷史理論，以及它支持的最低限度的、守夜人式的國家，是唯一可接受的公平理論。

麥基: 奴錫克的公平觀念似乎是略微狹窄地存在於交換自由(freedom of exchange)這一權利之中。

德沃爾金: 主要是同意(Consent)這個概念。無論何時你失去了甚麼，都必須是你自己同意的。

麥基: 奴錫克的理論中有甚麼主要缺點?

德沃爾金: 有兩個。第一，他主張人民擁有獨立於任何國家的某些權利這個理論，似乎完全是任意的。不錯，那種未經自己同意人們有不喪失他們佔有的東西的權利這種觀念，有一種可靠的直覺感染力。但是，其他觀念也有直覺感染力，例如處境絕望的人有一種要求其他人關心的權利這類觀念。當然，如果存在其他的基本原則、前政治的權利，如在緊急情況下要求其他人關心的權利，那麼奴錫克對最低限度的國家的辯護就會被徹底推翻。我同意權利不應當被侵犯。但是有時權利要求是會互相衝突的，而我不相信奴錫克那種維護財產的權利可以排斥其他權利，沒有理由認為它比其他權利必定是更重要的。第二，他的論點是要麼全部要麼全不的論點，因此論點上有缺陷。他舉出張伯倫的例子是一個好例子。一個社會若禁止所有會引起不平等分配的自願性交換，結果會是枯燥無味的，甚至是專制的。但它並不能證明：對於這種自由的大量干涉是一種很大的不公平，較小的、有選擇的干涉則是較小的不公平。

麥基：在英美社會，國家不斷地對交換進行干預，但如果因此說這兩個國家是專制國家，那是不真確的。

德沃爾金：確實如此。或許應立一道干預程度的門檻，任何人的權利被侵犯之前就必須跨越，以起示警的作用。顯而易見，根據張伯倫得到的財產收益到年終向他徵稅，和禁止他打籃球的收益或禁止別人給他報酬，在這二者之間存在一個重大矛盾。奴錫克無論如何不會像你那樣認為美國和英國不是十足的專制國家。他認為，為了重新分配而徵集稅收是一種奴役。

麥基: 奴錫克的模式距現實既是如此之遠，讀他的著作還有甚麼意義呢？

德沃爾金: 我們所談的只是那本書的一些中心論題，但是它是一本非常豐富的書，內有許多曲折和價值極高的廣泛討論。例如，在討論過程中，奴錫克的素食主義提供了我曾見過的最有說服力的理由。我還格外欣賞奴錫克的行文風格，包括他的措詞，他的論證方式。除卻這些令人愉快的方面之外，奴錫克的書也是有價值的，因爲它對那些認爲權利非常重要的人（我就是其中一個）是一個大大的挑戰。奴錫克證明，**任何嚴肅地對待權利的理論都必然是譴責福利國家做法的。**如我所說，不難駁回他的論點，但必須正視他的論點。

麥基: 最後，我想轉到你自己上來。你所做的與羅爾斯和奴錫克所做的有甚麼關聯？

德沃爾金: 在某種意義上，我們都是走在同一條路上的。如果你接受我早前提出的自由主義的表現特徵即自由主義是一種理論，使得正義的內容獨立於任何有關人類美德和優點的理論——那麼，我們都在以不同的方式嘗試去界定和捍衞如此表達自由主義的結果。正如你已推測的，我與羅爾斯的一致多於我與奴錫克的一致。我們彼此所特有的不一致之處可以表示出來，至少可以通過我認爲是重要的立場出發表示出來，即通過"**注意自由和平等有時是互相矛盾的、因而選擇或折衷是必要的**"這個熟悉的觀念表示出來。奴錫克採取了一種極端的立場，過於一面倒了。他説，自由就是一切，而平等甚麼也不是，除非後者是作爲（也許是偶然的）自由交換的産物，但這是極不可能發生的。然而，當羅爾斯展示他的兩個公平原則時，至少在表面上，看上去仿佛他正在企圖在兩種理想之間達到妥協。他選擇了某些基本自由——即大家熟悉的政治自由——而他認爲，這些的確是首要的。這些基本的自由可能會與由第二個原則所體現的平等這個要求相矛盾，而一旦發生矛盾，基本自由就擁有優先權。但是，這些基本自由只是大多數人所説的"自由"的一部分，因此，任何發生在第二個原則的平均主義要求和不包括在基本自由中的其他自由，如經濟自由之間的衝突，則由平等優先的原則加以解決。

就我而言，我渴望駁斥這一假定，即認爲任何我們稱爲權利的傳統的基本自由會與平等發生根本性的衝突。依我的觀點，如果我們把個人權利看作是任何捍衞平等要求的理論所必不可少的話，它就饒有意義。關於個人自由的權利問題，我要一反正常辯論的提問方式，提出這樣一個問題，即："個人自由的權利對於保護平等是必要的嗎？"而不是問："我們必須放棄多少平等才能充分地尊重個人自由的權利？"我想要保衛自由主義，使之不受指責，特別是那種我認爲是以處於社會底層的人的福利爲代價保衛個人的指控。奴錫克承認這一指控確有其事，但認爲它是一種美德。羅爾斯贊成兩方面的自由，既贊成某些基本自由，也主張爲處境最糟的羣體謀福利。但是

任何稱爲權利的基本自由不但不會與平等發生根本性的衝突，而且是相互支持的。

他的理論似乎在概念上分離了兩者，並僅僅曖昧地聲稱處於原始地位的人在那種先後秩序中會想要兩者兼有來聯結它們。我則試圖證明，經濟平等和傳統的個人權利都起源於平等這一根本、獨立的概念，平等是自由主義的原動力，捍衛自由主義也就是捍衛平等。

麥基: 易言之，你否認許多人所堅持說: 個人權利

的概念和個人平等的概念相衝突; 你認爲正相反, 它們是相互支持的。但是, 個人權利的觀念, 不是與另一種政治理想——政治決策的目的, 不是去滿足那些要求權利的"個人"的特殊利益, 而是要爲大衆的利益服務——相對立了嗎?

德沃爾金: 是的, 至少在表面上是這樣。確切地說, 我認爲: **甚麼是權利的唯一清楚和有用的定義, 是利用了權利和大衆福祉之間的這種對立。**當一個人可以理所當然地去堅持做某事或擁有某物, 即使因此大衆福祉被損害時, 有這一強有力的意義上, 他就有了一種權利。因此, 只有當他能够就政治問題自由發表自己的見解, 即使這樣做會使社會中的人的境況由於某種原因變壞, 這時, 他才有了真正的言論自由的權利。在這種意義上的權利, 是凌駕於一般利益或平均利益之上, 是個人所掌握的王牌。(這種權利的概念可能同"權利"一詞的普通用法不完全一致, 常用的權利概念是不準確的, 而且它把許多不同的情況統統放在一個概念之下。但這一定義確實表明, 儘管羅爾斯在他的書中不是經常運用"權利"一詞, 他所講的基本自由在我正在使用的意義上, 事實上就是權利, 因爲基本的權利對改善處境最糟的羣體有優先權。)這種意義上的權利有一個優點，它表明權利不能被認爲是當然的，或通則公理式的，就像奴錫克所理解的個人自由和財產的權利那樣。畢竟，如果某人有權堅持某事(即使其他人在福利狀況上不如他)，那麼他提出的是一個很

當一個人可以理所當然地去堅持做某事或擁有某物，即使損害了大衆福祉，在這個意義上，他就有了一種權利。

高的要求，必須有正當的理由才行。如果允許某人無論何時何地去批評政府，會危及到經濟的穩定，許多人會因而受苦，那麼，他在這種情況下被賦予權利批評政府，就不那麼有道理了。如果我們認爲，即使在這種情況下，他也應該有言論自由的權利(我就是這麼看的)，那麼我們就有必要說明箇中原委了。

　　你或許認爲有許多不同的策略可供選擇。我們或許可以尋找某種有別於一般利益、或比它更重要的價值，例如個人自我發展的價值、或某種類似的東西。那麼，我們就應該說，既然自我發展是比大衆福祉更重要的，既然在大衆福祉遭受損害的情況下，言論自由對於自我發展仍然是至

關重要的，那麼，個人就必須享有言論自由的權利。這個理據事實上經常由急於保衛個人權利的人們所使用，但是我認為它不可能成立。自我發展可能是重要的，但如果是這樣的話，那它就是一種納入了大眾福祉計算之中的價值了。如果大眾福祉可以透過禁止某人在某種情況下說話而能得到增進，那麼，這肯定是因為集體地損害了其他個人的福利，超過了在自我發展中個人被禁止說話那種損失。也許，有人因為經濟不穩定而失業了，其他人的自我發展便受到威脅。

我主張以一種完全不同的策略來捍衛權利。我想要說明的，不是把權利作為一種與大眾福祉相對立的基本價值來強調它的必要性，而是指出權利的觀念和大眾福祉的觀念同樣根源於一個更基本的價值。說來說去，正如堅持權利是根本性的和通則性的那種觀點是任意的一樣，堅持大眾福祉的根本性和通則性似乎也是任意的。大眾福祉經常被視為具有根本的重要性，因為快樂（或幸福、願望、傾向的滿足）本身就是美德。假設某項經濟決策（如一項工資政策）會不利於一些人，但有利於更多的人的長期利益，那麼根據這一理論，用多數人的快樂減去少數人的痛苦之後，這項政策將產生比相反的決策更多的快樂（或幸福）。如果快樂本身就是美德，那麼總的愉快多一些就比少一些好，因此，是大衆福祉而不是某些個人的利益有決定性的重要意義。

但是，這種對於大衆福祉觀念的辯護，儘管熟知，看上去還是非常虛弱。難道把快樂（或幸福、或願望的滿足）本身當作一種美德不是可笑的嗎？可以援引羅爾斯一些最好的論據用以證明：這種觀點事實上正像一眼看上去時那麼可笑。所以，如果大家真的認爲大衆福祉在政治事務中舉足輕重，就必須找到對這一點的更好解釋。我認爲大家能在平等觀念中找到一個更好的解釋。如果一項決定在一定程度上有益於多數人，而在同樣程度上損害少數人，社會的統治者這時卻選擇了相反的決定，那麼，他們就是在偏袒少數人。將所有公民視爲平等的唯一方式，是表示同等關心每個人的命運；所以，如果其他條件不變的情況下，那種增益大多數人甚於少數人的選擇，將會更受歡迎。英國哲學家邊沁（Jeremy Bentham，1748－1831，他的功利主義哲學對於大衆福祉的觀念提供了最富戲劇性的雄辯）自己提出了這一點。追求大衆福祉的策略要把每一個人都看作是一個人，而不把任何個別人看得特別重。

因此，大衆福祉的觀點實際上植根於更根本

的平等觀念之中。但是，如我早些時候說的，這一根本觀念也支持了個人權利的觀念。在權利和大衆福祉之間的明顯對立，僅僅是表面上的對立，根據這一點，我提出了上面的定義。這兩個觀念的配套——即允許大衆福祉在正常情況下作爲政治決策的正當理由，但是在特殊情況下又容許個人權利超越於這種正當理由之上——較諸在任何情況下都死守着大衆福祉，更能達到平等的理想。

時間有限，無法從細節上論證這一主張，但是讓我簡單談談這種辯護應該怎樣進行。以經濟權利爲例，假設一個社會應當擁有足夠的總體資源，以便滿足每一個人能過體面的生活的權利。那總的經濟政策應以改善平均福利爲目標。這意味着，如果一項經濟政策會改善社會的整個狀況，那這項政策就會比只能改善某些小團體的狀況的

容許個人權利在特殊情況下超越大衆福祉，較諸死守大衆福祉，更接近平等。

政策更獲歡迎和選擇。這就需要有普遍的平等主義態度(general egalitarian attitude)，否則，小集團成員的要求就會勝過大多數社會成員的要求。但是如果某些人由於他們的特殊情況——例

如殘廢了，或者缺乏市場經濟所需要的才能，或者由於某些類似的原因——生活水平低於體面的、能夠自我實現的最低限度，那麼，原來欲將那種普遍平均主義作爲辯護理由，在這種情況下變得不再適用了，並必須通過確認他們有一種過最低水平生活的權利來進行修正。如是者，就到了爲他們爭取經濟權利的時候了。

形成羅爾斯的基本自由的那些政治權利，也能夠由平等主義的理由所解釋。議會民主制是一種用以決定諸如社會上的刑事法的平等主義方式。刑事法的制定是爲了保護大眾福祉，而平等思想則要求每個公民在決定大眾福祉的形式時享有同等的發言權。但是，假定一個公民或一個羣體由於種族的，或政治信仰的，或個人道德的緣故被其他人所藐視，那就出現一種危險：其他人會糾集起來反對他並制定特別針對他的刑事法。這樣做不是爲了使大眾福祉得到改善，而僅是出於藐視和偏見之緣故。平等思想因此要求他也有一種權利——也許像美國那樣將這種權利體現在憲法內——以防止立法機關濫用職權。即使是立法機關自認爲禁止某人提倡某種政府形式或批評現政府的經濟政策會有利於改善大眾福祉，他仍然有權利阻止立法機關如願以償。這也是對一個

本質上屬於平等主義式機構的活動所作的一個平
等主義式限制。這一描述，如我所說，不是一個
論證，而僅僅是總結我在那本書中所持的論點。

麥基: 你說你和羅爾斯、奴錫克是同路人，我認爲
這一點極端重要。**學術界總傾向於把羅爾斯和奴
錫克至少看作是對立的兩極，而根據你的分析，**
他們兩人，還有你自己，都不過是在捍衞自由主
義。值得注意的是，你們三人不僅僅是在用不同
的方法捍衞自由主義，而且捍衞的是自由主義三
個相近的概念，就是說，你們各自的立場之間存
在着某種鬆散的、然而卻是非常重要的共通點。
既然如此，你們的共通點在哪一方面易受到攻
擊? 還有，與這一點相關，你的政治思想在不久
的將來可能出現甚麼最重要和最有趣的進展?

德沃爾金: 我說過我們"走在同一條路上"，但是我
想說明一下，我們各自的理論又有很大不同。我
的意思是，我們每個人都提出了自己的自由主義
概念，即除了基本自由的觀念——公正必須獨立
於人的優越或好的生活等思想——以外還有甚
麼。我說過，奴錫克的書是對自由主義的一個巨
大挑戰，因爲他指出，自由主義的結果是大部分
自由主義者將會憎恨的結果，儘管奴錫克自己並

不憎恨這種結果。所以，對於自由主義來說，重要的是要表明奴錫克是錯誤的。我認為，**自由主義離不開平等，平等不僅是經濟權利的基礎，而且也是政治權利的基礎**，這些更吸引人的結論，才是自由主義的真諦。但如我所說，在接受自由主義這種態度，即堅持政府不應把某種美好生活的概念強加給公民，也不應該在人的優異性問題上抬甲說、壓乙說以作為政治決策的理由這一點上，我們三人的意見是一致的。現在必須保衛這一根本的自由主義態度，抵抗來自左翼和右翼的非自由主義者所作兩種攻擊──一種是理論上的，一種是實踐上的。理論上的攻擊是，自由主義所依賴的是一種關於人性或人是甚麼的觀

政府不應把某種美好生活的概念強加給公民，也不應該在人的優異性問題上抬甲說、壓乙說來作政治決策。

點，而這類觀點本身是虛無主義的，甚至是貧乏的、缺乏吸引力的。你在我們的討論中提到，攻擊者持的是人是社會的動物這種立場。當然，自由主義並不否認這一點。但這些人說，自由主義一貫信奉被稱為休姆式（Humean）或邊沁式

（Benthamite）又或原子論的人性概念。這種指責是不真確的。　自由主義的真正始祖不是邊沁（事實上，邊沁只能使自由主義者蒙羞），而是德國大儒康德（Immanúel Kant 1724－1804）。康德關於人性的概念決不是貧乏的。來自實踐方面的指責是：有些事是我們大家都想要政府去做的。例如，我們想要政府去選擇教育的方式、倡導文化，甚至去做許多表面上是支持一種個人價值、反對另一種個人價值，因而是與自由主義相抵觸的事情。因此，自由主義者必須自己發展出一種能夠區別豐富人民的選擇和強制人民進行某種選擇的理論。在我看來，關鍵的觀念是"想像"（imagination）。**自由主義關心的是擴大想像力，而不是把任何一種選擇強加給想像力**。在此我只不過提出了問題，但並未能解答。我認為，自由主義在這一問題上是很不足的，我們需要努力建構一套教育理論和文化支持理論。而這就是對"政治理論應當往何處去"這一問題的部分答案。

你在對這一討論的開場白中說，人們在很長時期內認為，政治哲學死了。其實，**政治哲學已經再生，而且非常富有生氣**。現在的問題是，政治哲學尚未重新納入哲學的主體。當然，任何值得討論的哲學問題都決不可能同哲學的主體斷然分開，我剛才提到的那兩個問題——自由主義採用哪種的心靈理論，以及豐富想像力和壓制想像力之間的區別何在——就是這種情況。政治理論必須超脫通常的政治制度和政治策略的範圍，就會像過去的哲學大師那樣，需要正視政治哲學與哲學主體之間的關係。

麥基: 這個事實真是再明顯不過了，如你所說，過去真正偉大的政治哲學家，像柏拉圖、亞里士多德(Aristotle)、洛克、休謨(David Hume)、康德，全都不是政治哲學專家，而是一般哲學家，而他們的政治哲學只是其總體哲學的一個部分。

德沃爾金: 是的。我剛才接下來想説的就是這些話。

14

哲學與文學

與

默爾多赫

（IRIS MURDOCH）

對談

麥基: 一些偉大的哲學家同時又是偉大的文學巨匠。我想這方面的卓越典範有柏拉圖(Plato)、聖奧古斯丁(St. Augustine)、叔本華(Schopenhauer)和尼采(Nietzsche)。其他一些人雖然不能與他們相提並論，但也是非常優秀的作家，如笛卡爾(Descartes)、帕斯卡爾(Pascal)、貝克萊(Berkeley)、休謨和盧梭(Rousseau)。在我們自己的時代，羅素(Russell)和薩特(Sartre)都得過諾貝爾文學獎。然而，也有些大哲學家寫東西卻很蹩腳，如康德和亞里士多德(Aristotle)，這兩位一流哲學家卻是最末流的作家。還有些人文風呆板，平淡枯燥，如阿奎那(Aquinas)和洛克。至於黑格爾，他的著作晦澀難懂，莫名其妙，簡直就是天書。我想他肯定是全世界著名作家中作品最難讀的一個。

上述例子表明，哲學本身並不是文學的一個分支；哲學的質量和重要性是由文學和美學價值以外的因素決定的。如果一個哲學家寫得一手好文章，當然可以錦上添花，引人入勝，但這並不能幫助他成為一個好哲學家。我希望一開始就把這一點講清楚，因為在這次討論中，我打算同一位在哲學和文學兩個領域都很有經驗的人談談哲學和文學交叉的一些方面。默爾多赫(Iris Murdoch, 1919－　)是當今一位享有國際盛譽的小說家，但她成為一個成功的小說家之前和之後，在牛津大學擔任了整整十五年的哲學導師。

討——論

麥基: 當你一面寫小說，一面寫哲學著作時，你意識到這是兩種根本不同的作品嗎？

默爾多赫: 意識到了。哲學目的在於闡明和解釋，它叙述並試圖解決的是非常高難的技術問題，所以哲學的寫作必須服從這一目的。人們可以說，**壞的哲學不是哲學，而壞的藝術卻仍然是藝術**。人們對文學是多方寬容的，但對哲學卻絕不寬容。文學讀者多而廣，哲學讀者少而稀。嚴肅的藝術家又是他們自己作品的批評家，而一般不為"專家"讀者羣服務。此外，藝術是一種趣味，而且更是為了趣味，有着無窮的意向和魅力。文學對我們的吸引力有着不同的層次和不同的形式。它機巧、高妙、甚至故弄玄虛。文學容納豐富、樂趣橫生，而哲學就只做哲學的事情，單純得多。

麥基: 我讀過你的書，包括你的哲學著作，我發現你行文的風格很不一樣。在小說中，你的文筆漂亮、意蘊豐富、雋永、含蓄；而你的哲學作品卻簡潔明快，一次只說一件事。

默爾多赫: 是的，文學創作是一種藝術創作，是藝
術形式的一個方面。它可以輕描淡寫，也可以濃
墨重彩，但作爲一種藝術，文學必須有自己的藝
術傾向，文學語言必須自覺地與作品——無論長
短——的內容特徵保持一致，因爲語言是文學藝
術形式的一個組成部分。因此，並不存在甚麼統
一的文學風格或理想的文學風格，當然，好壞還
是有的。有些思想家，同時又是大作家，像丹麥
思想家齊克果（Soren Kierkegaard, 1813－1855）
和尼采，但我不認爲他們是哲學家。當然，哲學
家的情況也不一樣，有些人可能比別人更有"文
學素養"，但我覺得哲學應該有一種理想的行文
風格，它應該是毫不含糊的，明白無誤的，簡明
直率而不加矯飾的。一個哲學家必須努力準確地
解釋自己的意思，而無須工於辭令，搞無謂的藻
飾。當然，恰如其分的機智和穿插還是要的，但
一旦哲學家與自己闡述的問題發生正面交鋒時，
他的聲音應該是冷靜的、清晰可辨的。

麥基: 同時專業地從事這兩種活動的人一定少得可
憐，你卻是極少數能現身說法，區別這兩者的人
中的一個。能再多談點嗎？

默爾多赫: 哲學寫作不是自我表現，必須嚴格地抹去個人聲音。有些哲學家在他們的著作中保持了一定的個人風格，如休謨和維特根斯坦就以不同的方式這樣做了。但哲學的確有一種樸素的、非個人的、硬性的特點。當然，文學也必須控制個人的聲音，控制個人的聲音的轉化。我們甚至不妨把哲學與文學中最微妙的一種形式詩歌作個比較。兩者都需要下大力氣去純化、提煉藉此表達自己思想的語言。但詩歌不僅有藝術上的熱鬧和玄虛，而且還保留了文學所固有的自我表現的因素。文學作家故意給讀者留下思考回味的餘地。但哲學家卻不能留下任何餘地。

麥基: 你剛才說，哲學的目的在於澄清，而文學的目的卻在於使事物神秘化。我想，這就是說，小說家、劇作家的中心任務是創造幻想; 而哲學家的中心任務則是消除幻想。

小說家、劇作家的中心任務是創造幻想; 而哲學家的中心任務則是消除幻想。

默爾多赫: 哲學的目的不是為了完善自身的形式。

文學則總是處在各種複雜的美學形式的糾紛之中，試圖達成某種圓滿。每種文學形式都有一種活生生的質感。就連片斷性的文學創作也會給人以整體完整的感覺。文學（大多數文學）是"藝術的產品"。而哲學的產品就不同了。在極少見的情況下，一部哲學作品同時也是一部藝術品，如《會飲》(*Symposium*)。但這種情況是絕無僅有的。而且，也是因為我們看了柏拉圖哲學的其他部分，這才把《會飲》當哲學作品來看的。大多數哲學作品與文學作品比較起來，顯得十分雜亂，沒有一定的形式，就連哲學家分析某種形式上特別複雜的問題時也不例外。哲學的特點在於能夠抓住問題，並且抓住不放，用各種不同的方式提出問題，解答問題。對問題窮追深究，鍥而不捨，這是哲學家的才賦；追求新穎、力圖創新，這便是藝術家的特徵了。

麥基: 你剛才已經作了對比，你準備怎樣劃分文學相對於哲學的特徵呢？

默爾多赫: 雖然我們大略地知道甚麼是文學，但要給它下個定義，卻恐怕需要很長時間。文學是運用語言的藝術。新聞作品如果有藝術性，也可以是文學。學術著作也可以是文學。文學形式多

> 對問題窮追深究，鍥而不捨，這是哲學
> 家的才賦；追求新穎、力圖創新，這卻
> 是藝術家的特徵。

樣，非常龐雜，而哲學的領域卻非常窄小。**古代提出的哲學問題，基本上也就是我們今天思考的問題**。雖然這些問題涉及很廣，但數量並不很多。哲學的影響雖然巨大，但產生影響力的哲學家的數量並不多。因爲，哲學是一門非常困難的學問。

麥基：你剛才説哲學問題從古至今基本未變，這種觀點與懷特海不謀而合。他説過，西方的哲學僅僅是對柏拉圖的註解。

默爾多赫：的確是的。柏拉圖不僅是西方哲學之父，而且也是西方最好的哲學家。當然，哲學方法改變了，但我們並沒有把柏拉圖抛在後面，這也就是説，哲學沒有像科學那樣取得進步。當然文學也沒有取得進步。沒有人超過古希臘詩人荷馬（Homer, 公元前800）。但是文學沒有延續的任務，從這點意義上它不是一種"工作"。文學的確是某種我們本能地沉溺於其中的東西，所以看起來比較容易遊戲於其間，而且可以隨心所欲地去遊戲。文學形式對於我們是非常自然的，它很接近生活，很接近我們作爲有思想的人的生活方式。文學並不都是虛構，但絕大多數文學是虛構的或者有虛構、創造、遮掩、假裝、想像、塑造人物、構造情節的成分。當我們下班回家陳述一天的工作生活的時候，我們會用講故事的形式把一天的事情串起來（而且這些故事通常都是很逗人開心的）。所以可以説，我們作爲語言的使用者，生活在文學的氛圍之中，呼吸着文學的空氣，過着文學的生活；我們都是文學藝術家，我們不斷地利用語言，把原來可能是索然無味、雜亂無章的生活經驗，編織成引人入勝的故事。至於編造到甚麽程度就會破壞真實，這是每一個藝術家都必然面臨的問題。文學創作或任何藝術創造的根本動機，在於從漫無頭緒的大千世界上，從本來毫無連貫意義的龐雜現象中，理出可以令人振奮的有體有形的東西來。

麥基: 你所説的令人振奮，使我想到文學的首要任務之一就是供人娛樂，而我認爲這個目的同哲學毫無關係。

默爾多赫: 哲學準確地説，不是供人娛樂的，但它能給人帶來安慰，因爲哲學也是一種從混亂狀況中理出頭緒的學科。哲學家常常可以構造出一些包含大量複雜形象的龐大結構。許多哲學爭論或多或少都是明確地依靠形象而完成的。哲學家大概一般都對自身的美學意識滿是警惕，對發自本能的想像力持批判態度。但藝術家必須偏愛自己的無意識思維，因爲這恰好是他進行藝術創作的動力，並能在他不知不覺的情況下幫助他完成大量的創作。當然，哲學家也有無意識思維，而哲學則能解除我們的憂懼，例如一個有關哲學家的問題就很典型："他怕些甚麼？"哲學家必須克服追求自我慰藉的藝術家傾向。他必須具有爲了追求真理時時準備推倒自己重來的精神，才能永遠抓住問題。這就與文學不同了。哲學是重複的，它不斷走回原來的地方，把已經構造好的形式再一一推翻。

文學的首要任務是供人娛樂；而哲學則給人帶來安慰。

麥基：你剛才比較含蓄地說了一些文學不同於哲學的地方，我現在想比較明確地把這兩者之間的差異再說一下。例如你說，編故事是很自然的——

我們在日常生活中都喜歡編故事，聽故事。那麼與其相反，哲學則是反自然的。因爲哲學迫使我們對我們的信念，以及構成我們信念的假定前提，進行批判性分析，而大多數人顯然不喜歡去做這種分析，也不喜歡別人對他們做這種分析。一旦他們信念的基礎受到質疑，他們就會覺得不安全，就會奮起而抗之。

默爾多赫: 是的。我認爲**哲學是非常反自然的**，是一種十分奇特的非自然活動。每個哲學教師一定都有這種感受。哲學可以擾亂我們習以爲常的半美學概念習慣。休謨說，即使是哲學家，一旦他離開書房，又會回復到以前習慣的假定中去。哲學不是一種科學的求索，入科學之門就是出哲學之門。哲學的目的是要從思想上發現、挖掘最深刻和最一般的概念。要說服人們在哲學的水平上進行觀察，是極不容易的。

麥基: 英哲羅素（Bertrand Russell, 1872－1970）曾說過，哲學問題都是我們不知道應該怎麼回答的問題。伯林（Isaiah Berlin, 1909－　）也持這種觀點。

默爾多赫: 是的，主要是不知道怎麼回答，甚至還有不知道怎麼提出來。我們不能回答的問題很多，但我們知道它們大致可以通過甚麼方法得到解答。哲學就是要從司空見慣中搜尋出絕對的異常，並就此提出刨根究底的問題。

麥基: 你剛才說，哲學不是科學，我同意。但哲學有一些基本的東西是與科學相同的。其中一點是，科學和哲學的目的都是爲了瞭解世界，而且都力求不帶個人色彩地瞭解世界。換句話說，在這兩種活動中，人們都必須接受外在於自己的標準，以求得出與個人無關（impersonally）的真實。這就牽扯到哲學和文學之間的另一個重要區別。剛才你好像是說，你的文學創作雖然反映出了你自己的文學個性（literary personality），但如果你的哲學寫作沒有這個特點你一定不會介意。令我印象很深的是，一個從事想像性創作的作家，最要緊是要有自己的創作個性。如果他沒有這種個性，我們就沒有興趣去讀他的作品。而哲學家的情況卻完全不是這樣。你可以不動感情但很有興趣地讀完康德的全部著作，但卻幾乎無法窺測康德作爲一個人的內心世界。

默爾多赫: 你是說吸引人們的是作品表現出來的個性，而作家本人則又是另一回事；他本人可能很呆板，但他的作品可能並不枯燥，反之亦然，是嗎？我不知道有沒有"文學個性"這樣東西。我們希望一個作家能寫好文章，能講出一些令人感興趣的事情。或許，**我們應該把作品的獨特風格和作品中個人的存在區分開來**。大文豪莎士比亞（William Shakespeare 1564－1616）的作品有自己的風格卻並不摻雜個人的因素，而像英國作家勞倫斯（D.H. Lawerence, 1883－1930）這樣的作家，他的風格並不明顯，但個人的存在卻很明顯。雖然許多詩人和一些小說家的個人傾向很強，但大部分一流文學卻並不使人強烈地感覺到作者在作品中的存在。作家在作品中的存在如果太霸道，像勞倫斯的作品那樣，可能是有害的。例如出現作品中某個受寵的角色是作家本人的代言人這種情況。糟糕的作品一般都是一些充斥了個人因素的作品。當然，這方面也很難做出甚麼規定。表現自我、解釋和確立自我的願望，是藝術的強大動力，但又是必須批判地對待的。我有自己的風格，當然不妨事，但我不想在作品中突出我的存在。當然，一個作家應該表現自己的道德觀和才華。這種自我披露的情況也在哲學中出現，但在哲學上我們要問的是: 這個結論正確嗎？這個論點能够成立嗎？

> 表現自我、解釋和確立自我的願望，是
> 藝術的强大動力，但同時也須批判地對
> 待，以避免過分突出"我"的存在。

麥基: 我同一些很聰明、很有教養但不懂哲學的人
　　　交談時，常常發現他們暴露出一種想法，即認爲
　　　哲學是文學的一個分支——哲學家像散文家或小
　　　說家一樣，表達的是他個人對世界的看法。要向
　　　他們解釋清楚還真不容易。我想原因部分在於，哲
　　　學問題都有自己的歷史，而每個哲學家都是在問
　　　題發展的一定歷史階段上出現的；如果他能做出
　　　甚麼貢獻，他必須在這個階段上做出貢獻，否則就
　　　沒有甚麼貢獻可言。在這方面，他又像個科學家。

默爾多赫: 是的，一點不錯。或許這也就是"真正
　　　的哲學家"和其他反思型思想家和道德家之間的
　　　區別。哲學家必須在他出現時的哲學形勢下從事
　　　活動。他必須對一系列已經確立的學說作出反應，
　　　必須同過去進行範圍相當狹窄的對話。相比之下，
　　　藝術家似乎是一些不承擔責任的個人。他也許同
　　　他所處的時代以及有關藝術的歷史深深相關，但
　　　他並沒有任何必須要解決的問題。他的問題要靠

自己去創造。

麥基: 也許部分地由於這一原因，藝術作品——劇本、小說、詩歌的作家和讀者，受個性支配的情況，一般都比哲學大得多。哲學是一種比較狹窄的智識活動。文學——真正的文學，必須以情動人，而哲學家一如科學家，則必須毫不含糊地把感情因素從他的作品中清除出去。

默爾多赫: 所以，我覺得做一個藝術家比做一個哲學家更有趣味。**文學可以被稱爲喚起某些情感的嚴格的技術**（當然還有其他一些這類技術）。作爲藝術的定義，我想喚起情感是可以列進去的，儘管並不是每次欣賞藝術作品都能產生情感上的反應。這就是藝術的感官性（sensuous nature），包括視覺、聽覺和觸覺各個方面。沒有這種感官性，藝術也就不成其爲藝術了。就憑這一點，藝術就大大地不同於"理論的"活動了。此外，很多藝術，或許可以說大部分藝術，甚至全部藝術，在極其一般的意義上都與性有關（這或許是一種形而上學的説法）。藝術是同無意識力量極其接近的危險遊戲。我們喜愛藝術，甚至簡單的藝術，是因爲藝術可以用令人難以理喻的方式攪擾我們的內心。這就是爲甚麼好的藝術對我們有好處，壞的藝術對我們有壞處的一個原因。

麥基：到目前為止我們一直在討論哲學和文學的區別，我覺得有必要強調這種區別。但這兩者之間也有一些重要的共同點，不是嗎？我從先前與你的對談中得知，例如，你認為真理的概念就是兩者都有的中心主題。

默爾多赫：對。我認為，儘管哲學和文學如此不同，但它們都是追求真理和揭示真理的活動，都是認識活動，解釋活動。文學同其他藝術一樣，需要進行探索、分類、剔選，需要形成系統的彤象。

哲學和文學的共同點在於它們都是追求和揭示真理的活動，都旨在認識和解釋活動。

當然，優秀的文學看起來不像"分析"，因為想像的產品是訴諸感官的、凝煉的、具體化的、神秘的、朦朧的和細膩的。藝術是另一種形式的認識。想想一部莎士比亞戲劇或一本偉大的小說，包含了多少思想和真理。對於任何一門反思型學科來說，觀察一下批評這學科的語言，是很能說明問題的。文學批評可以說是純形式的批評。但更多

地是評價它是否真實。諸如"感傷"、"矯揉造作"、"自我放縱"、"膚淺無聊"等等詞彙，一般都是用來指責某種虛假、某種有失公正、某種歪曲和某種理解上或表達上的不足。"幻想"一詞如果用在壞的意義上，就概括了許多有代表性的文學毛病。如果把"幻想"一詞作為反面的東西同"想像"一詞作為正面的東西比較一下，也許能夠說明問題。當然，哲學也是一種想像活動，但它所着眼的陳述完全不同於藝術的"具體陳述"；哲學的方法和氣氛一如科學，是禁止任何胡思亂想的。反之，創造性的想像和迷幻癡想在作家的思想上也許是兩股極難區分的力量。嚴肅的作家非得"玩火"不可。在壞的藝術中，幻想是主宰一切的，就像大家所熟悉的那類浪漫小說和刺激小說，主人公(作者的化身)既勇敢，又慷慨，無往不勝，無人不愛(當然也有他的缺點)，而且最後總是在命運的微笑中收場。想像需要真正的創造力、洞察力，而幻想則是其狡猾的強敵。如果有人譴責某部藝術作品是"荒誕的"，那他實際上是在譴責這部作品是虛假的。

麥基：但是，文學真實的概念是非常不同於哲學真實的，你說呢？

默爾多赫: 我之所以説文學在這方面像哲學，是因爲我想强調文學也是一種尋求真理的活動。當然，哲學是抽象的、推論的和率直的，文學語言則可能是故意含糊的，而即使看起來再明白不過的寫法，也是爲了適應某種隱晦的、形式上的想像結構的需要。在小説中，就連最簡單的情節也是藝術地和間接地表達的，儘管我們可能沒有注意到這一點，那是因爲我們已經習慣了故事所涉及的一切常理常情，因爲我們在日常生活中無一不在從事某種程度的藝術創造。也許有人會説，正是哲學的率直使我們覺得不自然，而故事的間接性卻是自然的。要形容哲學的錯誤像甚麼，那是件很不容易的事。有時，在論證過程中存在某種邏輯的或半邏輯的錯誤，但哲學的失敗更經常是由於所謂想像的或着迷的觀念錯誤所致，假設錯了、起點錯了，整個論證自然也就錯了。"感性材料"（sense datum）的概念，或謂評價性語言和描述性語言之間的區别，就是犯上這種錯誤而產生的有爭議的例子。在哲學中對真理的檢驗也是困難的，因爲哲學命題本身就十分深奧抽象。其次是不清楚應該用甚麼來驗證甚麼，因爲驗證理論的東西恰好還需用有關理論來進行描述。哲學家最忌同義反複（taulotogy），因而必須不斷回過頭審視那並未嚴格概念化的"大千世界"。藝術中當然也存在相應的"兩個世界"的差別問題，但差別一般不太明顯，因爲藝術與世界十分接近。在哲學中檢驗真理之所以困難是因爲命題本身就很困難；而在文學中檢驗真理的困難要小一些，因爲從某種意義上説文學的命題是容易的。我們都感到我們理解藝術，至少懂得不少。但如果藝術是非常晦澀的，就會使批評的智能麻木；那我們也都得準備接受藝術的迷惑。如我所説，哲學只做一件事，文學則做許多事情，並牽涉到作者和讀者的許多不同的動機。例如，它能使我們快樂。它把世界展示給我們，而藝術的樂趣主要在於能够使我們看到我們模糊地意識到但一直未能真正看到的東西。**藝術是模仿，而好的藝術——用柏拉圖的話來説就是回憶，即對於我們所不知道我們早已知道的東西的"記憶"。藝術是"面向自然的鏡子"。**當然，這種反映或"模仿"並不意味着盲目如攝影般的複製。但應該堅持藝術是關於世界的，是建立在我們常識的基礎之上的。藝術可以擴展這種認識，但也接受這種認識的檢驗。我們本能地應用這一檢驗，當然有時會發生錯誤，例如有時我們並未真正理解這是一種甚麼故事，就急急忙忙認定它是不可能發生的。

麥基: 讓我們現在進而談談關於文學的哲學思想。剛才你僅在壞的意義上談了幻想──我認爲這是自我放縱的一種形式，通常是把對强權、地位及財富的崇拜等虛幻的價值具體化，並因此產生出粗俗的藝術。這也就是爲甚麼一些哲學家事實上對藝術懷有敵意的直接原因，不是嗎？你的近作《太陽與火》（ *The Fire and the Sun* ）就是寫柏拉圖對藝術的敵視。聽你談爲甚麼像柏拉圖這樣一個偉大的哲學家──一個自己運用了藝術的形式，諸如對話方式，而且採用過多種虛構形式的作家──會對藝術持敵對態度，將是十分有趣的。

默爾多赫: 柏拉圖對藝術的敵視是臭名昭著。作爲一個政治理論家，他十分害怕藝術非理性的情感力量，因爲藝術具有說出富吸引力的謊言和顛覆性的真理的力量。他贊同嚴格的檢查制度，並想在他的理想國中流放那些藝術家。同時，他也害怕他自身的藝術家素質。他是一個篤信宗教的人，而他感到藝術宗教和哲學是敵對的：藝術是對宗教戒律的代用品，而且流於自私自利。自相矛盾的是，柏拉圖的著作本身就是偉大的藝術，儘管他在理論上不予承認。他說在哲學和詩之間一直存在着鬥爭; 而我們必須記住, 在柏拉圖的時代, 我們所説的哲學剛剛從各種詩歌和神學的思索中脫穎而出。哲學通過限定自身而取得進步。在柏拉圖時代, 哲學把自己從文學中分離出來; 在十七世紀和十八世紀又從自然科學中分離出來; 到了二十世紀則從心理學中分離出來。柏拉圖認爲藝術是模仿, 是壞的模仿。不錯, 世界上的壞藝術總是比好藝術多, 喜歡壞藝術的人也比喜歡好藝術的人多。柏拉圖認爲, 藝術基本上是個人

柏拉圖他也十分害怕藝術那非理性的情感力量, 但有趣的是, 他的著作就是偉大的藝術。

的幻想, 是對無價值的事物的謳歌, 是對美好事物的歪曲。他把藝術看作不帶有一般意義的、對具體事物進行瑣碎的複製, 當然, 大量的藝術的確如此。設想一下柏拉圖會如何看待今日那内容亂七八糟的電視節目吧。人們應當看看現實的世界, 應該思考現實世界的問題, 並不是滿足於瑣碎的形象和令人討厭的夢幻。這種觀點同心理分析學宗師弗洛伊德 (Sigmund Freud, 1856 － 1939) 把藝術看作是爲了滿足權力和 "現實生

活"的代用品的觀點，有相合之處。弗洛伊德有時說，藝術是藝術家的幻想思維直接與讀者的幻想思維進行交談。**藝術是隱秘的安慰。**我認為，這是一個深刻的思想，是一種嚴重的指責。人們不難看到，一本刺激小說，一張色情照片，能够惹起讀者和觀衆多少隱秘的幻想。色情文學就是"藝術"私用的一個極端的例子。

麥基: 當然，這些批評僅僅適用於壞的藝術。不過如你所說，大部分藝術都是壞的藝術。但是好的藝術——也是持久的藝術，不應受到這類批評。

默爾多赫: 我想讀者總會試圖把藝術移作私用，唯有好的藝術可以比較成功地抵制壞的用途。我是指，有的人到國家美術館去參觀，可能專挑一些色情形象來看。我們所說的壞藝術，是指那些除了派壞用場別無其他可能的藝術。一個搞藝術的人可以產生好的藝術，也必然會產生壞的藝術，但實際情況並不一定那麼糟糕。批評者也可能是過分嚴厲的，近似清教徒的方式。我對色情文學是非常敵視的。我認為它是真正的禍害和墮落。至於平庸的藝術，人們欣賞之餘，似乎別無損害。一本感傷的小說可能是人們苦惱時得到安息的避難所，儘管去讀一讀《戰爭與和平》(*War and*

Peace）可能會更有益。

麥基: 現在的人普遍認為，好的藝術對人們有益:
它使人們感覺變得敏銳，增強人們的理解力，並
因此增強人們對其他人的同情與諒解。

默爾多赫: 我認為好的藝術有益於人民，恰恰因為
它不是幻想而是想像。它打破了我們自己枯燥的
幻想生活，激起我們對真正理想的追求。在大部
分情況下，我們完全無法看到浩瀚無垠的真實世
界，因為我們被迷惑、焦慮、妒忌、怨恨和恐懼
蒙蔽了。我們給自己造成了一個小小的個人天地，
把自己封閉在裏面。偉大的藝術是解放的藝術，
它能使我們看到我們以外的事物，並且從中得到
樂趣。文學能夠激起並滿足我們的好奇心，能使

好的藝術有益於人民，因為它不是幻想
而是想象。它打破我們的幻想，激起我
們對真正理想的追求。

我們對他人他事感到興趣，並幫助我們變得寬容
和慷慨。藝術是增進知識的。甚至平庸的藝術也
能告訴我們某些東西，例如告訴我們其他人是怎
麼生活的。但這並不是主張一種功利主義的或説

教式的藝術觀。藝術遠大於這些狹隘的觀念。柏拉圖至少看到了藝術是多麼重要，而且提出了有關藝術的有趣問題。哲學家一般對藝術不太恭維，部分是因爲他們把藝術看作小事一樁，而且必須符合他們的形而上學或道德的一般理論才行。

麥基: 一般說來的確如此，不過有一位哲學家我想是不屬此例的: 德國哲學家叔本華（Arthur Schopenhauer, 1788－1860）。他同幾乎所有其他的哲學家不同，的確把藝術看作是人類生活的一個中心活動，並且能够談出一些真正深刻的東西。

默爾多赫: 你說得對。叔本華不贊成柏拉圖的意見，事實上他把柏拉圖的觀點完全翻了過來。柏拉圖把藝術看作是從智力上撫慰人的靈魂深處的自私和愚蠢。而靈魂的高尚部分則通過柏拉圖所稱的理念（Ideas）尋求現實的知識; 理念是普遍的理性概念，啓蒙的源泉，並與莫明其妙的具體事物形成對照。於是，根據柏拉圖的觀點，藝術是粗俗的具體事物，而知識則是理性的一般事物。在另一方面，叔本華則認爲，藝術代表人在現實中追求理念並能够傳播理念。他把理念描繪成在一定程度上在自然中實現了的、爲藝術家的想像力引發出來的並爲大衆理解的形式。叔本華認爲，藝術揭開了主觀性的面紗和迷霧，捕捉住流動的生活，使我們看到了真實的世界，這種衝擊真是美的享受。這是一種有吸引力的和崇高的藝術觀，因爲它把藝術描繪成一種道德的和智慧的努力，並且像哲學一樣具有解釋世界的使命。這還說明，好的藝術既有非常一般的一面，也有非常具體的一面。東方宗教也提出了某些近似的觀點。然而，我不能接受柏拉圖的“理念”觀，哪怕是作爲解釋藝術家怎樣工作的一種比喻。當然，我們的思維也許可以被認爲是“強加於世界的形式”。而哲學家也一直在我們和自然之間尋找某種內在的親緣關係。對此，我並無任何一般的哲學觀點，我認爲在這個問題上把哲學和藝術加以類比會走得太遠。藝術家進行創作時可能會遇到大量難以理喻的任意性材料，並爲此自鳴得意；而也許偉大的藝術家看起來僅僅是“解釋世界”，儘管他們只是解釋世界的某些部分。康德則是糊塗的多，高尚的少；由叔本華“修正”的藝術地圖在某些方面卻比較現實。藝術並不是那麼“容易理解的”。但我確實發現叔本華的藝術觀比較友善，因爲它把藝術描述爲人積極地運用智力和道德才能，是克服自我、放眼世界的一種企圖。

　　叔本華在哲學家中是一個例外，因爲它顯然
是熱愛和推崇藝術的。許多論述這一題目的哲學
理論卻沒有這份想像力，無非是以一種相當局限
的觀點與另一種局限的觀點對立，如：藝術是爲
了藝術的藝術，還是爲社會的藝術？

叔本華把藝術描述爲人積極地運用智力
和道德才能，克服自我、放眼世界。

麥基: 藝術哲學的共通問題之一就是它的排他性。
　　一旦你認爲，所有藝術都必須具有某種符合你自
　　己的理論類型時，那麼接踵而來的是"凡是不符
　　合你的理論的東西都不是藝術"。

默爾多赫: 幸虧藝術家一向對哲學家不太注意。但
　　有時哲學是可以損害藝術的，它能使人們盲目追
　　慕某些藝術類型，或只能產生某些類型的藝術。

麥基: 根據馬克思主義者的理論，藝術有一項具體
　　的功用，就用充當社會革命的手段。的確存在大
　　量馬克思主義類型的藝術——小說、戲劇、繪畫、
　　雕塑等等。而我不得不說，創作它們的那種衝動

根本不是一種真正的藝術的衝動。它只是宣傳的技倆而已。

默爾多赫: 我當然不相信為社會服務是藝術家的任務。但馬克思主義者相信這一點，儘管他們中間曾發生過藝術應該怎樣服務於社會的著名爭論。一些馬克思主義者認為，藝術應當是一些為當前革命形勢服務的小冊子和標語，小說家和畫家應當抨擊"社會的敵人"，歌頌社會目前所需要的那種人。現代蘇聯畫上高尚的農場工人和女科學家，就是這種極端的情感藝術的典型。另一種比較明智比較自由的馬克思主義文學觀則認為，文學是對社會的深刻分析。匈牙利哲學家盧卡奇(George Lukács, 1885－1971)在被迫承認他的"錯誤"之前，所持的就是這一觀點。他在"現實主義"（realism）——對社會結構的一種具有想象力的探索和"自然主義"（naturalism）——對社會結構作瑣碎的、感情用事的複製之間作了一個區分；他把十九世紀偉大的小說家說成是現實主義小說家，因為他們道出了關於社會的深刻和重要的真理。我想他對這些小說家的讚揚是正確的。但馬克思主義者所感興趣的社會分析，並不是這些作家的主要目的，也不是他們要做的唯一工作。只要一個作家對自己説，"我要通過我的作品來以這種或那種方式改變社會"，他就可能把自己的創作搞得亂七八糟。

一個作家只要試圖通過自己的作品去改變社會，他就可能把自己的創作搞得亂七八糟。

麥基: 那我們怎樣看待英國文豪狄更斯(Charles Dickens, 1812－1870)呢? 他似乎真有社會目的(當然還有其他目的)，而且他的確造成過相當大的社會影響。

默爾多赫: 是的，狄更斯設法去做好每一件事，做一個有想像力的偉大作家和一個堅持不懈的、直率的社會批評家。我認爲他所處的社會的種種醜聞劣迹，與最深刻地激發他的想像力的那種社會性刺激密切相連。他能把所有這些東西融入他的天賦，使你很少覺得他是在以某種異己的社會觀點"向你說教"。然而人們也會注意到，他最"抽象的"的小説《艱難時世》(*Hard Time*)也是他不太成功的作品之一，而他最有成效的社會批評則是通過活生生的、感人肺腑的人物，如《荒涼之屋》（*Bleak House*）中那個給人家掃地的小男孩喬（Joe）來實現的。由於他創造人物的能力，也由於他的那種與社會變革幾乎無關而深沉非凡、富有想像力的眼光，狄更斯是個偉大的作家。《埃德溫‧德羅德》（*Edwin Drood*）則比《艱難時世》好，處心積慮、急於求成的說服，只能使作品膚淺乏味。埃利奧特（George Eliot, 1819－1880）的作品當時就給人這種感覺，他不像狄更斯那樣做得"神不知鬼不覺"。

麥基: 這樣一來，藝術作品不僅本身不是一個目的，而且變成了實現某種比藝術本身更狹隘的目的的手段。

默爾多赫: 是的。我已說過，我認為藝術家作為藝術家，對社會並不負甚麼責任。一個公民有對於社會的責任，一個作家有時會覺得他應該去寫說教性的報刊文章或小冊子，但這是一種另當別論的活動。藝術家的責任就在於藝術本身，是以自己的方式說明真理，作家的責任是去創作他所能創作的最好的文學作品，而且他必須自己決定怎樣才能做到這一點。這看起來可能是藝術家和公民之間的人為區別，但我認為是值得以這種方式思考的。一齣根本談不上藝術價值的宣傳劇可能會使人誤入歧途，哪怕它背後是如何用心良苦。如果嚴肅的藝術是一個基本目的，那麼實現某種形式的正義也應該是一個基本目的。社會主題一旦表現爲藝術，它就變得更清楚了，儘管它並不一定馬上會使人信服。任何藝術家都可以通過無意中揭示了人們還沒有注意到或没有理解的東西而爲社會服務。想像是一種揭示，也是一種解釋。這也就是所謂藝術模仿的部分含義。任何社會都搞宣傳，但是把宣傳與藝術區分開來並保護藝術實踐的純潔性和獨立性，是十分重要的。一個好的社會可以容納許許多多各行其事的不同藝術家。一個壞的社會則强制藝術家，因爲它知道他們能揭示出各種各樣的真理。

麥基: 我們首先討論了哲學和文學之間的區別；然後是有關文學的哲學色彩；現在我們再來談談文學中的哲學。我的意思有幾點。先以小説爲例。首先，有些著名哲學家或像哲學家的思想家，本身又是小説家: 如法儒伏爾泰（Francois Voltaire, 1694－1778）、盧梭，或當代的薩特。其次，在其他小説家中，出現了一些受到哲學觀念影響的人。俄國大文豪托爾斯泰（Leo Tolstoy, 1828－1910）在給《戰爭與和平》寫的跋中，表示他希望通過這部小說表達某種歷史哲學。陀斯妥耶夫斯基(Fyodor Dostoevsky, 1821－1881)則經常被存在主義者説成是最偉大的存在主義作家。法國作家普魯斯特(Marcel Proust, 1871－1922)在《尋找失去的時光》(*A la recherche du temps perdu*)中，對時間的本質問題表示了深深的關切，這也是哲學家從古至今一直關注的問題。你能否就哲學在小説中的作用問題談談自己的意見?

默爾多赫: 我看哲學在文學中並不存在甚麼"一般的作用"。人們談論托爾斯泰的"哲學"，但那只不過是一種説法而已。而英國的蕭伯納(Bernard Shaw, 1856－1950)則是作家自以爲有"自己的哲學"的一個極壞的例子，幸虧他的"理念"並没有過分損害他的戲劇。埃利奥特(T.S. Eliot, 1888－1965)説過，思考不是詩人的任務，而且既不是意大利詩人但丁(Alighieri Dante, 1265－1321)也不是莎士比亞能夠做得到的。我理解他的意思，儘管我不會像他這樣説。當然，作家是受他們時代的觀念影響的，並且也許對哲學的變化感興趣。但是他們所表述的哲學思想很可能只是很不全面的。我認爲，哲學一旦進入文學作品，它就變成了作家手中的一種玩物，而且只有這樣才對頭。提出思想，發表議論，並無嚴格的成規可循，規則可以有不同的規則，真理可以用不同的方式表達。如果一部所謂"理念小說"藝術上不成功，那麼它所表達的理念，若有的話，換個地方可能表達更好。如果它是好的藝術，其理念既可以溶化在藝術中，也可以像托爾斯泰的作品那樣，時不時露出一點小小的思想機鋒，讀者因爲作品其他部分的緣故會心甘情願地加以接受。十九世紀偉大的小說家在他們的作品中不知不覺地做成了許多"觀念遊戲"，但我們不能把這種情況看成是哲學。當然，藝術家批評他們自己的作品，或者對自己的作品作理論分析，也許不很"哲學"，但可能卻比哲學家的推理更有趣味！托爾斯泰的《甚麼是藝術？》(*What is art?*) 一書充滿了古怪的說法，但它表達了一個深刻的中心思想，即好的藝術都是宗教性的、都是體現了時代最高的宗教思想的。有人可能會說，最好的藝術能夠以某種方式對每一代人解釋宗教概念。我比較同情這種說法，儘管它不是用哲學方式提出的。

麥基：我不敢肯定我完全同意你的意見。在《戰爭與和平》中，托爾斯泰告訴我們，表達一種歷史哲學是他的小說之所以存在的一個理由。或以英國著名小說家斯特恩(Laurence Sterne, 1713－1768)的《項狄傳》(*Tristram Shandy*)為例。這部小說直接受到洛克關於觀念的聯想性(association of ideas)理論的影響: 小說中不僅提到過這一理論,而且提到這一理論時顯然都是與小說本身有關的。換句話說,斯特恩是在**有意識地做**一件與洛克的觀念聯想性理論有關的事情。因此,用哲學觀念構造起來的偉大小說的確是存在的。

默爾多赫: 也許是因為我覺得在小說中生硬地塞進理論或 "哲學理論" 是非常恐怖吧。我可能會寫一些有關哲學的東西,那是因為我碰巧懂得哲學。如果我懂得輪船,我就會把輪船寫進去; 但在某種意義上,作為一個小說家,我寧願懂得輪船也不願懂得哲學。當然,小說家和詩人是懂思考的,而且偉大的藝術家思考得特別好(埃利奧特在文學上也不怎麼樣),但那是另外一回事。托爾斯泰,或者別的甚麼人可能會說,他寫作的目的是要"表達一種哲學",那為甚麼我們會認為他成功了呢? 盧梭和伏爾泰無疑是寫"理念小說"的能手,並且在他們的時代很有影響力。而現在他們似乎已經過時了,基本上已經死了,這是對理念小説這種形式的懲罰。我能記起一本我非常欽佩的哲學小說，就是薩特(Jean-Paul Sartre, 1905－1980)的《嘔吐》（*La Nausée*）。這部小說的確表達了一些有關偶然（contingency）和意識(consciousness)的有趣觀念，而且作為一部藝術作品，不需要借助作者在其他地方表達的理論來閱讀。這是一本稀世奇珍。當然，它在哲學上也是"新鮮的"。

麥基: 好，我們就來談談薩特的《嘔吐》。我同意你的意見，這本書的確寫得好極了。但它也表達了某種哲學理論，對吧？用小說的形式成功地表達一種哲學理論，這的確是絕無僅有的成就，但既然薩特做到了這一點，就證明這是可以做到的。我認為，你我之間存在重要的意見分歧，我們根本不可能在這次討論中消除它。在我看來你是在說，哲學本身在想像創作中沒有任何地位，充其量只能像其他可以作為素材的東西一樣作為創作的素材。而我想要說的是：一些重要的小說不僅把哲學觀念用作創作素材，而且把哲學觀念用作整部小說的結構。

默爾多赫: 薩特也許是個特殊例子。他的早期哲學就有一股"文學味"，《存在與虛無》(*L'Etre et le*

Néant）就充滿了"意象和對話"。薩特强調黑格爾哲學帶有戲劇性的方面，它充滿了歷史事件，而在其中，思想運動是通過形式的對立和衝突來展現的。戲劇表現"理念"一般比較自然，不過這裏可能也有某種錯覺（如對蕭伯納的作品）。我不清楚薩特寫的劇本因其具有强烈的理論動機而受到了多大的損害，抑或避免了多大的損害。可以肯定的是，人們從薩特的其他小説和德·博瓦爾（Simone de Beauvoir, 1908 － 1980）的小説中——雖然我非常喜歡他們的小説——可以看到，"存在主義的聲音"一旦露頭，藝術就僵化了。總之，**我不大贊成説，好的文學作品的深層結構可以是一種哲學的結構。**我認爲這不僅是個詞語之爭。無意識不可能造就哲學家。無論好壞藝術都比哲學走得更遠。藝術中的理念必須從根本上改頭換面。想想莎士比亞的作品表達了多少有建樹的思想，同時又表達得絲毫不露痕迹！當然，有些作家表達思想要張揚得多，但像狄更斯的作品，這種張揚的表達具有美學價值，因爲其中的理念是通過人物的媒介與作品中並不抽象的次結構渾然一體了。當我們問一本小説寫的**是甚麼**的時候，我們問的是小説深層的東西。普魯斯特是寫甚麼的？爲甚麼不乾脆讀法國哲學家柏格森

（Henri Bergson, 1859－1941）的作品呢？而在觀
念之下，更有道德因素的存在，好的文學作品的
結構，總是反映出性愛的神秘和善惡之間深層的
決鬥。

麥基：如果小說作家寫道德問題不止於觀念，而
是要較此更加深刻，那就是說，小說家在創作
過程中不僅必然會遇到道德/哲學的假定前提
（presuppositions），而且會涉及道德/形而上學
的假定前提。我的意思是說，任何故事，任何描
述，都必然會體現出一定的價值判斷。無論是遣
詞造句，還是挑選敍述和描述的題材，都是這樣。
因此，根本不存在一種價值判斷不在其中作為結
構的方式。對這些價值判斷的性質進行考察，是
一種哲學活動，就連對它們的嚴肅批評也不例外。
如果你寫的故事是一個有關人和人與人之間關係
的嚴肅東西，你就根本不可能避免暴露出許許多
多複雜而深刻的道德前提。

任何故事都必然會體現出一定的價值判
斷。而對這些價值判斷的性質進行考
察，就是一種哲學活動。

默爾多赫: 我同意。價值判斷是不可避免的。文學不僅表達價值，而且表現得十分清楚。文學中的確存在重要的道德前提，例如關於宗教和社會的內容，並且隨着"思想氣候"的變化而變化。宗教信仰的普遍沉淪和社會等級制度的消亡，深刻地影響了文學。我們的意識在改變着，而這種變化在形成理論之前可以先出現在藝術中，儘管理論形成之後也可以反過來影響藝術。我們不妨在此提一下一個當代的批評家學派，他們對意識的最新變化是特別感興趣的。我指的是形式主義文學流派(literary formalists)，他們試圖創造一種出自結構主義哲學的文學批評。"結構主義"(Sructuralism)是一種非常普遍的哲學態度的名稱，起源於語言學和人類學，主要思想家有索緒爾(Ferdinand Saussure, 1857－1913)和列維·施特勞斯(Claude Lévi-Strauss, 1908－　　)。

麥基: 你說結構主義起源於語言學。我想這樣說明一下。你和我是通過說出句子來進行交際的，每一個句子字數都不多。但要別人聽懂我們的話，光知道我們用的詞是不夠的，他必須熟悉整個語言系統，例如我們現在講的是英文的系統。這一觀點是針對十九世紀隨着科學的發展而產生的一種觀念提出的。當時認爲，爲了理解某件事物，就必須把它孤立起來，或者說必須通過顯微鏡對它進行觀察。結構主義的基本思想就是反對這種觀念，認爲"真正理解現象的唯一方式是把它們與更大的結構聯結起來。事實上，理解一詞本身就涉及到事物與結構的關係。"把這一觀點運用於文學，就導致了把每部作品都看作是一種詞的結構（word-structure）的觀點。

默爾多赫: 是這樣的。這種觀點表達了對語言的某種帶有焦慮的自我意識，這在文學中至少從法國大詩人馬拉美（Stephane Mallarme, 1842－1898）以來就很明顯，而且在語言哲學中也有所表現。可以說維特根斯坦就是一個"結構主義者"，因爲他認爲"符號本身不能表達的，運用符號的時候就能表達"。這個理論的許多方面都不是新的；有着文學的和哲學的交叉來源，如現象學派（phenomenologists），超現實主義（Surrealists）和薩特思想，而且也不是一個嚴密的學說。形式主義者感興趣的"意識的變化"，是我們意識到自己是運用符號的動物，通過表義活動"構成"世界和我們自己。這是哲學的或半哲學的假定可以影響文學的例子，正如馬克思主義的假定可以影響文學一樣。這是一種文學理想主義或文學一元論。形式主義者想糾正我們那種也許可以稱作"現實主義謬誤"的缺陷，由於這種謬誤我們以爲我們能夠透過語言看到語言以外的一個獨立的世界。形式主義認爲，如果語言締造了(make)世界，就不能用語言來意指（refer to）世界；作家必須明白，他生活和活動在一個"意義世界"（significance-world）中，不可能穿過這個世界或在符號的網絡下爬行。這一理論使許多形式主義者捲入了對現實主義小說和"閑適文學"俗套的抨擊，認爲把語言當作一種簡單的、透明的媒介加以使用是錯誤的。傳統的故事、傳統的物體、傳統的自我及其各種實在的動機，都是由於對語言的誤解而造成的"假整體"。關於自我不是一個統一體的觀念，可以追溯到休謨；而懷疑語言本身是一種基本錯誤的想法，可以追溯到柏拉圖。自浪漫主義運動以來，不少文學作家逐漸對這些觀念感興趣，並玩弄它們。形式主義企圖重新地描述和解釋這個漫長和複雜的過程。這樣一種企圖必然是有價值的和有趣的，但我本人發現它的範圍和用語太狹窄。我認爲文學的變化是更神秘的、更缺乏統一性的；文學形式的多樣多變，也是形式主義批評家無從估量的。形式主義如果走向極端，就可能變成一種形而上學的理論，並且會像這類理論常見的那樣，否定對事物作有用的和必要的區分，在文學而言就是否定自我和世界之間的區分；否定對語言的指義性（透明性）在使用量上的區別。任何藝術家都知道何為觀察世界，距離和相異性是他遇到的首要問題。昔年約翰遜（Samuel Johnson, 1709－1784）博士用踢石頭的辦法"反駁"哲學家貝克萊（George Berkeley, 1685－1753），就是出於對形而上學企圖抹殺必要的區別的義憤。作家必須自己作出選擇，應該按照自己的喜好和能力去運用語言，而不必屈從於某種理論，弄得自己不敢實話實說，反而用誰也聽不懂的方式去拼湊甚麼自我意識的文學。一些形式主義者試圖從其學說中發展一種"詩學"（poetics）；這是一種中性的半科學理論，它與文學之間的關係就如同語言學與自然語言之間的關係一樣。但是，這樣一種"超語言"必須依靠某種中性的方法從分析材料中找出基本要素，但他們對於文學的"基本要素"究竟是甚麼，卻似乎無法達到一致的看法。我覺得，所有有趣的和重要的意見分歧自始即存在，因此所謂的"超語言"會受價值判斷的"感染"。除非這種理論是極端抽象的和簡單的（並因此是不充分的），否則它只能演變成爲另一種的文學批評。我們同藝術作品之間有着各種各樣的關係。一部文學作品是一個極其繁複的客體，而美學批評往往是將某種一般理論及其批評客體之間的"表面"關係結合一起，而且是評者自評，看者自看。當然，當學生的總是希望擁有某種"批評理論"才放心，而簡化則可減輕創造性思維所帶來的艱苦。但批評家背後如果沒有複雜系統的理論（科學的或哲學的），則處境較好。一個好的批評家是一個博學多才、揮灑自如的人。我也不會接受那種認爲"没有任何理論"實質上就是採用"資產階級"理論的偏頗論調。當然，我們生活在與生俱來的歷史局限之中。但作爲批評家、思想家和道德傳播者，我們可以努力去理解我們的直覺和態度，分清甚麼是真正的價值，甚麼是狹隘的偏見和愚昧的習俗。"資產階級的時代"帶給我們某些道德概念，如權利的觀念、個人自由的觀念，這些都是我們認爲有恒久價值的東西。這個時代還產生了偉大的文學，

美學批評往往是將某種一般理論及其批評客體之間的"表面"關係結合一起，而且是評者自評，看者自看。

不僅否定了許多過時的觀念，而且歌頌了許多我
們至今仍然保有的價值。文學的概念涉及的是一
個可以上溯到古希臘時代的人性概念。這是爲甚
麼我們能夠理解荷馬和哀斯奇勒斯（Aeschylus,
公元前4世紀）。確切地說，文學是人性概念的主
要傳導者和創造者。任何試圖將人們與偉大的文
學傳統割裂開來的理論，都會奪去人們的歷史教
育和道德教育，奪去人們無限的樂趣。

麥基：實際上，形式主義理論影響下的文學，傾向
於作爲鑒賞家圈子的玩意，而不是具有廣泛感染
力的文學。我認爲，常識上假定語言與人和物的
世界有關，對於任何將擁有廣泛讀者的文學，都
是一個必要的基礎──而這肯定是一個事實：自
莎士比亞以來的許多真正偉大的作家，都得到了
世人廣泛的理解和欣賞。我不得不承認我在這一
爭論中有偏頗性。無論在文學中，還是在哲學中，
我都不大希望看到詞語本身成爲興趣的焦點。我
認爲在上述兩種活動中詞語都只能被看作是聯繫
人們與世界的媒介，而不論所指的是人的世界，
還是物的世界；是自然的世界、問題的世界、觀
念的世界，還是藝術作品的世界。

默爾多赫：是的，不過我認爲應該讓藝術家自己去

決定如何使用詞語。從未聽說過形式主義的作家寫出的作品，也可以引起形式主義者本身的興趣。斯特恩的《項狄傳》和喬伊斯（James Joyce, 1882－1941）的《爲芬尼根守靈》（*Finnegans Wake*）這兩本書即使沒有任何理論支持也是真正的藝術。我們對理論的判斷，是看它能否對我們熟悉的事物的狀況作出解釋。如果一種理論對我們熟悉的現象提出了責難，我們必然會作出自己的判斷。我知道過去有哪些偉大的作家，我不會用某種理論去衡量他們，而是用他們來衡量理論。當然，如果有人在這兒撿起"形式"這個詞，提出文學就是藝術，因此是形式上的創造，並在某種意義上是一種自成體系的東西；一首詩、一齣戲、或一本小說通常表現爲一種封閉的形式，這也未嘗不可。但是，就文學涉及超越它自身的現實來說，它又是開放的，而這種"涉及"就和前文提到的真理問題有關了。**藝術旣是眞理，又是形式，旣是表現性的，又是有獨立存在的地位。**當然，信息傳遞可能是間接的，但是偉大作家的模棱兩可創造了我們能夠探索和欣賞的廣闊空間，因爲它們是通往現實世界的，而不是形式化的語言遊戲或個人幻想的狹窄縫隙；我們不厭煩偉大的作家，因爲真實的就是有趣的。托爾斯泰的"藝術是宗教"的觀念在這兒完全適用。如我所説，任何嚴肅的藝術家都會感覺到在他自己和某種令他感到謙卑的"物"之間的距離，因爲他知道這種東西比他所能表達的東西都遠爲詳細、遠爲奇妙、遠爲糟糕或遠爲令人驚異。這種 "物"就是我們所説的 "現實"、"自然"或 "世界"；這也就是説它是人們決不能放棄的一種方式。美之於藝術，是

嚴肅的藝術家會感覺到自己和"自然"間的距離，因爲"自然"比他所能表達的更爲奇妙、糟糕或令人驚異。

用形式化的想像力來展示真理，批評的自由必須保持在一種能夠判斷藝術中真理的水準之上。藝術家和批評家都應該觀察兩種事物：反映（rep-resentation）和"他物"（other）。這種觀察絕不簡單。藝術的訓練主要是把握真理檢驗標準的訓練；而批評也應該進行相似的訓練。

麥基：最後要談的是關於語言運用中的某種自覺性的問題。不過我想先提出一個與另一個問題有關的問題。二十世紀哲學的一個突出特徵，尤其是在英美世界，是對語言的一種新的關注，其結果

是確立了一種保證詞的最精煉和最審慎運用的、關於語言功用的嶄新自覺性。這多少對小說寫作發生了影響嗎？作爲哲學家兼小說家，你寫小說的方式是否首當其衝地受到它影響呢？

默爾多赫: 人們與語言的關係存在着一種危機，這一點都不假，我們越來越意識到這一危機，並因而受其影響。

麥基: 那麼不可避免的結果便是，你再也不能像十九世紀的小說家那樣寫作了。

默爾多赫: 當然，我們遠遠比不上十九世紀的小說家，同時我們的寫法也不同了。

麥基: 這是一個極使人感興趣的問題。你能說說爲甚麼你們不能像他們那樣寫作嗎？

默爾多赫: 這個問題很難回答。作家觀察事物的角度和他與他筆下的人物的關係充分顯示了他的道德態度；我們與十九世紀作家之間在技巧上的差別，是反映了一種道德的變化，但卻很難對此作出分析。總的來說，我們的作品諷刺較多，信心較少。我們比較膽小，避免給人以不諳世故、天真稚嫩的印象。故事以遠爲狹隘的形式與作者的

意識相聯繫: 作者的意識是以人物的意識來進行
敘述的, 通常看不到作者作爲一種外在的、權威
的智慧來直接進行判斷和描述。十九世紀小說家
的寫作, 現在似乎被當作一種文學手法, 而且有
時的確被當作 種手法來使用。如我前面說過的,
我認爲文學是有關善與惡之間的鬥爭, 但是這一
點在現代作品中表現得並不清楚, 因爲現代作品
往往缺乏道德勇氣的味道, 它所表現的人物通常
是平庸的。許多東西都能引起文學的變化, 但關

文學是有關善與惡之間的鬥爭, 但這點
在現代作品中表現得不清楚, 因爲他們
大都缺乏道德勇氣的味道。

於語言的自覺性與其說是引起變化的原因, 不如
說是變化的迹象。組織化宗教的削弱, 也許是近
百年來我們所遇到的最重大的事情。十九世紀偉
大的小說家把宗教看成是天經地義的東西。社會
等級制度的廢除和宗教信仰的喪失使判斷變得複
雜化了, 心理分析(psychoanalysis)的興起更有
推波助瀾的作用。所有這些變化是如此顯著和富
有挑戰性, 以致於聽起來仿佛我們比前輩幹得更
好, 但事實並非如此!

麥基: 我們的討論已接近尾聲了，在結束之前，我想請你深入談談作家與他筆下的人物的關係表現了他本人的道德立場這個問題。

默爾多林: 語言自身是一種道德媒介，語言的用處不過是傳遞價值。這一點正是我們爲甚麼總是在道德方面非常活躍的一個原因。生活沉浸在道德之中，文學沉浸在道德之中。如果我們試圖描述這個房間，我們的描述將自然地帶有各種各樣的價值觀。只是爲了科學起見，才不得不人爲地把道德從語言中排斥出去，而這樣做也是相當困難的。小説家通過他的各種作品顯示他的價值觀。如果他的主題是人的行爲，那他就不可避免地要做出道德判斷。我前面説過，一本藝術著作既是寫實的，也是形式的，當然這兩種需要有時是會出現矛盾的。在小説中，這種衝突有時表現爲人物和情節之間的衝突。作家是限制和强迫他的人物去適應情節呢，還是適應他自己的判斷和主題？抑或他抹去自己的色彩而讓人物獨立發展並互相獨立、不去考慮情節或任何總的"基調"、"氣氛"呢？尤其是，作家怎麼表現他的人物的道德喜好和厭惡？他必須自覺或不自覺地去做這些。他怎麼證明好人是好人，怎麼讓他出場或者暗示他的存在？作者的道德判斷是供讀者呼吸的空氣。人們在這裏能非常清楚地看到盲目的幻想和有遠見的想像之間的區別。蹩腳作家聽命於個人的迷戀，吹捧一些人物，貶低一些人物，沒有任何對於真理或止義的關心，這種作法是任何美學理論都無法做出恰當解釋的。從這裏可以清楚地看到，現實的觀念是怎樣進入文學判斷的。好作家是公平的、明智的法官。他通過在書中所下的"功夫"來安排他的人物的位置。而像煽情這種文學錯誤，正是不肯下功夫的理想主義的結果。這種功夫當然可以有不同的類型，而各種安排人物的方法，以及人物與情節的關係、主題的各種關係，都可以產生出好的藝術。批評則主要是注重達到這一目的的技巧。一個偉大的作家能夠把形式和人物巧妙地結合起來（想想莎士比亞怎麼做的吧），以便產生一個巨大的空間，在其中人物能夠自由地生存，而且同時服務於故事的目的。一部偉大的藝術作品給人以巨大的空間感，仿佛讀者被邀進了一個巨大的殿堂，容讓他反覆思考問題。

麥基：你是否在說，想像性寫作儘管是想像出來的，但它歸根結蒂必須根據對現實的一定程度的接受為基礎，甚至以尊重現實中的事物為基礎？

默爾多赫: 我想，從某些意義上看，藝術家經常都
　　具有革命的傾向。但我認爲，好的藝術家有一種
　　現實感，可以說他們理解"事物是怎麼樣的"以及
　　"它們爲甚麼會這樣"。當然，"現實"在哲學上
　　是一個出了名含糊不清的概念，而我用這個詞是
　　要說明，嚴肅的藝術家不僅觀察世界，而且還要
　　看到比世界更多的東西。偉大的藝術家能夠看到
　　其他人因自我中心的焦慮而看不到的奇景異觀。
　　但是藝術家所發現的不是某種分離的和特別的東
　　西，某種形而上學的海市蜃樓。藝術家用他的個
　　性來從事他的工作，他在常識意義上的世界内工
　　作，而且通常也接受這個世界。藝術其實是溝通
　　（只有精明得走火入魔的人才會否定這一明顯的
　　真理），這就需要把最遠的現實同最近的現實融
　　合在一起，這是所有誠實的探索者必須做的。這
　　也是批評家必須注意的東西。在甚麼情況下抽象
　　繪畫是壞的藝術，甚麼情況下它根本就不是藝
　　術？抽象畫不僅僅是任意的幻想和刺激，它還是
　　與空間和色彩的本質相關聯。抽象畫家展示的世
　　界，是一個顏色被看作物體表面的世界，他是否
　　意識到這一點正是他的難題之一。審美觀和"一
　　般的"現實之間這種緊張狀態會導致非常審慎、

非常困難的判斷。文學是和我們生活的方式相關聯的。一些哲學家說，自我是非連貫性的（discontinuous），一些作家就去探究這一觀念，但這種作品（和這種哲學）是發生在我們有充分的理由去假定自我是連續性這樣的世界上的。當然，這並不是說應該去搞"現實主義"創作。而是說，藝術家不能迴避真實性的要求，而他決定怎麼在藝術中道出真理，無疑是他最重要的決定。

麥基：你是否認為接受現實意味着某種廣義上的保守呢？我的意思是說，這種對現實人事的接受可以源自某種認真的旨趣，也可以與愛有關。至少對人而言，或許有一個詞比"保守"好，那就是"寬容"。

默爾多林：我認為所有偉大的藝術家在他們的藝術中都是寬容的，不過這也許經不起推敲。但丁這個人夠寬容了嗎？我認為大部分偉大作家都有一種平靜而仁厚的眼光，因為他們能理解人是多麼不同以及他們為甚麼不同。寬容同有能力去想像與自身關係不大的現實是聯繫在一起的。荷馬、莎士比亞和其他一些偉大的小說家，他們的作品中就不乏寬容、大度和仁慈的氣息。偉大的藝術家能夠看到的自己以外的各種非常有趣的現象，

但卻並不以自己的意象去勾勒世界。我認爲，這
種仁厚的客觀性是一種美德，而當極權國家迫害
藝術的時候，它所要摧毀的正是這種美德。

15

哲學的
社會基礎

與

蓋爾納
(ERNEST GELLNER)

對談

引——言

麥基: 在這次討論中，我們打算將當代哲學多彩多
姿的發展統統置入一個總框架內來考察。就是說，
一方面我們將從現代西方社會的角度去考察現代
西方哲學，另一方面我們還要循着現代西方哲學
的歷史軌迹去考察它，以便瞭解西方哲學的中心
主題究竟爲何和如何發展起來的，並由此出發揭
示其當前發展的新特點。

　　哲學家使用"現代哲學"一語時，他們指的是
法國哲人笛卡爾（René Descartes, 1596－1650）
以來的哲學。它盛行於十七世紀早期。從那時起，
西方哲學一直按照一個持續不斷的然而是十分複
雜的傳統軌迹發展。所以，我們必須在這一背景
之下考察我們今天的哲學。在笛卡爾以前的數百
年中，情況卻是另一般景象。那時只存在一種世
界觀，即建立在基督教基礎上並由政治權威強制
的世界觀。對這種神權的世界觀的任何公開質疑
都遭到禁止，並通常要受到死刑的處罰。與今天
相比，不禁使人想到，那時人們的知識幾乎是固

定的，或者至少變化非常緩慢；任何情況下都是以不變應萬變，因爲這種世界觀的權威就是上帝的權威，就是上帝設在人世間的教會的權威。直到文藝復興和宗教改革之後，才出現了新科學及它那令人眩目的發展，並和其他相關因素一起促成了觀念的更新。舊有的確定性遭到破壞，古老的權威也隨之傾覆。這就產生了一個尖銳的問題：怎樣才能證實我擁有的是真確的知識？這是一個至今懸而未決的問題。在相當長的一段時期內，人們一直認爲科學能爲我們提供絕對無誤的真理，但現在我們明白這是不可能的。

爲了從歷史的和社會的角度對當代哲學展開認真的討論，我請來了蓋爾納（Ernest Gellner）先生。他既是一位職業哲學家，又是一位職業社會學家。具體地說，他是倫敦經濟政治學院專長於社會學的哲學教授。

麥基: 在我看來不言而喻的是，當代哲學只能在我剛才所概括的歷史和社會背景之下才能得到正確的理解。然而在你們職業哲學家中，許多人對此似乎都是若明若暗的。你同意這個說法嗎？

蓋爾納: 我非常同意你提出的兩個主要觀點。雖然我也許對你的一些枝節之論有所保留，但你所說的那兩個主要論點在我看來是完全正確的。首先，你所界定的現代哲學，基本上是一種關於十六和十七世紀以來社會和知識變遷的評註(儘管這種評註有時並非是有意識)；而且只能從這個角度出發才能被正確地理解。第二，人們對此並沒有足夠的認識。

現代哲學是關於十六和十七世紀以來（西方）社會和知識變遷的評註，特點是知識對生活所起的中心作用。

麥基: 其實, 我們只要從這個角度看一看現代哲學,
就能清楚地瞭解爲甚麽自笛卡爾以來, 哲學的中
心問題一直是知識的問題。我們知道甚麽? 我們
是否真的知道——也就是說我們是否對事物有絕
對肯定的瞭解? 如果我們知道, 那麽我們怎麽知
道我們知道?

蓋爾納: 如果只用一個特點來概括現代哲學, 那就
是知識對生活所起的中心作用。在這之前, 知識
僅爲構成生活的許多要素之一, 雖然重要, 但同
時還有其他的問題, 因此知識是處於世界之中的。
而現代思潮的特點卻是世界處於知識之中了。這
裏出現了一種顛倒。

麥基: 你是否同意我這樣說: 這種顛倒是由於——
或許是間接的——知識領域中既定權威的崩潰造
成的? 以前, 人們之所以確信他們所知的東西,
是因爲上帝說事情是這樣的; 或者因爲上帝的世
俗代表教會說是這樣的。但是一旦這些權威遭到
破壞, 人們又何從知道甚麽是真實的呢?

蓋爾納: 對, 同意你的看法。不過, 舊秩序真正的
重要特徵不在於它的宗教性質, 而在於它的穩定
性。社會能夠在穩定的情況下信心十足地用它自

己的觀念來灌輸。而現在，穩定性不復存在了。**我們今天的社會或許是有史以來唯一能夠容忍持續不斷的知識增長的社會**。現在人們一心想着經濟增長，但經濟增長與知識增長是密不可分的。而從某些角度看，這種情況也可能是令人不安的。

麥基: 揀最重要的說說?

蓋爾納: 較之自然科學領域的成功，其他領域則是失敗的。人們對先前確信的東西現在不那麼確信了。相對而言，現在幾乎出現了**知識的後退**。

麥基: 我想你所說的知識的後退，大概是指人們對倫理和宗教信仰失去了信心吧?

蓋爾納: 他們不再像過去那樣確信道德的、社會的和許多其他方面的信仰了，而這與自然科學的輝煌勝利對照起來則更加顯出了失敗之慘烈。自然科學的不穩定情況是成功的。人們對自然科學的變化有相當一致的看法，基本上是認爲越變越好。誰也不十分清楚它爲甚麼會成功，但它基本上是成功的，而且越來越成功。其他領域的情況則不可相提並論了。

麥基: 在笛卡爾之前，人們所知不多，但就態度而言，他們卻比現代人確信他們認爲已知的東西。而在笛卡爾之後，人們的知識大大地擴展了，但他們確信的東西卻大大地貧乏了。

蓋爾納: 人們知識的地圖是極端不平衡。有些地方明顯地在增長。有些地方卻是停滯不前；有些地方更是後退、消減。尤有甚者，有增長的部分並不能幫助其他部分進步。這不僅是因爲它們正在發展中，因而是不穩定的。還因爲成功的知識往往是非常專門，再不能拿來討論其他一般的問題，再不能用作一般人的世界觀和生活態度的前提了。獲得了的知識變得專門化了，而且它們已不再由通常談論人事的用語表達，而是須用專門術語來叙述，因而也就無從左右人們對世界的看法，無從支配他們的社會生活了。

麥基: 在天賦知識這個信念遭到破壞之後，相當長一段時期內，人們一直在**尋求代替物**。也就是說，由於人們長期以來擁有上帝這樣一個可以用以對一切作出最終解釋的範疇，於是人們在相當長的時期內繼續尋找另一種也可以用來對一切作出最終解釋的唯一範疇。開始他們以爲在科學裏找到了答案。後來隨着新康德主義(neo-Kantism)的興起，歷史成了可以解釋一切的範疇。然後又出現了試圖把歷史和科學溶為一體、解釋一切的馬克思主義。直到我們有了典型的現代思想——能否說尼采（Friedrich Nietzsche, 1844－1900）的思想，人們才開始說："也許根本不存在可以用來最終解釋一切的唯一範疇。也許現實歸根結蒂本身就是多元的。也許它原來就是由許多不同的、分離的事物組成的；要理解它，就只能分別地去探究它。既然如此，任何單一的、無所不包的解釋性理論都只能是一種幻想，一個夢，並將阻礙我們按照現實去看待現實。"例如，英國哲學家羅素就堅持這種看法。它已經深深地滲入整個現代經驗論（Empiricism）裏了。

蓋爾納：我同意你的描述。不過我想我的歸納與你有所不同。與其說是科學取代了過去的確定性，不如說是獲得科學知識的**方法**。如果一個人對世界的看法不再是穩定的，但至少他確立自己世界觀的方法可以是穩定的。這也就是現代哲學的兩個主題之一：專注於研究知識論，它可以充當甄別知識真偽、從而揭示世界本來面目的試金石。如果世界是不穩定的，但至少我們藉此發現世界的工具可以是恆定的。從而也就間接賦予了世界一定的穩定性。這就引起了對這些工具如癡如狂的關注。現代哲學的第二個主題——例如馬克思主義已經對此作了示範——就是探求某種新型的形而上學；這種形而上學不是對超驗現實（transcendental reality）的描述，而可以稱作是一種人類社會的形而上學，即闡述人類的狀況或社會歷史的狀況的一般特徵。這兩條線索貫穿了過去三百年發生的歷史，而它們兩者的結合則僅僅是現代思想的產物。

現代哲學的兩個主題：一是專注於研究知識論；二是探求一種人類社會的形而上學。

麥基：你提到**馬克思主義**，可否談談作爲一套學術思想，馬克思主義有何成功之處？

蓋爾納：唔，基本上馬克思主義並没有取得多少成功。這套理論的優點是能透視人類狀況的社會基礎，並提出了一些很好的問題，但是這套理論犯了基本的錯誤。

麥基：你能否具體地談一下馬克思主義怎樣會問對了問題卻拿出錯誤的答案？

蓋爾納: 啊，這個題目可真大。馬克思主義問了一堆正確的問題，這些問題能幫助我們瞭解現代世界出現的先決條件。但是，當中亦不乏謬誤之見，其中至關緊要的，首推一種對烏托邦或救世主的期望。這種思想相信人類能臻於絕對完善的境地: 當掃除了現存的社會秩序的某些缺陷或弱點後，一個自動調節的體系降臨，在這個體系裏，所有的問題都會不復存在; 人類社會一日尚未達到這個終極境況，世上事物都是根本上錯誤的。這種烏托邦主義或彌賽亞主義一般可回溯到宗教思想中，或者馬克思(Karl Marx, 1818－1883)之前的德意志浪漫主義的絕對理想主義(absolute idealism)。更深入而言，馬克思主義對政治的性質的看法亦犯下了舉足輕重的謬誤。例如，認為政治(或對人民實行高壓統治)實際上不過是某類型階級結構的產物，一旦打破這個階級結構，政治就再不必存在——這個理論使馬克思主義的信徒忽略一個重要問題: 若情況剛好相反，由人來統治人民，以及由國家來管理經濟是不可避免，是人類社會的必不可少的部分，那麼我們應採納甚麼樣的政體，才可以同時履行經濟上的諾言和防範暴政呢?

麥基: 我想請你談談一種我們現在可以在大範圍內考察的哲學, 即**相對主義**(relativism)。顯而易見, 就像我剛才所說的, 人們一旦不再知道如何去證實他們的信仰時, 就可能會說:"也許, 信仰是不可能被證實的——它們都是同樣地可以成立, 或者同樣地不可以成立。"事實上, 現代世界中許多人產生了這種觀念——有個時期相對主義幾乎風靡一時。你認為它在現代思想中的地位如何?

蓋爾納: 相對主義認為, 每個社會都可以按照自己的準則生存, 沒有必要去追求一個共同的標準, 這種思想根本無法取代舊有的權威。如果它要作為一種填補權威真空的理論, 除非存在一些你可以生存其中、像島嶼社會那樣的族羣, 這些社會各具特徵。世界歷史上曾經出現過一些類似的但並非完全吻合的情況。有一個著名的故事: 有人去阿波羅神殿請神籤, 詢問應該遵行甚麼禮儀, 答曰:"到一個城邦就遵從那個城邦的禮儀。"這在古希臘是行得通的。因為在亞歷山大大帝(Alexander the Great, 公元前356－323)之前, 那裏存在着許多獨立分治的城邦, 如果要求一個人遵從他所居住的城邦的禮儀, 他是做得到的。但是, 如果不存在分治的城邦, 那麼當你告訴一個人到羅馬裏像羅馬人那樣做時，他簡直不知道你叫他去做甚麼。今日社會單位的變動太大，極不穩定，而且是相互纏結、相互交錯的。

有一個著名的故事：有人去阿波羅神殿請神籤，詢問應該遵行甚麼禮儀。得到的答案是：遵從身處的城邦的禮儀。

麥基：一個相對主義者很可能要問你："既然你要否定我的相對主義，那你必須告訴我另一種可以從許多信仰中確證一種信仰的方式。"

蓋爾納：現代哲學的主流傳統在這方面並沒有失敗。知識論就是一種理論，試圖整理出衡量知識有效性的標準，雖然它並未取得徹底的成功，但總的來說還是相當成功的。在很大程度上，出現了一種一致的知識論：在探求知識這個領域，規則被廣泛地接受了，甚至被整理出來了。順便說一句，這裏有一個我們尚未提到、但在我看來卻是極其重要的後果，我們可以將其稱之為"以喪失人性（dehumanization）作為知識進步的代價"。知識過程的一個方面，是用中性的、別人能懂的語言，對事件、現象，包括人的行為進行通則性的歸類。在某種意義上，這使被描述的現象喪失了個別性(individuality)。如果以這種方式解釋你的個人行爲和個人態度，可以說這就破壞了你的個別性，並且還可能破壞你對自由的幻想(如果這是一種幻想的話)。這種被社會學家，在韋伯(Max Weber, 1864－1920)的影響下時而稱之爲世界的非神秘化(disenchantment of the world)，結果使人性喪失，這種用非人的、抽象的範疇歸納人類事物的作法，是令人非常、非常不安的。

如果要我給現代哲學的第二個主要發展取一個名字，那就是"維護人的運動"(Movement for the Preservation of Man)，即針對科學的非人化，爲維護人的形象而鬥爭。這是地地道道的浪漫主義! 第一個重要主題，當然就是包括科學在內的知識論的進步。你提到了馬克思主義。關於馬克思主義的一件有趣的事情是，它試圖達成兩方面的統一。一方面，它以其所謂科學的歷史理論去迎合被輕蔑地稱之爲"科學主義"(scientism)的東西; 另一方面，馬克思主義也存在浪漫主義的一面，它告訴你你的人性將得到充分的復歸: 你將不屬於任何類別，而是天道自然的和不受約束的。人類的痛苦得到了戲劇化的解釋，再加上一個圓滿的結尾，但使用的卻是科學的語言，或至少是馬克思時代的科學語言。馬克思可說是雙管齊下。當然，雙管齊下的還有其他一些哲學家。

麥基：你剛才說的非常重要。看我能不能用通俗的語言再綜述一下。由於我們的知識已經變得高度的廣泛化、高度複雜化和高度專門化了，所以不得不採用與我們的日常生活和個人關係日漸脫節的語言去進行表述。這種情況又使得我們離一個我們能夠在日常意義上接受的世界觀的基礎越來越遠。其結果是，我們日漸強烈地感覺到人類知識增長的過程中存在某種毀滅人性、毀滅個性的東西。這又引出了另一個結果：隨着知識的增長，人們開始感到需要建立一種可以稱作人的哲學的東西，亦即某種可以幫助我們維護人性並且能夠把我們同我們的社會狀況和認識狀況聯繫起來的人學觀。這樣就形成了現代思想發展中的兩股主要潮流。

在人類知識增長的過程中存在某種毀滅人性的東西。人們感到需要建立一種人的哲學。

剛才我們對這兩股潮流作了區別，現在我想再回過頭來談談知識論的問題，然後接下去談社會哲學，因為關於知識論我們還有兩、三個很有意思而且十分重要的方面沒有談到。例如，我們尚未探討現代知識的**不穩定性**，現代知識增長神速，以致於過去二十年中未能確立任何一套前提，可以賴此形成整體的世界觀。

蓋爾納：是這樣。有些知識論試圖體現這一特點，並斷言這不成問題。奎因（W. V. Quine, 1908－　 ）和波普爾（Karl Popper, 1902－　 ）這樣的哲學家就以不同的方式告訴我們，我們可以而且必須與不穩定性並存。我認為這未免有點誇大其詞了——而他們已經有了這種苗頭。當然，科學理論的具體內容發生變化不僅是事實，而且是件好事。但能夠經受科學檢驗的世界的一般特徵，或稱形式特徵是不變的。正是由於這些特徵的存在，世界才能接受檢驗，接受知識的增長。在某種意義上，它們根本不是世界的特徵，而實際上是檢驗者或探索者的羣體思維狀態上的特徵。它們伴隨着科學革命而出現。必須認識到它們並非亙古就有的。我不贊成某些大肆鼓吹永恒變化的哲學，因為它們以生物的適應性變化，或乾脆以嘗試然後犯錯爲由，斷言名副其實的認知行爲是亙古以來就有的，不僅人類有，而且生物進化史上也有。這種觀點認爲，知識的增長從變形蟲到愛因斯坦是一個持續不斷的故事，而且自始至終具有同樣的基本情節。我們可以把這種論點叫作"持續論"。（Coutinuity Thesis）我認爲這種論調是錯誤的。關於我們的認知方式，重要的不是它們與變形蟲或與歐洲中世紀有甚麼共同之處，而是有甚麼不同之處，一切訣竅都在這不同之中。

麥基: 我認爲值得強調的一點是，不穩定性的某些結果是有利的，而不是有害的。例如對權威信仰的喪失已經與知識的迅速增長相結合，形成了對幾乎所有現存權威的積極的懷疑主義，直接推動了各種自由思想——如自由、寬容、平等等觀念的產生。我以爲這種現象具有難以估量的價值。

蓋爾納: 是的，我同意你的看法。

麥基: 還有一個問題我也想同你討論一下。在笛卡爾以前，哲學最重要的主題是超自然的，即人與上帝的關係。笛卡爾之後，重心轉移到純粹的人類活動方面: 科學、政治、道德、經濟、歷史、文化、心理以及各種各樣的社會事務; 對這些領域的科學的或半科學的研究有了重大的發展, 在這些領域哲學的情況也一樣。

蓋爾納: 我同意你的觀點, 不過我覺得你陳述這個問題的方式似乎有點問題。你這樣談論哲學和科學, 仿佛在那個時代就已經分開了。但事實上它們直到十八世紀才開始真正明確分離開來。甚至當時所說的"自然哲學"實際指的是物理學。今天蘇格蘭各所大學的物理學教授仍然被稱爲自然哲學教授(Professors of Natural Philosophy)。這一分離來得相當晚, 這部分反映了我們剛才談論的問題, 即在考察的內容同對認知方法的探索之間有了區別。不過總的來說, 你的觀點我是完全接受的。

麥基: 接着你剛才談的觀點, 值得注意的是, 不少在世的一流哲學家都將哲學視爲科學的延伸。奎因就是一例。某種意義上還有美國思想家喬姆斯基(Ncam Chomsky, 1928—)。在某種非常具體的意義上甚至還有波普爾。

蓋爾納: 奎因當然是。波普爾則稍微有點問題。

麥基: 我想從當代哲學中找出一兩個最重要的學

派，結合我們剛才概括的背景來談。我們在討論馬克思主義和相對主義時已經這樣做了。例如，存在主義（Existentialism）怎麼樣？你覺得存在主義能夠放進我們講的背景裏去嗎？

蓋爾納：可以，可以放進去。**存在主義**是一種非常奇特的哲學，它有像笛卡爾傳統的一面，非常注重個人；又有不像的一面，本質上並不以知識問題作爲主題。它的特點是對自然科學興趣極小，基本上只關心人的狀況。

麥基：現在我們可以順理成章地談談我們剛才所講的現代思想的兩個根本主題的第二個問題了。我想你最好以第二種傳統爲背景，進一步闡發一下你對存在主義特點的看法。

蓋爾納：好吧。存在主義有一個滑稽的特點，是它對人類狀況的關注引起的。它暗含着對總體人類狀況進行表述的意思。然而滑稽的是，它所表述的顯然僅是笛卡爾以後、甚至是十八世紀以後的人類狀況。它所關注的個人，是必須對自己的世界觀、對自己的道德觀負責而不能把責任推給別人的個人。但是在我看來，在大部分社會中人的狀況的特點是，這些社會具有穩定的信仰系統和

不可動搖的權威; 除非你是一個活躍的叛逆者，
否則總是有所執持的。因此，**雖然存在主義自稱
是對人類狀況的總的表述，但事實上它只是表述
了人類狀況的一個非常顯著的畸變。**

麥基: 然而，按照你剛才的說法，它是對我們的狀
況非常準確的表述。

蓋爾納: 以它涉及的範圍而論，它對我們的狀況說
了一些很有意思的事情。然而關於存在主義有一
個很重要的事實: 它最風行的時候恰好是在危機
四起、學術蕭條的時期，即發生在第一次世界大
戰後的德國和第二次世界大戰後的法國。隨着富
裕和意見相對一致的時期——即所謂的"意識形
態的終結"(end of ideology)時期的到來，它就
不那麼時髦了。它作爲一門大學課程也有許多嚴

存在主義最風行的時候恰好是危機四
起、學術蕭條的時期。

重的毛病: 把人的狀況變成一門學術上的事業是
非常古怪的，因爲人的狀況是你不用寫論文也知
道的; 要發現人的狀況也無需去啃那些晦澀難懂
的大部頭。尤其是存在主義愛用裝腔作勢的語言，

這就益發顯得滑稽了。我想這大概是來自黑格爾的傳統吧。

存在主義的另一個特徵，尤其反映在像薩特那樣的思想家身上，即它是一種先驗的心理學。它告訴你你是怎樣感覺的，是怎樣想的，卻並不去問你或對你進行觀察，而是根據你的狀況的某些一般特徵去進行推斷——例如你是要死的而且知道自己要死；你必須做出並不保險的道德決定；別人是你的客體，你又是別人的客體，等等。它就是從這樣一些東西中推斷出你的實際感覺。不過，它的確說出了不少真正有趣的東西。反對它的一個理由是，如果能夠發現人們的真實感覺並不以我們關於人類狀況的模式所臆定的情況為轉移，那倒是相當有用的。人們並不一定按照這個或任何其他理論的規定去感覺。就薩特這樣一個非常有趣的思想家而論，他當時就試圖讓馬克思主義與存在主義聯姻，而他的存在主義中的先驗主義成分和他的馬克思主義中的具體的、經驗主義成分之間，卻是極難調和的。

麥基：你認為社會哲學——它有別於知識論——的傳統中，有沒有其他特別有意思或者特別有前途的當代思想流派——任何一種屬於你剛才叫作

"維護人的運動"的其他派別?

蓋爾納: 我並不認爲我們能夠指望輕而易舉地保持住我們的完整人性。人們提出了各種辦法, 甚至是一些隨意編排程式化了的東西, 藉此論證我們想像的狀況就是我們實際的狀況; 任何理想中的自我形象或世界形象都是可以保留的; 而且我們大可不必感到有威脅。但我卻認爲我們必須感到有威脅。這是我們必須付出的一個代價。我們越是能夠解釋世界, 就越是被人所解釋。我們不能只要一個而不要另一個。我對保護人性並不那麼同情。我認爲我們應該保護人性, 但不宜過多保護, 更不要太廉價地去保護。我在這一領域的榜樣是一個相當老派的哲學家——康德。他對保護最低限度的人性, 即自由意志、道德責任和獨立認知是非常關切的, 而對於其他方面, 則接受了知識進步的一部分代價, 即我們也淪落爲知識的客體這種現實。就認識而言, 我們是以治世之

我們越是能夠解釋世界, 就越是被人所解釋。我們不能只要一個而不要另一個。

道，還治自己之身的。

麥基: 依你看，你我自幼受其薰陶的英美哲學傳統
如何呢？我們不僅學過它，而且教過它；你認爲
這一傳統的地位怎樣？

蓋爾納: 在你我既作爲學生又作爲教師涉足哲學領
域的這段時期，最有影響的哲學是所謂語言分析
哲學(linguistic philosophy)。它主要源於英國
思想怪傑維特根斯坦的後期著作。你知道，我對
這種哲學一貫持批評態度。但是爲了討論它，我
不得不違反你制定的把知識論傳統和維護人性傳
統區分的規則。

麥基: 没關係，主隨客便。

蓋爾納: 維特根斯坦想彌合這種溝壑。他論述的起
點是知識論傳統的一個有些古怪的變種，即他所
劃定的與其說是知識的界線，不如說是思維的界
線，語言的界線，意義的界線。這是一項高度反
映了本世紀特徵的新發明。是一種十分方便的工
具。就以制定甚麽能被認識爲例，如果能夠明說
或暗指的事物範圍極其有限，這就給你提供了一
套十分方便的決定性前提。如果僅有數量有限的
思想可以被表述出來，這也就算構成了某種基

礎。它是舊世界的穩定性的一種代用品。是的，
這種觀念存在於維特根斯坦的早期哲學，也存在
於羅素的哲學。但是，維特根斯坦很快又反對起
它來──而且有些過火，把它斥之爲哲學錯誤的
典範。他後來認爲，語言的真正本質並不在於它
是一些有限的事物的外殼；語言的真正本質在於
你我都在無限多樣的社會環境下，爲了無限多樣
的目的而使用它，而且用得其所。一旦我們理解
了這一點，問題就消失了。他後來認爲，追尋某
種外在的實名是一大錯誤──就像他年輕時力圖
揭示符號的秘密那樣。

現在我卻認爲，他把他自己早年的錯誤看作
是哲學錯誤的典範，這才是大錯而特錯了。激發
人們追求現代標準的力量，並不是對於尋找一套
可以作爲思維規範的理想符號的想入非非。這項
任務並不是哲學本身固有的任務──至少它當時
還不是一個獨立的主題──而是由我們共同的人
的社會狀況所決定的。例如，我們對一個領域所
知太多而對另一個領域卻又所知太少；我們的自
我形象日漸變得失去了人性；那些我們所知很多
並繼續知道很多的知識領域並不足以作爲輔佐我
們決斷的基礎，譬如說，作爲解答我們現行的社
會政治秩序是何種秩序這樣的問題的前提,等等。

這就是帶有疑難性的具體狀況，而作爲對它的反映，人們便經常進行哲學思辨。哲學思辨產生於某種客觀的狀況。它同語言的蠱惑，或對理想符號的追求，完全是風馬牛不相及的。

麥基: 剛才我請你就當代哲學的一些學派發表了見解，包括與維特根斯坦後期學說有關的思想、存在主義、馬克思主義、相對主義等等，從最有可能在未來取得成果的意義出發，你認爲這些學派中哪一派最有活力？

蓋爾納: 我不打算指名道姓地挑出一個學派來。哲學的兩大主流——一方面是對知識過程的系統歸納和對知識標準的界定；另一方面是對人的社會狀況的鍥而不捨的探究——都是值得高度讚揚的。我覺得今後的出路，很可能在於這兩者之間在更加成熟的水平上合流的趨勢。至於對知識，

> 哲學未來的出路，很可能是在兩大哲學主流之間更加成熟的水平上發生合流。

或對思想，或對其後來衍生出來的變種——語言的探索，在我看來歸根結蒂本質上都是一種制定規範的工作；都是一種試圖整理出可以測定知識

真僞的系統化標準的工作。説得更形象些，都是
一項試圖制定知識共和國憲法的根本性條款的工
作。我認爲這項努力是令人欽佩的，對它的性質
作如是觀，是有利於這項努力成功的。過去，人
們通常把這項工作看成是針對個人知識的作用情
況的一種描述性或解釋性的闡述，這樣一來，它
本身的價值就被大爲貶低了。

麥基: 聽起來，仿佛你把哲學首先看作是一種研究
　　工具，也就是説，哲學是獲得知識的一種工具。

蓋爾納: 關於這一點我還是這樣説吧。我對維特根
　　斯坦後期的哲學思想基本持否定態度，不過他的
　　少數論點還是合理的。例如他强調了一個人們已
　　知但並未認真對待的問題。即作爲對語言的作用
　　過程的一種描述，經驗主義的傳統是非常荒謬的。
　　語言的功能並不於使句子和情感相配，或與一些
　　支離破碎的觀察所得相配，然後在此基礎上去做
　　文章。我們對事物的觀感並不是靠堆沙堡的方式，
　　用細小的沙粒堆砌而成，然後再像往沙堡上插旗
　　幟一樣貼上我們評價的標籤。根本不是這麼回事。
　　我們對語言的實際使用溶入了慣例、習俗等等。
　　後期的維特根斯坦對這個問題的論斷是絕對正確
　　的。對語言的描述性闡述大事破壞——如果必須

破壞的話——它是站得住腳的。與此相似，我認爲喬姆斯基語言學的重要性也在於它最終揭示了這樣一個事實，即傳統的知識論作爲一種對我們獲得語言技能的實際過程的解釋性闡述（也適用於認識技能），它是非常貧乏的。

然而，即使人們歡迎這些最近在知識領域出現的否定性和破壞性工作，但這並不迫使、或者毋寧說根本不會允許人們懷疑知識論的真正作用，即作爲形成認知過程中的規範的一種嘗試。我再重複一下，它必須同我們的社會和歷史狀況更加現實地掛鈎。目前主要是同含義不清的所謂"工業社會"的特點掛鈎，這個社會是建立在對於自然的不斷增長的有效控制、各種應用技術、普及教育和大規模組織的基礎之上。**也許聽起來有些矛盾，我說哲學旣應該是更加抽象的、更側重於制定規範的；而另一方面，在針對社會問題上它又應該是更加具體的。我認爲這兩個方面其實並不矛盾。我希望看到有人能走對路——而且以後不要再抱救世主式的期望。我覺得這就是未來的出路。我們應該把對工業文明的特點、對造成這種文明的先決條件以及這種文明對未來的影響的現實感，同利用知識標準作爲我們制定規範的唯一可靠依據的工作結合起來。**

麥基: 根據目前的情況，你是否認爲對語言的共同關心是聯結當代哲學不同分支的統一因素呢?

蓋爾納: 我不這樣看。你在引子中說，笛卡爾以來的哲學發展實際上遵循的是同一條主線。確實是這樣，我們在討論中已經對這條主線所貫串的基本問題、共同關心的主題求得了一致看法。說來也怪，語言似乎並不屬於此例。從表面上看，語言很像是這樣一個主題，我可以舉出本世紀就有三個在語言問題上大作文章的運動。但我覺得他們處理語言的方式根本不同，相似之處反倒成了非常表面性的東西。在對語言的關注上真正形成鮮明對照的，是維特根斯坦及其追隨者以及說英語的哲學界，同喬姆斯基之間的對立。他們都在語言的問題上大作文章，但他們提出問題的方式卻幾乎是根本對立的。維特根斯坦後期的語言觀有一個主要特點，就是強調語言作爲一種解決問題的方法的作用。語言是最終的歸宿。語言的實際應用爲我們提供了能夠擁有、實際擁有或需要擁有的唯一規範。它是自我證實、自我解釋的。維特根斯坦認爲，對語言作籠統的、節外生枝的求證，是自欺欺人，語言的實際使用才應該是我們最終的歸宿。喬姆斯基的中心思想則不然——

這也是他之所以重要的原因——他認為語言本身是充滿問題的。我們遣詞造句和理解句意的技巧，這些我們早已熟視無睹的東西，實際上絕對不是甚麼理所當然的東西。喬姆斯基發現語言本身就是個天大的問題。而維特根斯坦卻把語言看作是解決問題的方法。我幾乎再也想不出有比這更加對立的兩個思想體系了，不論他們的信徒是否認識到了這一點。此外，後期的維特根斯坦和邏輯實證主義（Logical Positivism）之間的對比也是非常鮮明的。邏輯實證主義者試圖用語言的界限去給世界劃界。他們想為我們提出一個重建一致的基礎，一個全新的世界觀的基礎。而維特根斯坦卻把語言視為一種範例，藉此說明我們根本不需要這樣一種基礎。過去不需要它，今後也不需要去尋找它。不，**對於語言的關注在我看來並不是一個統一的主題；它事實上並沒有給二十世紀的思想帶來一統的局面。**牽強一點，你可以說，實證主義者和後期維特根斯坦的追隨者對好像是同一個問題的某種東西作出了截然相反的解答；但喬姆斯基又看到另一個完全不同的問題，而他的回答同他們也是大相徑庭的。

相反，真正的、根本的統一是為了理解知識的和社會的兩方面約束，它們限制了我們的選擇

範圍、並幫助我們作出抉擇。這種理解需要我們
鍥而不捨地努力追求。今後的任務則是要把我們
對這兩種不同的限制的理解相互融匯起來。

推 薦 書 目

1　哲學引論

　　向學生推介哲學這門學問，離不開以下三種方式。一是讓他們去嚼一些經典著作，一部接一部地嚼下去。二是讓他們去注意某一個在哲學上反覆出現的課題，然後比較不同的哲學家對這個課題的獨到見解，跟著到一定時候又換個問題繼續追蹤下去。三是讓他們研習哲學史，從中接觸個別哲學家的問題和著作。這些知識通常是按時間先後排列，次序井然。以上三種方法可以簡潔地稱之為著述、問題和歷史。它們對於研究晚近的哲學以至於廣義的所謂哲學都同樣適用。舉個例子，麥夸理(John Macquarie)著《存在主義》(*Existentialism*)通過一系列問題和概念的論述來表達主題；而沃諾克(Mary Warnock)著《存在主義》通過追溯歷史來表達相同的主題；反觀薩特(Jean-Paul Sartre)著《存在主義和人文主義》(*Existentialism and Humanism*)本身卻是該學說史上的一份重要文獻。

爲入門者挑選重要著作，安排書目是件極之吃力不討好的工作。對哲學感興趣的學生通常對這門學問懷有相當熱切的期望，一旦這等期望落空，猶如澆下冷水，不難因此對哲學失去興趣。柏拉圖(Plato)的《理想國》(*Republic*)必定曾在千萬年輕人頭上澆下一大盤冰水。晚近，我恐怕羅素(Bertrand Russell)的《哲學問題》(*The Problems of Philosophy*)也起著相近的作用。也許對入門者而言，一個可靠的作家是最好不過的起點，但即便是大作家如羅素者，最好還是選讀他的《我們對外部世界的知識》(*Our Knowledge of the External World*)而不是其他作品。對那些好每事分析的朋友，艾耶爾(A. J. Ayer)那本簡潔卻充滿震撼力的《語言、真理及邏輯》(*Language, Truth and Logic*)是十拿九穩的入門讀物。讀者可循此追看艾氏的《知識的問題》(*The Problem of Knowledge*)及《哲學的主要問題》(*The Central Problems of Philosophy*)，由此登堂入室。對那些鍾愛政治及社會理論的讀者，波普爾(Karl Popper)的《開放社會及其敵人》(*The Open Society and its Enemies*)這本現代的經典著述會是絕佳的起步點，特別可留意此書的註釋，它會導引你認識更多的重要作品。那些喜愛王爾德(Oscar Wilde)和薩奇(Saki)式的獨特寫作傳統的讀者，可翻閱賴爾(Gilbert Ryle)的《心的概念》(*The Concept of Mind*)，或者先睹作者另一本簡易明快的作品《困境》(*Dilemmas*)。愛好科學的讀者應先看内格爾(Ernest Nagel)的《科學的結構》(*The Structure of Science*)，次看孔恩(Thomas Kuhn)的《科學革命的結構》(*The Structure of Scientific Revolutions*)。鍾情藝術的讀者可以先讀蘭格(Susanne Langer)那本《哲學新調》(*Philosophy in a New Key*)，跟著是她的另一本書《感覺與方式》(*Feelings and Forms*)。那些欲深究哲學小説或存在主義思潮者，可先行讀薩特的《嘔吐》(*Nausea*)，然後開始各自修行；愛存在主義的可追看薩特的哲學著作，愛文學的可看諸如曼(Thomas Mann)的《魔山》(*The Magic Mountain*)或默爾多赫(Iris Murdoch)的《網中》(*Under the Net*)。

那些欲從研究有趣的問題而不是名著入手的入門者，我全力推薦霍斯巴斯(John Hospers)著《哲學分析導論》(*An Introduction to Philosophical Analysis*)。此書是本極好的教科書，既淺白，又緊湊，且附有詳盡書目，惟缺點是篇幅不小。那些看不慣長篇大論，又是有宗教傾向的讀者，不妨選布里頓(Karl Britton)的《哲學與生命的意義》(*Philosophy and Meaning of Life*)。那些對字詞運用有特別興趣的讀者可以看威爾遜(John Wilson)那本短小的《語言與真理的追求》(*Language and the Pursuit of Truth*)，之後再翻閱威氏的其他著述。很多人初次接觸哲學，即被心物的問題所吸引著，那最好先讀坎貝爾(Keith Campbell)著《心與物》(*Body and Mind*)，再讀波普爾和埃克爾斯(John Eccles)合著的《自我及其大腦》(*The Self and its Brain*)就更見充實。坎貝爾亦寫過一本很淺白的《形而上學導論》(*Metaphysics: an Introduction*)，介紹一些哲學的重大課題。另一本《形而上學淺論》(*Introduction to Metaphysics*)，懷特利(C. H. Whiteley)著，同樣值得一看。

帕斯莫爾(John Passmore)著《近百年的哲學》(*A Hundred Years of Philosophy*)是有關晚近哲學的一本出色的通史。我建議所有修習哲學者都應人手一本，那些不想細閱此書的亦可備作參考之用。有關個別哲學流派的歷史，可讀性高的作品尚包括：厄姆森(J. O. Urmson)著《哲學分析：兩次大戰期間的發展》(*Philosophical Analysis, its Development between the Two World Wars*)；沃諾克著《1900 年以來的英國哲學》(*English Philosophy Since 1900*)；沃氏另一本歷史性論著《當代道德哲學》(*Contemporary Moral Philosophy*)；威爾遜(Edmund Wilson)著《往芬蘭車站》(*To the Fin-land Station*；一部有關馬列主義歷史的一流著作)；傑伊(Martin Jay)著《辯證的想像力》(*The Dialectical Imagination: A History of the Frankfurt School and the Institute of Social Research 1923-50*)；巴雷特(William Barrett)著《非理性的人》(*Irrational Man*；一部關於存在主義的歷史分析的傑出作品)。那些鍾愛名人思想傳記或自傳的讀者，可看羅素那部精采的《我的哲學發展》(*My Philosophical Development*)；波普爾那較失色但仍值一看的《無盡的探索》(*Unended Quest*)；及巴特利三世(William W. Bartley Ⅲ)著《維特根斯坦》(*Wittgenstein*)。一本更簡短的回憶錄，由馬爾科姆(Norman Malcolm)執筆，對維特根斯坦有頗出色的討論。那些對本書的對話錄式討論感興趣的讀者，不妨續看本人編著的《現代英國哲學》(*Modern British Philosophy*)。

有關哲學的最佳參考書籍是麥美倫(Macmillan)出版的《哲學百科全書》(*Encyclopaedia of Philosophy*)。初出版時共分八册，後來全套書以四册再版。編寫這套書的人都是現代哲學界中的佼佼者，而所有的重要文章都附有參考書目以供查閱。

2　馬克思主義的哲學

　　馬克思的主要著作已被編輯成多種文選。這些文選不是受囿於某個地方和某段時間的偏見，就是受囿於編輯的個人觀點。而這兩方面通常又是互爲表裏的。例如，本世紀三十年代伊斯門(Max Eastman)在美國出版的文選，將馬克思塑造成一位經濟學家，與此同時，伯恩斯(Emil Burns)在歐洲出版的《馬克思主義手册》(*A Handbook of Marxism*)裏，馬克思卻以社會分析家和政治革命家的面目出現。在芸芸版本中，我獨偏愛伯恩斯的版本與及美國五十年代由福伊爾(Lewis Feuer)所編的《馬克思和恩格斯》(*Marx and Engels: Basic Writings in Politics and Philosophy*)。一個晚近的版本是由麥克萊倫(David Mc Lellan)編輯，出版於七十年代的文選，突出了青年馬克思及其人本主義的一面。可是，由於重要文獻諸如《共產黨宣言》(*The Communist Manifesto*)等都能載入這些文選當中，入門者選讀哪個版本都不會落空。讀者除可注意馬克思那一些已輯成文選的短篇外，我特別推薦認眞的讀者去翻閱《資本論》(*Das Kapitaln*)，特別是由Moore 及 Aveling 合編的英譯本。世人誤將此書列沉悶、不可卒讀之列，那大錯特錯；這本書不但充滿辛辣的諷刺，而且感人至深，任何對馬克思主義真正感興趣的人都會被其扣人心弦之論述所吸引，令人愛不釋手。

③　馬爾庫塞與法蘭克福學派

　　介紹法蘭克福學派最佳的導論性讀物是傑伊（Martin Jay）著《辯證的想像力》（*The Dialectical Imagination: A History of the Frankfurt School and the Institute of Social Research 1923−50*）。這部書是同類著作中寫得最明白、最生動的一本，並自始對這個學派抱著同情的態度；書後附有一個詳盡的書目可供參考。馬爾庫塞（Herbert Marcuse）其人最深入人心的著作包括了《單向度的人》（*One-Dimensional Man*）、《愛欲與文明》（*Eros and Civilization*）及《理性與革命》（*Reason and Revolution*）。阿道爾諾（Theodor Adorno）著《道德的最低限度》（*Minima Moralia*）是一本以格言方式寫就的文選，故此有別於阿道爾諾其他著作那一貫的艱澀難懂。

海德格爾與存在主義

　　存在主義的芸芸通論性的著作中，以巴雷特(
William Barrett)的《非理性的人》(*Irrational Man*)
爲最佳。 另有沃諾克 (Mary Warnock) 從
歷史角度介紹存在主義，而麥夸理(John Mac-
quarrie)從問題及概念入手介紹存在主義，兩者皆
可讀性極高。麥夸理教授本人又是現代存在主義著
作中最重要的一部——海德格爾的《存在與時間》(
Being and Time)英譯本的譯者之一。這確是一本
艱澀難懂的書，卻能令讀者獲益不淺——我私下認
爲這部書將會擠身於少數廿世紀的哲學經典傑作之
中，永垂不朽。要瞭解這部大著，讀格爾文(
Michael Gelven)著《論海德格爾的存在與時間》(*A
Commentary on Heidegger's 'Being and Time'*)將
大有助益。金 (Magda) 著《海德格爾的哲學》(
*Heidegger's Philosophy: a Guide to his Basic
Thought*)對海氏哲學一些主要概念和問題有更簡
明精要的討論。巴雷特的《甚麼是存在主義》(*What
is Existentialism*)第二部分包含了對海德格爾全盤
思想的精闢介紹。《存在與時間》讀後，我建議學生
可將目光轉往另一部海德格爾的文集，名爲《存有
與存在》(*Existence and Being*)。這部書附有一個

出色的序言，由布羅克(Werner Brock)執筆。海德格爾的後期著作中，最佳的入手點莫過於《何謂思考？》(*What is called Thinking ?*)

薩特(Jean-Paul Sartre)最重要的哲學著作是《存在與虛無》(*Being and Nothingness*)。那些欲先要知道大概，然後才登堂入室者可先看薩特的小說作品《嘔吐》(*Nausea*)。默爾多赫(Iris Murdoch)的《薩特》(*Sartre*)是對薩氏哲學的一部上佳導論。《存在與虛無》英譯本的譯者巴恩斯(Hazel E. Barnes)所著《薩特》，將薩特一生事業的三個環節——他的哲學、他的文學作品及他的政治活動合在一起觀察，讀來趣味益然。

5　維特根斯坦的兩種哲學

維特根斯坦的主要著述中對一般的哲學入門者有用的依次是：《邏輯——哲學論》(*Tractatrs Logico-Philosophicus*)、《藍皮與棕皮書》(*Blue and Brown Books*)及《哲學研究》(*Philosophical Investigations*)。坊間已有不少維特根斯坦的介紹性讀物、其中最精簡的是哈特納克(Justus Hartnack)著《維特根斯坦與現代哲學》(*Wittgenstein*

and *Modern Philosophy*)。皮徹(George Pitcher)
著《維特根斯坦的哲學》(*The Philosophy of
Wittgenstein*)不錯，但內容較深。肯尼(Anthony
Kenny)的《維特根斯坦》(*Wittgenstein*)勝在顯淺，
但我以為肯尼未有充分認識到維氏的早期哲學和晚
期哲學的差異之處。皮爾斯(David Pears)著另一
本《維特根斯坦》雖然看似是部入門書，那些對維特
根斯坦不甚了了者讀此書仍有一定困難，但它絕無
疑問是部精闢之作。

6 邏輯實證主義及其遺產

有關邏輯實證主義最重要的英文著作至今仍然
是艾耶爾(A. J. Ayer)著《語言、真理和邏輯》(*Lan-
guage, Truth and Logic*)。要瞭解這個哲學運動
的來龍去脈，克拉夫特(Victor Kraft)的《維也納學
派》(*The Vienna Circle*)是必備的參考。書中將焦
點放在運動的靈魂人物卡爾納普(Rudolf Carnap)
身上，是深具眼光的。另有艾耶爾主編的《邏輯實
證主義》(*Logical Positivism*)，書中輯錄了許多經
典文獻，外加編者為這書所作的序言，內容堪稱一
絕，書後還附有一個非常詳細的參考書目。

7 語言學哲學的魅力

語言學哲學最著名的兩部著作，以賴爾(Gilbert Ryle)的《心的概念》(*The Concept of Mind*)較淺白易懂，而維特根斯坦(Ludwig Wittgenstein)的《哲學研究》(*Philosophical-Investigations*)則較具原創性和影響力。奧斯汀(J. L. Austin)著《感覺和可感覺對象》(*Sense and Sensibilia*)是本爲駁斥而寫的書，頗富趣味性，它是針對艾耶爾(A. J. Ayer)的《經驗知識的基礎》(*The Foundations of Empirical Knowledge*)，故此想先選後者來讀較爲合適。奧斯汀另一部《如何讓言語成爲行動》(*How to do Things with Words*)亦不容錯過。由范爾(K. T. Fann)主編的《奧斯汀專題論集》(*The Symposium on J. L. Austin*)載有奧斯汀的完整著作書目。有關語言學哲學的部分經典論文現已被集合成《邏輯和語言》(*Logic and Language*)兩卷，由弗盧(Anthony Flew)編輯；後來弗盧又編有第三卷，名爲《概念分析論》(*Essays in Conceptual Analysis*)。

8 道德哲學

對入門者而言，最新鮮出爐的佳作莫過於麥凱(J. L. Mackie)著《倫理學：生出是非》(*Ethics: Inventing Right and Wrong*)。教科書中討論道德問題特別出色的有霍斯佩斯(John Hospers)的《人的行爲》(*Human Conduct*)。沃諾克(G. J. Warnock)著《當代道德哲學》(*Contemporary Moral Philosophy*)是本世紀論道德的歷史書最簡明扼要的英文著作。沃諾克另一部書《道德的對象》(*The Object of Morality*)是從道德判斷的内容中勾劃出道德的特點的嘗試。諾埃爾·史密(*P. H. Nowell-Smith*)著《倫理學》(*Ethics*)是從分析哲學家的角度介紹道德問題。厄姆森(J. O. Urmson)的《倫理學的情感論》(*The Emotive Theory of Ethics*)是針對邏輯實證主義丟棄的道德哲學提供解釋和作出貢獻。正是在這個背景下，愛爾(R. M. Hare)完成兩部作品，分別是《道德的語言》(*The Language of Morals*)，及《自由與理性》(*Freedom and Reason*)。斯馬特(J. J. C. Smart)與威廉斯(Bernard Williams)合著的《功利主義：支持與反駁》(*Utilitarianism, For and Against*)以指南讀物的方式展示了雙方的立場和論點。採用與上面截然不同的方式來處理倫理學的中

心問題，可以讀靠近存在主義立場的加謬(Albert
Camus)著《西西弗斯神話》(*The Myth of Sisy-
phus*)。

9 真理與世界體系

奎因(W. V. Quine)與厄利安(J. S. Ullian)携手
合著的《信念網》(*The Web of Belief*)，向讀者揭示
認識論的底蘊。奎因亦著有另一本介紹性讀物，名
爲《邏輯哲學》(*Philosophy of Logic*)。除以上二書
外，奎因的其他作品都是較難讀，足以令入門者卻
步的。在奎因的芸芸著述中，最重要亦是最淺易的
要算是《從邏輯的觀點看》(*From a Logical Point
of View*)及《語詞與對象》(*Word and Object*)。此
外，一本輯錄有奎因的思想自述，完整的著作書目，
其他同行的批評文章以及奎因自己的答辯的書，會
由 Open Court Press 出版, 收入〈當世哲學家文庫〉
(Library of Living Philosophers)之內，讀者不容
錯過。

10　語言哲學

　　庫珀(David E. Cooper)著《哲學與語言的本質》(*Philosophy and the Nature of Language*)同時介紹了語言與世界的關係，和語言與語言使用者的意圖的關係，是有關語言哲學最淺易的一本入門書。哈金(Ian Hacking)的《爲甚麼語言與哲學相干？》(*Why does Language Matter to Philosophy?*)是一本既生動又內容博大的新書。本世紀第一位研究語言與世界的關係者是羅素(Bertrand Russell)，讀者欲多瞭解他的思想和著作，可參考艾耶爾(A. J. Ayer)的《羅素》(*Russell*)。語言哲學的歷史文獻，先有維特根斯坦(Ludwig Wittgenstein)的《邏輯——哲學論》(*Tractatus*)，羅素爲此書作序。跟著是維也納學派(Vienna Circle)，可參考考克拉夫特(Victor Kraft)著《維也納學派》，書中特別強調卡爾納普的角色。奎因(W. V. Quine)很自覺地站在卡爾納普身後，繼承他的思想，他的著作中以《邏輯哲學》(*Philosophy of Logic*)較適合入門者的需要。至於語言與語言使用者之間的關係，奧斯汀(J. L. Austin)的作品較諸後期維特根斯坦的著作淺明，入門者可以先讀《如何讓言語成爲行動》(*How to do Things With Words*)，再看西爾勒(John

Searle)的《言語行爲》(*Speech Acts*)。維特根斯坦的《哲學研究》(*Philosophical Investigations*)當然不容錯過。此外，西爾勒編有《語言哲學》(*Philosophy of Language*)的論文集，亦具有很高的參考價值。

至於喬姆斯基(Noam Chomsky)的入門讀物，請參閱下一章的有關書目。

11　喬姆斯基的思想

有關喬姆斯基的最佳入門作品是他自己的著作《語言論》(*Reflections on Language*)，他另外一本論語言學的作品《語言與心靈》(*Language and Mind*)也頗淺易。由萊昂斯(John Lyons)所寫的《喬姆斯基》(*Chomsky*)是一本能起共鳴的介紹性書籍，其中也不乏富批判性的觀點。然而，最適合哲學的學生閱讀的仍是利貝(Justin Leiber)著《喬姆斯基：哲學簡介》(*Noam Chomsky: A Philosophic Overview*)。讀者要找對喬姆斯基的語言學理論富嚴厲批評的讀物，可看霍基特(C. F. Hockett)著《藝術的狀況》(*The State of Art*)。

12 科學哲學

　　既囊括了社會科學和自然科學，又內容充實的入門性書籍，有內格爾(Ernest Nagel)著《科學的結構》(*The Structure of Science*)。這本書在行內差不多已取得經典的地位。讀者看完內格爾那本書，可跟著看孔恩(Thomas Kuhn)的名著《科學革命的結構》(*The Structure of Scientific Revolution*)。另外，想瞭解本世紀最富影響力的實證主義科學觀，可讀卡爾納普(Rudolf Carnap)那部精采絕倫的《物理學的哲學基礎》(*Philosophical Foundations of Physics*；此書再版時、改名為 *An Introduction to the Philosophy of Science*)，而反實證主義論的作品中最具實力者要數波普爾(Karl Popper)著《科學發現的邏輯》(*The Logic of Scientific Discovery*)。欲再深入研究的讀者可追看波普爾的其他著述：《猜測與反駁》(*Conjectures and Refutations: the Growth of Scientific Knowledge*)及《客觀性知識》(*Objective Knowledge: An Evolutionary Approach*)。入門者欲在讀波普爾的大作前，先行參考一些有關的介紹性讀物，可翻看拙著的一部小品《波普爾》(Popper)。另一部由萊卡圖(I. Lakatos)和馬斯洛雷夫(A. Musgrave)合編的論文集《批評與知識的增長》(*Criticism and the Growth of Knowledge*)對波普爾與孔恩兩人在科學哲學上的分歧有大量的介紹。

13　哲學與政治

拉斐爾(D. D. Raphael)著《政治哲學的問題》(*Problems of Political Philosophy*)是介紹政治哲學的一本出色的通論性作品。另外辛格(Peter Singer)的《民主與不服從》(*Democracy and Disobedience*)也是不容錯過的入門書。現代政治哲學的真正經典作品當然要數波普爾(Karl Popper)著《開放社會及其敵人》(*The Open Society and its Enemies*)，而氏著《歷史主義的窮困》(*The Proverty of Historicism*)也是此中精品。以上兩書中的部分重要觀念，在伯林(Isaiah Berlin)著《自由四論》(*Four Essays on Liberty*)中有非常精要的申述。本人在六十年代初的作品《新激進主義》(*The New Radicalism*)，是嘗試將以上思想引入英國工黨而寫成的。此外，當然尚有那三本在書中一再提及的作品：包括羅爾斯(Johe Rawls)的《正義論》(*A Theory of Justice*)；奴錫克(Robert Nozick)的《無政府狀態、國家和烏托邦》(*Anarchy, State and Utopia*)；及德沃爾金(Ronald Dworkin)著《認真地看待權利》(*Taking Rights Seriously*)。近年保守派政治理論有重新復蘇之勢，讀者對此若感興趣，可參閱海耶克(F. A. Hayek)的巨著《自由的憲章》(*The constitution of Liberty*)。入門者還應留意以下的情況：今日我們一般將古典的自由主義稱爲保守主義。其他出自此派的佳作，尚有霍斯帕西(John Hospers)的《公民充分自由權論》(*Libertarianism*)及奧克肖特(Michael Oakeshott)的《政治上的理性主義》(*Rationalism in Politics*)兩部名著。

14 哲學與文學

首先推薦一部由精選的文章輯成，羅森鮑姆(S. P. Roseenbaum)主編的《英國文學與英國哲學》(*English Literature and British Philosophy*)。另一本由庫恩斯(Richard Kuhns)著《文學與哲學》(*Literature and Philosophy*)明快坦率，也值得一看。巴雷特(William Barrett)的《需要的時間》(*Time of Need*)與及漢普沙伊(Stuart Hampshire)的《近代作家其人其文》(*Modern Writers and other Essays*)

二書都是哲學家論本世紀最重要和最具創意作家的文章。伯林(Isaiah Berlin)曾自言他翻譯的屠格涅夫(Ivan Sergeyevich Turgenev)的小說《初戀》(*First Love*)是他的最佳作品，入門者當然不容錯過。具創意的作家之中，薩特(Jean-Paul Sartre)的劇本與小說，特別是《嘔吐》(*Nausea*)與及加繆(Albert Camus)的小說都值得再三推薦。當然，具有哲學意味的最出色劇本還要數貝克特(Samuel Beckett)的《等待果佗》(*Waiting for Godot*)。貝克特的人部分著名作品都帶有一種揮之不去的焦慮，這種焦慮源自人要面對一個沒有上帝存在的宇宙。德國現代小說中與思想有關的最傑出的包括：穆西爾(Robert Musil)的《沒有特質的人》(*The Man Without Qualities*)，湯瑪斯‧曼(Thomas Mann)的部分作品，特別是《魔山》(*The Magic Mountain*)。七十年代的英國，一個顯著的現象是傑出的喜劇小說家和喜劇作家都醉心於哲學思想。例如弗雷恩(Michael Frayn)就出版了一本半維特根斯坦式的哲學著作《建設》(*Constructions*)；此外尚有斯托普帕(Tom Stoppard)寫了一個劇本 *Rosencrantz and Guildenstern are Dead*，當中的哲學關懷既具有戲劇的結構，也異常深刻。他的《跳蚤》(*Jumpers*)也是部出色的哲學諷刺作品。默爾多赫(Iris

Murdoch)將維特根斯坦的後期哲學融入她第一部小說《網中》(*Under the Net*)的主要角色中，這本小說堪稱是一部力作。我本人亦寫了一部小說《等死》(*Facing Death*)，也包括了對維特根斯坦的後期哲學的摹模和批評。

15 哲學的社會基礎

蓋爾納(Ernest Gellner)著《信仰的合法性》(*Legitimation of Belief*)對書中討論的部分問題作出了更完整的闡述。此外，他的《詞與物》(*Words and Things*)之中，曾嘗試以一種不亢不卑的態度將語言哲學家的社會基礎深入剖析。漢密爾頓(Peter Hamilton)著《知識與社會結構》(*Knowledge and Social Structure*)對知識社會學中的一些很重要的理論作了可靠的介紹。此外，溫奇(Peter Winch)的《社會科學的觀念及其與哲學的關係》(*The Idea of a Social Science and its relation to Philosophy*)也是值得一看之作。麥金太爾(Alasdair MacIntyre)的《反駁時代的自我形象》(*Against the Self-Images of the age*)一書中有一篇與溫奇的書相呼應的文章，不過麥金太爾這部書本身就是不容錯過之作。威爾遜(Edmund Wilson)的《往芬蘭車站》(*To the Finland Station*)是馬克思—列寧主義的思想史，書中出色地將思想在每個階段的起伏都聯繫到社會、歷史和人事的背景上去考察，是部難得傑作。最後，還要向入門者鄭重介紹兩本書，他們分別是海耶克(Friedrich Hayek)的《自由的憲章》(*The Constitution of Liberty*)及波普爾(Karl Popper)的《開放社會及其敵人》(*The Open Society and its Enemy*)。

當代哲學對話錄／Bryan Magee編；周穗明，翁
寒松及譯坊譯. -- 臺灣初版. -- 臺北市：臺
灣商務, 1994 [民83]
　　冊；　公分
　　譯自：Men of ideas : some creators of
contemporary philosophy
　　ISBN 957-05-0983-X (一套：平裝)

　　1. 哲學-西洋-論文，講詞等

140.7　　　　　　　　　　　　　　　83006373

當代哲學對話錄
MEN OF IDEAS
Some creators of contemporary philosophy

定價新臺幣 660 元

編　　　者	Bryan Magee
譯　　　者	周穗明、翁寒松及譯坊
責 任 編 輯	徐啓章　黃文群
美　　　編	高　嶽
美 術 設 計	吳郁婷
出　版　者 印　刷　所	臺灣商務印書館股份有限公司 臺北市重慶南路 1 段 37 號 電話：(02)23116118 · 23115538 傳眞：(02)23710274 · 23701091 讀者服務專線：0800056196 E mail:cptw@ms12.hinet.net 郵政劃撥：0000165－1 號 出版事業 登 記 證：局版北市業字第 993 號

· 1993 年 11 月香港初版
· 1994 年 9 月臺灣初版第一次印刷
· 2002 年 11 月臺灣初版第二次印刷
本書經商務印書館(香港)有限公司授權出版

ISBN 957-05-0983-X（一套：平裝）　　　　b 92573000